Bildlexikon der Völker und Kulturen

Ada Gabucci

Rom
Kultur der antiken Stadt

Bildlexikon der Völker und Kulturen, Bd. 2
Herausgegeben von Ada Gabucci

In der Reihe ist bereits erschienen:
Mesopotamien, Bd. 1

Aus dem Italienischen
Michaela Heissenberger

Lektorat der dt. Ausgabe
Gabriela Wachter, Sonja Altmeppen,
Florian Legner

Layout
Anna Picarreta
Dario Tagliabue

Satz
Rainer Zenz

Umschlaggestaltung und Satz
Birgit Zschunke

Redaktion
Maria Grazia Luparia

Bildrecherche
Elena Demartini

Druck und Bindung
Mondadori Printing Spa,
Martellago, Italien

Die Originalausgabe erschien © 2005
bei Mondadori Electa, Mailand

Jede Form der Wiedergabe
oder Veröffentlichung erfordert
die schriftliche Zustimmung des Verlags.

© 2006 Parthas Verlag
Stresemannstraße 30
10963 Berlin

ISBN 978-3-936324-72-3

Abbildung auf Seite 2
Mosaik mit Amphitheater-Szene,
Ausschnitt, 4. Jh., Madrid,
Museo Arqueológico Nacional.

Inhalt

6   Einleitung

9   Große Persönlichkeiten

53   Macht und Öffentlichkeit

91   Götter und Religionen

163 Alltagsleben

225 Totenkult

253 Stadt

323 Zentren und Denkmäler

Anhang

376 Karte der Stadt Rom im 4. Jahrhundert

378 Museen

379 Zeittafel

382 Stichwortverzeichnis

383 Quellen

384 Bildnachweis

Einleitung

In einem einzigen Band die Kultur des alten Rom darstellen zu wollen, ist ein zweifellos ehrgeiziges und wahrscheinlich unmögliches Unterfangen; es ergibt sich daher unvermeidlich die Notwendigkeit, dem Vorhaben zeitliche und geografische Grenzen zu setzen. Deshalb beschränkt sich diese Darstellung auf die Zeit zwischen den überlieferten Daten der Gründung Roms (754 v. Chr.) und des Untergangs des Weströmischen Reiches (476 n. Chr.). Die archäologische Forschung der letzten Jahre hat dem Mythos von Romulus und der Gründung Roms neues Leben eingehaucht, so dass wir die Gründung der ersten befestigten städtischen Siedlung auf dem Palatin, heute mit Sicherheit auf kurz nach der Mitte des 8. Jh. v. Chr. datieren können. Für den Untergang des Reichs wurde das Datum der formalen Absetzung des letzten Kindkaisers, Romulus Augustulus, und der Übersendung der kaiserlichen Insignien nach Konstantinopel im Jahre 476 gewählt, obwohl dieses für die Nachwelt so bedeutsame Datum zur damaligen Zeit keinerlei konkrete Auswirkungen nach sich zog. Denn obwohl der Westteil des Reichs bereits seit einigen Jahrzehnten in den Händen mächtiger Generäle germanischer Abstammung lag, die anstelle der machtlosen Kaiser in Rom regierten, sollten römische

Überlieferung und Kultur noch fast ein Jahrhundert lang überleben, bevor ihnen der zwanzigjährige griechisch-gotische Krieg und die Ankunft der Langobarden ein Ende bereiteten. Die geografischen Grenzen hingegen wurden sehr eng um die Stadt Rom und ihr unmittelbares Umland gezogen, um Aufstieg und Untergang der römischen Zivilisation im Herzen des Reichs darzustellen. Auch innerhalb der so gezogenen Grenzen aber war es notwendig, eine Auswahl zu treffen; die in diesem Band behandelten Themen können nicht mehr als eine Blütenlese sein, eine beispielhafte Reihe, und erheben in keiner Weise Anspruch auf Vollständigkeit. Die Darstellung wurde nach Stichworten geordnet und zu Kapiteln zusammengefasst, die einige jener großen Themen aus der Nähe betrachten, die Bestandteil jeder Kultur sind, egal ob modern oder antik; die einzelnen Texte können so als Teile eines großen Mosaiks gelesen werden. Jedes Stichwort enthält eine allgemeine Einführung, die grundlegende Informationen zum Thema vorgibt, und einige Seiten mit kommentierten Illustrationen, die die wichtigsten Aspekte altrömischen Lebens, der Kultur und Gesellschaft anhand von archäologischen Zeugnissen verdeutlichen und bis in unsere Zeit überdauert haben. Denn gerade darin liegt die Stärke des Archäologen: die Vergangenheit durch die Interpretation antiker Quellen in Kombination mit der Analyse der physischen Spuren zu rekonstruieren – von den großen und eindrucksvollen öffentlichen Bauten und raffinierten künstlerischen Preziosen, die für die herrschenden Eliten bestimmt waren, bis zu jenen Zeugnissen aus dem Alltagsleben der weniger begüterten Schichten, die die Gesellschaft einer Zeit am besten zu verdeutlichen wissen – um so nach und nach ein komplexes Mosaik zusammenzustellen, das fast immer ohne Vorlagen auskommen muss.

Das Gesamtbild des römischen Lebens, wie es in diesem Band dargestellt ist, mag unvollständig erscheinen, es spiegelt lediglich die soziale und ökonomische Situation in der Hauptstadt des Römischen Reiches wider. Wir erhalten keine Auskünfte über das Leben in den Militärlagern oder über die landwirtschaftliche Arbeit, da diese Themen in einem weiteren Band über die Peripherie des Reiches, wo die Legionen stationiert waren, und über die ländlichen Gebiete, in denen Korn, Wein und Öl für die Bewohner der Hauptstadt produziert wurden, behandelt werden. Im vorliegenden Band erfahren wir, welche fein verästelte und effiziente Maschine die zentrale Macht in Gang hielt, um den Nachschub und die Verteilung von Lebensmitteln in einer

Stadt zu organisieren, die zum Zeitpunkt ihrer größten Ausdehnung mindestens eine Million Einwohner zählte. So weit es möglich war, haben wir versucht, die Entwicklung der einzelnen Themen im Laufe der Jahrhunderte nachzuzeichnen, die Jahre des schnellen Aufstiegs, die lange Phase der Blüte und die Zeit des Niedergangs, aber sehr oft finden sich nicht gleichmäßig viele archäologische Zeugnisse für die einzelnen Zeiträume. So geht zum Beispiel der heutige Zustand der Denkmäler fast immer auf spätere Umbauten zurück, wie etwa im Falle des Pantheons, das 27 bis 25 v. Chr. nach Agrippas Willen erbaut und von Hadrian, der sogar die Ausrichtung der Fassade verändern ließ, radikal umgestaltet wurde. Eine knappe Zeittafel zeichnet die wichtigsten Etappen des römischen Aufstiegs und Niedergangs nach, wobei der Schwerpunkt ebenfalls auf der Hauptstadt des Reichs liegt; eine kurze Bibliografie versammelt die jüngsten und wichtigsten Werke über das alte Rom und soll jenen eine Orientierung bieten, die, angeregt durch die Lektüre dieses Buches, ihr Wissen vertiefen möchten.

Große Persönlichkeiten

Romulus und Remus
Pompejus
Caesar
Augustus und Livia
Vergil und Maecenas
Seneca und Nero
Die Flavier
Trajan und Apollodor
Hadrian und Antinoos
Die Antoninen
Die Severer
Diokletian
Konstantin

◄ Gemme aus der Zeit der Claudier,
Wien, Kunsthistorisches Museum.

»Da er während eines plötzlichen Gewitters nach 37 Jahren Regierungszeit verschwand, glaubte man ihn aufgefahren in den Himmel und er wurde vergöttlicht [als Quirinus].« (Eutropius)

Romulus und Remus

Etwa Mitte des
8. Jh. v. Chr.

Lebensdaten
21. April 754/753 v. Chr.:
überliefertes Datum der
Gründung Roms

Mitte des 8. Jh. v. Chr.:
archäologische Forschungen belegen den deutlich markierten Übertritt Roms aus der Phase der Ursiedlung zur stadtstaatlichen Struktur.

Etwa 725 v. Chr.:
Errichtung der ersten Stadtmauer, bestehend aus einer hölzernen Palisade und einem Wall aus ungebrannter Erde

Die Sage von Romulus und Remus scheint nicht, wie lange geglaubt, eine politisch und ideologisch motivierte Legende zu sein, es handelt sich dabei vielmehr um einen sehr alten einheimischen Mythos, der zu Beginn des 6. Jh. n. Chr., oder vielleicht noch früher, als offiziell anerkannte Volkssage rund um die reale Figur des Stadtgründers entstand – wer immer dieser auch gewesen sein mag. Schließlich dient die Geschichte eher der antirömischen Propaganda statt als ruhmreicher Gründungsmythos mit ihrer Figur eines Stadtgründers, der nicht nur seinen Bruder ermordet, sondern auch noch Frauen für sich und die Seinen, die Sabinerinnen, brutal geraubt hatte. Im Laufe der Jahrhunderte bemühten sich die Römer, die grausamsten Details dieser Legende zu entschärfen und umzudeuten: Remus sei nicht durch den eigenen Bruder, sondern durch einen von dessen Gefährten unabsichtlich getötet worden, und die Sabinerinnen seien angeblich alle unverheiratet gewesen und bis zum Tag ihrer ordentlichen Verheiratung tugendhaft geblieben.

Die Gründung Roms als Beschluss eines Priesterkönigs, der der frühgeschichtlichen Ansiedlung eine territorial und religiös klar definierte Organisationsform geben wollte, konnte aber bewiesen werden durch die Entdeckung der Spuren einer hölzernen Palisade, Mauern und Gräben an den Hängen des Palatins, die als erste geplante Bauten zur Errichtung der Stadt um 725 v. Chr. gelten; das Datum ist nicht allzu weit entfernt von der traditionell überlieferten Jahreszahl 754/753 v. Chr.

Romulus und Remus

Die sitzende Figur mit dem Zweig in der Hand könnte eine Personifizierung des Palatins sein, des Hügels, an dessen Fuß die Zwillinge gefunden wurden.

Der Adler, das Wappentier Jupiters, sitzt symbolhaft auf dem Scheitel der heiligen Grotte und bezeugt so den göttlichen Schutz, unter dem alle Figuren der Szene stehen.

Die beiden Figuren, die aus dem Bild zu flüchten scheinen, sind wahrscheinlich zu identifizieren als Faustulus, der Schweinehirt des guten Königs Numitor von Alba Longa, und dessen Bruder Faustinus, der die Herden des Usurpators Amulius hütete.

Zu Ehren seiner Frau soll Aeneas die Stadt Lavinium gegründet haben, während sein Sohn Alba Longa gründete. Viele Generationen und viele Herrscher später teilten nach dem Tod des Königs Procas dessen Söhne Numitor und Amulius das Erbe unter sich auf: Dem Ersten blieb der Thron, während der Zweite den sagenumwobenen Schatz für sich beanspruchte, den Aeneas aus Troja mitgebracht hatte.

Amulius, der nicht zufrieden war mit seinen Reichtümern, bestieg widerrechtlich den Thron und zwang seine Nichte Rea Silvia zur ewigen Keuschheit als Priesterin der Vesta; die junge Frau jedoch wurde vom Gott Mars verführt und gebar Zwillinge.

Um die Neugeborenen zu töten, warf sie der perfide Amulius in den hoch stehenden Tiber; aber der Korb, in dem sie lagen, blieb im Schlamm stecken und eine Wölfin, die das Schreien der Kinder hörte, säugte sie, bis sie von dem Schäfer Faustulus gefunden wurden, der sie wie seine eigenen Kinder großzog und Romulus und Remus nannte.

Die Personifizierung des Tibers ist an einer Algenkrone auf dem Kopf, einer umgestürzten Urne und einem Sumpfrohr in ihren Händen zu erkennen.

◄ Bemalter Fries auf dem Esquilin, Szene der Aussetzung der Zwillinge an den Ufern des Tibers, 30–20 v. Chr., Rom, Palazzo Massimo.

▲ Altar für Mars und Venus, Rückseite, aus dem Portikus des Forums der Korporationen in Ostia, ca. 100–130 v. Chr., Rom, Palazzo Massimo.

» Wer hätte geglaubt, dass du an den Stränden des Nils sterben würdest, nachdem du die Mächte des Mithras besiegt, das Meer von den Piraten befreit und drei Mal den Triumph errungen hast?«
(Manilius)

Pompejus

106–48 v. Chr.

Lebensdaten
76–72 v. Chr.: Krieg in Spanien gegen Sertorius
71 v. Chr.: erstes Konsulat mit Crassus
67–62 v. Chr.: außerordentliches Kommando für drei Jahre über das gesamte Mittelmeer, um das Piratentum zu vernichten und die Macht Roms auf die asiatischen Provinzen auszudehnen; Unterwerfung von Pontus, Armenien und Syrien
60 v. Chr.: erstes Triumvirat mit Caesar und Crassus
55 v. Chr.: zweites Konsulat mit Crassus
52 v. Chr.: nach gewalttätigen Tumulten in Rom wird Pompejus einziger Konsul
49–48 v. Chr.: Bürgerkrieg gegen Caesar
48 v. Chr.: nach seiner Niederlage bei Pharsalus flieht Pompejus nach Ägypten, wo ihn Ptolemäus VIII. umbringen lässt

▶ Porträt des Pompejus, Kopie eines Originals, das ihn als 50-jährigen zeigt, ca. 60–50 v. Chr., Kopenhagen, Ny Carlsberg Glyptothek.

Nach Pompejus' Triumph in Asien änderte sich die Bautätigkeit in Rom grundlegend. Architektur wurde zum Ausdruck grenzenloser Großzügigkeit, die die Gunst des Volkes auf die Person des freigebigen Bauherren lenken sollte. So wurde ein System politischer Propaganda begründet, das in der Folge alle herausragenden Mitglieder des Senats nutzten. Zwischen 61 und 55 v. Chr. ließ Pompejus auf dem Marsfeld einen enormen Komplex erbauen, der außer seiner Privatresidenz ein Theater und eine Säulenhalle enthielt, die mit Statuen griechischer Künstler geschmückt war. Eine große quadratische Exedra, die sich auf der dem Theater gegenüberliegenden Seite öffnete und eine Statue des Pompejus beherbergte, war für die Versammlungen bestimmt, die der Senat im Freien abhielt; genau hier sollte später Caesar ermordet werden. Das grandiose Bauwerk des Pompejus bescherte Rom das erste feste, gemauerte Theater mit über 15 000 Zuschauerplätzen. Auf dem höchsten Punkt des Zuschauerraums erhob sich ein Venus-Tempel. In Italien band man seit über einem Jahrhundert traditionell theatralische Darbietungen eng an die religiösen Kulthandlungen. Dadurch, dass der Zuschauerraum des Theaters auch als Treppe zum Tempel fungierte, ließ sich das Verbot der Zensoren umgehen, die bis dahin die Erbauung von gemauerten Theatern in der Stadt verhindert hatten.

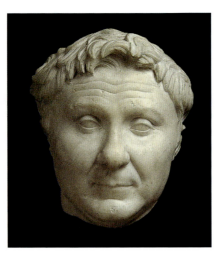

Pompejus

Die Wahl der Statuen, die das Theater schmücken sollten, wurde von Attikus getroffen, der ein großer Freund Ciceros und ein Kunstkenner war, und beschränkte sich auf Motive aus dem Bereich des Theaters und des Venuskults.

Die Maße der Schultern erscheinen nur aus einem ganz bestimmten Blickwinkel korrekt, sonst sind sie im Vergleich zu den Ausmaßen der Statue eher unproportioniert.

In dem großen Komplex auf dem Marsfeld gab es auch eine prunkvolle Villa, in der Pompejus wohnte, wenn er in Rom war; da er fast durchgehend das Amt des Prokonsuls ausübte, durfte er das Innere des pomerium *nicht betreten.*

In der dem Komplex angeschlossenen Curia fanden die Sitzungen des Senats statt, bei denen die Anwesenheit des Pompejus erwünscht war, so dass sich die Senatoren zum ersten Mal in privaten Räumen eines Bürgers trafen.

Die Skulptur wurde mit Sicherheit dazu entworfen, von unten und leicht von der Seite betrachtet zu werden, da es nur aus dieser Perspektive möglich ist, den kunstvollen Faltenwurf des Gewands zu bewundern, der auf die linke Seite fällt, und die gekreuzten Füße mit den leichten Sandalen.

▲ Sitzende Muse, aus dem Theater des Pompejus, Mitte des 1. Jh. v. Chr., Rom, Centrale Montemartini.

Caesar

»Am Tage des Gallischen Triumphes wäre er beinahe … infolge eines Achsenbruchs aus dem Wagen geschleudert worden; er bestieg das Kapitol beim Schein von Fackeln, wobei 40 Elefanten zur Rechten und zur Linken die Leuchter trugen.« (Sueton)

100–44 v. Chr.

Lebensdaten
63 v. Chr.: Caesar wird *pontifex maximus* gewählt
61 v. Chr.: Statthalter in *Hispania ulterior* (Südspanien)
60 v. Chr.: Triumvirat mit Pompejus und Crassus
59 v. Chr.: Konsulat
58–51 v. Chr.: Feldzüge in Gallien
51 v. Chr.: Veröffentlichung der *Commentarii de bello Gallico*
49 v. Chr.: Caesar überschreitet den Rubikon. Beginn des Bürgerkriegs gegen Pompejus
48 v. Chr.: Sieg über Pompejus bei Pharsalus
48 v. Chr.: definitive Niederlage der Pompejaner bei Thapsus
45 v. Chr.: Adoption seines Neffen Gaius Octavius (Octavian)
44 v. Chr.: Julius Caesar, Diktator auf Lebenszeit, wird am 15. März durch eine Verschwörung ermordet.

▶ Porträt von Julius Caesar, aus Tusculum, Kopie eines Originals von etwa 45–44 v. Chr., Turin, Museo di Antichità.

Nach seinem Sieg über Pompejus bei Pharsalus wurde Caesar de facto zum Alleinherrscher in Rom und zum unangefochtenen Gebieter über die Bautätigkeit in der Hauptstadt. Auf eine Restaurierung des Forum Romanum folgte der Bau eines neuen Komplexes, des Forum Caesaris, das erste der Kaiserforen; dabei handelt es sich um einen langgezogenen, schmalen Platz, dessen Ende ein Tempel der Venus Genetrix beherrschte, die die Familie der Julier als Stammmutter verehrte. Für den Bau mussten die Grundstücke hinter der *Curia Cornelia* angekauft und zahlreiche Wohnhäuser aus spätrepublikanischer Zeit abgerissen werden, außerdem wurde eine Erhebung abgetragen, die damals noch das Kapitol mit dem Quirinal verband.

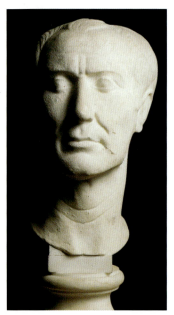

Sein früher Tod hinderte Caesar an der Verwirklichung des grandiosesten Teils seiner städtebaulichen Umgestaltungspläne, die die Umleitung des Tibers, die Verwandlung des Vatikanhügels in ein neues monumentales Zentrum und die Erweiterung der städtischen Wohngebiete zum Marsfeld hin vorsahen. Nach seinem Tod ging die Arbeit an den von ihm initiierten Bauwerken jedoch ohne große Abänderungen weiter; sie wurde aufgeteilt zwischen den Triumviren Octavian, Marcus Antonius und Aemilius Lepidus.

Caesar

»Gegenüber dem Caesar-Forum liegt ein Buchladen, dessen Eingang links und rechts vollgeschrieben ist, so dass du schnell alle Dichter überblicken kannst.« (Martial)

Die Arbeiten am Forum dauerten sehr lange und wurden erst nach dem Tod Caesars von Octavian beendet; Caesar war es jedoch noch gelungen, 46 v. Chr. den Tempel der Venus Genetrix einzuweihen, den er wegen eines Gelübdes erbaute, das er vor der Schlacht gegen Pompejus bei Pharsalus abgelegt hatte (48 v. Chr.).

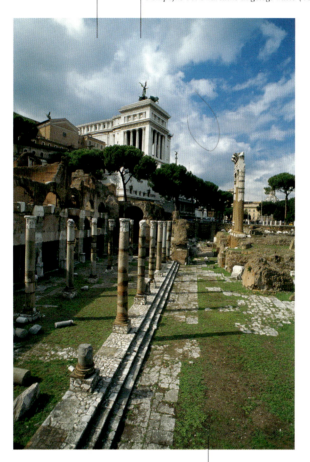

▲ Das Caesar-Forum heute.

»Beim Pontischen Triumphzug ließ er unter den Tragegestellen für die Trophäe eine Inschrift von drei Worten vorantragen: ›Ich kam, sah und siegte‹; diese Inschrift wies nicht wie bei den übrigen auf seine Kriegstaten hin, sondern auf die schnelle Beendigung des Kriegs.« (Sueton)

Caesar hatte die Diktatur auf Lebenszeit und andere Privilegien eines Königtums hellenistischer oder orientalischer Prägung für sich eingeführt; neben seinen großen städtebaulichen Projekten führte er viele grundlegende politische und gesellschaftliche Reformen durch.

»Despotische Mutter, unterdrückte Ehefrau, fähig, sich anzupassen an die Verschlagenheit des Gatten und an die heuchlerische Natur des Sohnes.« (Tacitus)

Augustus und Livia

Augustus:
63 v. Chr.–14 n. Chr.
Livia:
58 v. Chr.–29 n. Chr.

Lebensdaten
42 oder 43 v. Chr.:
Heirat der Livia mit
Tiberius Claudius Nero
39 v. Chr.: Livia lässt
sich scheiden und
heiratet Octavian
31 v. Chr.: Schlacht bei
Aktium und Sieg über
Cleopatra
27 v. Chr.: Octavian
wird Augustus
25–15 v. Chr.: Unterwerfung der Alpenvölker
17 v. Chr.: Feier der
»Jahrhundertspiele«
zum Ende des Krieges
12 v. Chr.: Augustus
wird *pontifex maximus*
12–8 v. Chr.: das römische Reich erreicht die
Donau (Provinzen Pannonien und Moesien)
6 n. Chr.: Errichtung
der Provinz Judäa
14 n. Chr.: am 19. August stirbt Augustus bei
Nola; durch sein Testament erhält Livia den
Titel der Augusta
29 n. Chr.: Tod Livias

▶ Porträt der Livia,
weißer Marmor, Ende
des 1. Jh. v. Chr., Rom,
Palazzo Massimo.

Da Augustus die Legitimation seiner Macht aus der Tatsache bezog, Caesars Adoptivsohn zu sein, war die Apotheose Caesars eine der Stärken seiner Propaganda. Mit der Vergöttlichung des Vaters, dem er auf dem Forum Romanum den Tempel des Divus Iulius geweiht hatte, den ersten Tempel, der in Rom einem Sterblichen errichtet worden war, konnte Octavian sich mit Recht *divi filius* nennen, den Sohn eines Gottes.

Augustus' Bauprogramm zeichnete sich, dank der finanziellen Möglichkeiten, die ihm der Sieg über Cleopatra verschafft hatte, durch immense Restaurierungsarbeiten an heiligen Bauten aus – was sich in die allgemeine Religionspolitik des Kaisers einfügte, der republikanische Institutionen und vergessene religiöse Bräuche wiederaufleben ließ – und die städtebauliche Umgestaltung des Marsfelds. Vor allem aber veranlasste Augustus die Neuordnung der Verwaltung Roms, in dem damals mindestens 700 000 Menschen lebten. Rom wurde in 14 Regionen aufgeteilt, die jeweils einem jährlich neu ausgelosten Magistrat anvertraut wurden und viel größer waren, als das Gebiet, das die alten republikanischen Stadtmauern eingeschlossen hatte.

Die Regionen bildeten die Grundlage für die Verwaltung und Erhaltung des gesamten Netzes städtischer Dienstleistungen und Infrastrukturen. Neue Ämter wie die Feuerwehr wurden eingerichtet, und es wurden Gesetze erlassen, die die Bautätigkeit in der Stadt regelten, indem zum Beispiel die Höhe der Gebäude zur Straße hin auf 70 Fuß begrenzt wurde; das entsprach sechs oder sieben Stockwerken.

Augustus und Livia

»Per Dekret des Senats erhielt ich die Anrede Augustus. Die Tür meines Hauses wurde mit Lorbeer geschmückt und am Eingang wurde ein Bürgerkranz befestigt; in der Curia Iulia wurde ein goldener Schild angebracht, dessen Inschrift besagte, er werde mir vom Senat und Volk von Rom überreicht für meine Verdienste, meine Milde, meine Gerechtigkeit und Barmherzigkeit«. (Augustus)

Octavian, hier kaum 30-jährig, erscheint in diesem Porträt als junger Mann ohne königliche Insignien, ist aber gut zu erkennen an seiner typisch lockig frisierten Haarpracht und der ausgeprägten Nase.

Augustus ist mit einem Lorbeerkranz geschmückt, Zeichen seiner Kaiserwürde, während seine Züge, obwohl er hier 45 Jahre alt ist, immer noch die eines jungen Mannes sind; die Darstellung der Haare wirkt im Vergleich mit älteren Porträts schematisch, die Haarsträhnen sind betont regelmäßig und fast zwanghaft angeordnet.

Das wichtigste politische Manifest der augusteischen Zeit blieb uns dank einer Abschrift an den Wänden der cella des Tempels des Augustus und der Roma in Ancyra (Ankara) erhalten (25–20 v. Chr.); es handelt sich dabei um die res gestae, das politische Testament, das Augustus auch am Eingang seines Mausoleums verewigt wissen wollte.

▲ *Aureus* des Octavian, 32–29 v. Chr. (Vorderseite), Rom, Palazzo Massimo, Medaillensammlung.

▲ *Aureus* des Augustus, in Spanien herausgegeben 18 v. Chr. (Vorderseite), Rom, Palazzo Massimo, Medaillensammlung.

Augustus und Livia

Wahrscheinlich handelte es sich bei dem Haus der Livia weniger um ein eigenes Gebäude, als um separate Wohnräume innerhalb des Palastes, den Augustus schon 36 v. Chr. durch Zusammenlegung einer Gruppe älterer Häuser geschaffen hatte.

Als 3 n. Chr. das Haus des Augustus durch einen Brand verwüstet wurde, wurden ihm viele, auch große Spenden für den Wiederaufbau angeboten; der Kaiser aber akzeptierte, so erzählt es der Historiker Cassius Dio, nur jeweils einen aureus *von Gemeinden und einen* denarius *von Privatleuten.*

▲ Haus der Livia auf dem Palatin.

Das Haus der Livia, bereits 1869 von Pietro Rosa im Auftrag von Napoleon III. ausgegraben, wurde später anhand der Wasserleitungen aus Blei identifiziert, die üblicherweise den Namen der Besitzerin des Gebäudes trugen, Iulia Augusta.

Entlang der ganzen Wand läuft oben ein Fries auf gelbem Grund, das ein sehr wichtiges Beispiel für die Darstellung von Landschaften in der römischen Kunst ist: ohne Unterbrechung erscheinen Kultstätten und exotische Bauwerke, rituelle Szenen, Menschen und Tiere in Tupfentechnik mit aufgesetzten Lichtern skizziert.

Sueton erzählt, Augustus wohnte »später auf dem Palatin, aber auch dort lediglich in einem bescheidenen Haus des Hortensius, das weder groß noch luxuriös war, in dem sich vielmehr nur niedrige Hallen mit Säulen aus Peperin und Gemächer ohne Marmor und auffallende Mosaikböden befanden. Und er schlief über 40 Jahre lang, winters wie sommers, in ein und demselben Gemach.«

Bei der Restaurierung des Hauses des Augustus wurde der Unterschied zwischen dem privaten Teil mit seinen kleinen und sehr nüchternen Räumen und dem öffentlichen Teil östlich des Apoll-Tempels noch hervorgehoben, der aus großen, prunkvollen, mit Stuck und Marmor ausgeschmückten Räumen bestand; diese wurden später in den Palast des Domitian miteinbezogen, der den Namen Domus Augustana *beibehielt.*

An den Seitenwänden ist ein Portikus mit korinthischen Säulen und üppigen grünen Girlanden aus Blumen, Blättern und Früchten dargestellt; an den farbigen Bändern der Girlanden hängen verschiedene Gegenstände, die wohl bei der Ausübung ländlicher Kulte verwendet wurden.

»Nach unserer Abreise von hier werden den Maultieren zur vorgesehenen Stunde in Capua die Saumsättel abgenommen. Maecenas geht spielen, ich und Vergil schlafen; denn tatsächlich ist das Ballspielen schädlich für die Augen und für den Magen.« (Horaz)

Vergil und Maecenas

Vergil: 70–19 n. Chr.
Maecenas: ca. 70–8 v. Chr.

Lebensdaten
42–37 v. Chr.: Vergil schreibt die *Eklogen* und wird in den Kreis um Maecenas aufgenommen
37 v. Chr.: Maecenas und Vergil machen in Begleitung von Horaz und anderen Künstlern eine Reise nach Brindisi
37–31 v. Chr.: Vergil schreibt die *Georgica*
36–33 v. Chr.: Octavian, der nicht in Rom ist, betraut Maecenas mit seinen Angelegenheiten
31–29 v. Chr.: Octavian betraut Maecenas und Agrippa mit der Vertretung seiner römischen Angelegenheiten
29–19 v. Chr.: Vergil schreibt die *Aeneis*
19 v. Chr.: Vergil bricht zu einer 3-jährigen Reise nach Griechenland auf, erkrankt jedoch und stirbt auf der Rückkehr.

Maecenas war jahrzehntelang vertrauter Freund und Berater des Augustus und spielte eine wesentliche Rolle bei der Organisation dessen politischer Propaganda. Als Liebhaber und Kenner der Künste und Mann von Bildung hatte er früh verstanden, wie wichtig Kunst und Literatur waren, um Zustimmung für den neuen Herrscher zu gewinnen. Um Maecenas sammelte sich eine große Schar von Intellektuellen und Literaten, die er mit Geschenken und finanzieller Hilfe unterstützte und zu immer neuen Höchstleistungen anspornte. Sie schufen große Literatur in verschiedenen Gattungen, darunter an erster Stelle das Versepos. Das Patronat des Maecenas – von dem der heutige Begriff des Mäzenatentums abgeleitet ist – und anderer kluger und einflussreicher Persönlichkeiten war von grundlegender Bedeutung für das intellektuelle Klima jener Zeit, das eine neue, sozial anerkannte Rolle entstehen ließ: die des Dichters als nützliches Mitglied der Gesellschaft.
Die Dichter wurden nun aufgerufen, Vorschläge zu machen, ihre Hoffnungen auszudrücken und Modelle zu entwerfen, wie Vergil, der sich in den *Georgica* die Aufgabe stellte, eine Art moralisches Ideal zu beschreiben. Die *Aeneis*, Vergils Meisterwerk, ist, obwohl nach dem archaischen Muster der homerischen Epen konstruiert, ein modernes Werk, in dem die Legende ganz neu erzählt wird, um Aeneas als Stammvater der Familie Caesars und als Begründer des römischen Stammes und der römischen Macht zu huldigen.

Vergil und Maecenas

Eines der Elemente, die der Legitimation der Vorherrschaft der gens Iulia bei der Regierung der res publica dienten, war die Würdigung ihrer göttlich-heroischen Abstammung durch die umfassende Neuinterpretation der Ursprünge Roms.

Mars ist hier als göttlicher Vater des Romulus und Vorfahr der Römer dargestellt; die Darstellung schmückt die Vorderseite desselben Altars, auf dessen Rückseite wir den Mythos der von der Wölfin gesäugten Zwillinge finden (siehe S. 11).

Venus, die göttliche Mutter des Aeneas und damit Stammmutter der Geschlechter, die später Rom gründen würden, wird von einem Jüngling (vielleicht Hymenaeus, der Hochzeitsgott) und einem fliegenden Héros begleitet, zum Beweis ihrer himmlischen Hochzeit.

Im VI. Gesang lauscht der in die Unterwelt hinabgestiegene Aeneas der feierlichen Prophezeiung seines Vaters Anchises, der die glorreiche Zukunft seiner Nachkommen und der ganzen Stadt Rom beschreibt, die dazu bestimmt ist, über die Völker zu herrschen.

Vergil feierte schon bei seinen Zeitgenossen große Erfolge; wir wissen, dass seine Werke bereits seit 26 v. Chr. in den höheren Schulen studiert wurden.

◀ Bemalter Fries vom Esquilin, Szene der Schlacht am Fluss Numicus und Apotheose des Aeneas, ca. 30–20 v. Chr., Rom, Palazzo Massimo.

▲ Altar für Mars und Venus, aus der Portikus des Forums der Korporationen in Ostia, ca. 100–130 v. Chr., Rom, Palazzo Massimo.

21

Vergil und Maecenas

In dem Gebäude wurden verschiedene Wasserleitungen gefunden, die auf eine Bestimmung als Nymphäum hinweisen, einer monumentalen, mit Pflanzen, Blumen und Wasserspielen geschmückten Brunnenanlage.

Der Raum besteht aus einer rechteckigen Halle, die im vorderen Teil breiter ist und in einer Apsis endet; dort öffnen sich fünf Nischen über einer halbkreisförmigen Treppe, deren sieben Stufen wohl ursprünglich mit Platten aus Cipollino-Marmor verkleidet waren.

An den Langseiten sind zur Apsis hin jeweils sechs Nischen zu sehen; die Analyse der Baustruktur erlaubt eine Datierung auf die letzten Jahre der Republik bzw. die früheste Kaiserzeit.

Es ist möglich, dass sich in diesem großen Nymphäu, das sich in den Gärten des Maecenas befand – und heute als Auditorium des Maecenas bekannt ist –, die Dichter trafen, um in privater Runde ihre Verse zu rezitieren.

Das große Nymphäum muss Teil jener Villa gewesen sein, die Maecenas um etwa 30 v. Chr. auf dem Esquilin erbauen ließ und in der Tiberius nach seiner Rückkehr aus dem freiwilligen Exil in Rhodos wohnte.

▲ *Auditorium des Maecenas.*

»Wem hätte die Unmenschlichkeit Neros verborgen bleiben sollen? Schließlich blieb ihm nur noch, nachdem er Mutter und Bruder getötet hatte, seinen Erzieher und Lehrer umzubringen.« (Tacitus)

Seneca und Nero

Nero hatte viele ehrgeizige Pläne, die nie realisiert wurden, wie der Durchbruch der Landenge von Korinth oder der Bau eines Verbindungskanals zwischen Ostia und Rom; unzerstörbare Spuren seiner Zeit finden sich jedoch in der Hauptstadt, jener *urbs nova*, die der Imperator nach dem verheerenden Brand des Jahres 64 neu aufbauen wollte. Zum ersten Mal erhielt Rom einen Bauleitplan, der auch ältere Gesetze wieder aufnahm und die Bautätigkeit in den Stadtvierteln durch Vorschriften regelte. Diese dienten vor allem dem Brandschutz, etwa die Höhenbeschränkung der Gebäude, die Pflicht, für die Eindeckung der Dächer Dachziegel und -pfannen zu verwenden und einen Mindestabstand um jedes Haus herum einzuhalten.

Aber die bekannteste Maßnahme Neros stand unter radikal entgegengesetzten Vorzeichen; sie führte zu einer Reihe von unpopulären Abrissverordnungen für öffentliche Gebäude sowie Beschlagnahmungen und Enteignungen von Privathäusern, die notwendig waren, um ein immenses Grundstück freizumachen, auf dem die *Domus Aurea* erbaut werden sollte, Neros neuer Palast im Herzen der Stadt. Diese Residenz gliederte sich in prunkvoll dekorierte private und öffentliche Pavillons, die oft durch kühne architektonische Lösungen bestachen; ihr Zentrum bildete ein großer künstlicher See.

▶ Porträt Neros, zwischen 59 und 64 n. Chr., Rom, Museo Palatino.

Seneca:
4 v. Chr./1 n. Chr.
–65 n. Chr.
Nero: 37–68 n. Chr.

Lebensdaten
41: Seneca muss wegen angeblichen Ehebruchs mit der Schwester Caligulas ins Exil auf Korsika
49: Seneca wird von Agrippa nach Rom zurückgerufen und zum Erzieher des jungen Nero
54: Nero wird von den Prätorianern zum Imperator ausgerufen, Seneca wird sein politischer Berater
55: Nero lässt Britannicus vergiften, den Sohn des Claudius
59: Nero lässt seine Mutter umbringen
62: Seneca fällt in Ungnade und zieht sich ins Privatleben zurück, wobei er sein enormes Vermögen Nero überlässt
64: Brand von Rom
65: Pisonische Verschwörung; Seneca wird zum Selbstmord gezwungen
68: Nero wird vom Senat zum Staatsfeind erklärt und tötet sich selbst am 9. Juni

Seneca und Nero

Diese kleinen Bilder mit Landschaftsdarstellungen, von denen Girlanden herabhängen, sind Teil der komplexen Wandmalerei mit Architekturmotiven im so genannten Saal der Masken; die zarten Ansichten sind übereinander angeordnet, neben vielen verschiedenen Motiven, unter denen die Masken hervorstechen, die dem Saal seinen Namen geben.

Die Malerei der Domus Aurea *hat Künstler wie Ghirlandaio, Pinturicchio, Perugino und Filippino Lippi, deren Signaturen noch auf den Wandfresken zu finden sind, zu einer neuen Art der Wandmalerei inspiriert: den »Grotesken«. Sie verdanken ihren Namen dem grottenartigen Eindruck, den Neros lang verlassene Palasträume bei den ersten Besuchern hinterließen.*

Die antiken Historiker haben den Namen eines der Künstler überliefert, die Neros Palast ausschmückten: ein gewisser Fabullus, der anscheinend nur wenige Stunden am Tag malte, mit großer Feierlichkeit und immer in eine Toga gekleidet, selbst wenn er auf Gerüste steigen musste.

Die Landschaften dieser Bilder sind mit breiten, weichen Pinselstrichen gemalt, durch die große Licht- und Schattenflächen entstehen, und kommen mit wenigen Farben aus: Braun, Blau und Grau, neben dem Weiß, das benutzt wurde, um den Kompositionen Leuchtkraft zu verleihen.

▲ Landschaftsbilder aus dem Maskensaal der *Domus Aurea*.

Seneca wurde in Córdoba geboren und von einer Tante nach Rom gebracht. Wir wissen wenig über sein Leben vor dem Exil in Korsika und der späteren Ernennung zum Erzieher des jungen Nero; gesichert ist dagegen, dass er ungefähr zwischen 54 und 62 n. Chr. zusammen mit dem Prätorianerpräfekten Afranius Burrus der mächtigste Mann am Kaiserhof war.

Tacitus erzählt uns in den Annales *vom Tod, den sich der große Philosoph auf Befehl seines ehemaligen Schützlings selbst beibrachte: »Nachdem das Eisen mit einem einzigen Schnitt die Venen seiner Arme durchtrennt hatte, das Blut aber nur langsam aus seinem alten und durch das wenige Essen geschwächten Körper floss, schnitt sich Seneca auch noch die Venen der Beine und der Waden durch.«*

Überaus zahlreich sind die überlieferten Schriften Senecas, ungezählt sind seine Lehrsätze und Unterweisungen: »Die Tugend ist ... königlich, unbesiegbar, unermüdlich... Die Tugend wirst du im Tempel finden, im Forum, in der Curia, bei der Verteidigung der Stadtmauern, staubig, erhitzt und mit Schwielen an den Händen.« (Seneca)

Der Kaiser im Alter von nur 17 Jahren, im Jahr seiner Thronbesteigung. Während der Regierungszeit Neros stieg die Steuerlast aufgrund der immer höheren Kosten der Bürokratie und des Militärs ins Unerträgliche, so dass der Kaiser im Jahr 64 n. Chr. ein Reformprogramm beschloss, das auch eine Reduzierung des Gewichts der goldenen aurei *und der silbernen* denarii *vorsah.*

Agrippina d. J., älteste Tochter des Germanicus und Agrippina d. Ä., Schwester des Caligula, hatte 49 n. Chr. ihren Onkel Claudius geheiratet und überredet, Nero, ihren Sohn aus erster Ehe, zu adoptieren. In den ersten Regierungsjahren ihres Sohnes verfügte sie über viel Macht, wurde dann aber ins Exil geschickt und schließlich im Jahr 59 n. Chr. auf Befehl Neros ermordet.

▲ *»Pseudo-Seneca«, römische Kopie nach einem griechischen Original des 3. Jh. v. Chr., Rom, Museo Capitolino, Palazzo Nuovo.*

▲ *Aureus des Nero, in Rom herausgegeben im Jahr 54 n. Chr. (Vorderseite), Rom, Palazzo Massimo, Medaillensammlung.*

»*Seinem Sohn Titus, der ihn wegen der Urinsteuer kritisierte, hielt er Denare unter die Nase ... und fragte, ob sie stänken, als Titus verneinte, sagte er: ›Und doch stammen sie vom Urin‹.*« (Sueton)

Die Flavier

69–96 n. Chr.

Lebensdaten
69: am 22. Dezember wird Vespasian vom Senat als legitimer Herrscher anerkannt
70: Titus, der Sohn Vespasians, erobert Jerusalem
75: Erweiterung des römischen *pomerium*
79: Tod Vespasians; sein Sohn Titus tritt die Nachfolge an
80: ein Brand zerstört den römischen Tempel des Iuppiter Capitolinus; eine Seuche wütet; Einweihung des Kolosseums
81: Titus stirbt; sein Bruder Domitian folgt ihm nach
83–85: Germanischer Krieg
87: Komplott gegen Domitian
96: Domitian wird in einer Palastverschwörung umgebracht

Vespasian setzte sich während seiner Regierungszeit vor allem dafür ein, der Bürgerschaft das enorme Areal zurückzugeben, das Nero mit dem Bau seiner *Domus Aurea* besetzt hatte; die prunkvolle Residenz wurde abgerissen und ein Teil ihrer Bauten zur öffentlichen Verwendung bestimmt, wie die Thermen, die später von Titus restauriert wurden. Das bedeutendste Vorhaben aber war der Bau eines Amphitheaters, des Kolosseums, an Stelle des künstlichen Sees in Neros Palast, der notwendig geworden war, um das Amphitheater des Statilius Taurus zu ersetzen, das beim Brand des Jahres 64 n. Chr. zerstört worden war.

Auf die Regierungszeit Vespasians geht auch der Bau des Friedenstempels zurück, der den Sieg der Römer über die Juden und den damit erreichten Frieden feierte; hier wurden zahlreiche Kunstwerke versammelt, die Nero aus verschiedenen Tempeln Griechenlands geraubt hatte, und die schönsten Stücke der Kriegsbeute aus der Eroberung Jerusalems.

Aus der Zeit der Flavier verfügen wir über sichere Belege für einen umfangreichen Umbau der städtischen Verwaltung und eine Neuordnung des Katasters, die durch die Erweiterung der Grenzen des *pomerium*, der geheiligten Stadtgrenze, benötigt wurde. Domitian ist auch der Ausbau des Kaiserpalasts auf dem Palatin zu verdanken, der von nun an bis auf kleine Umbauten und Renovierungen als Sitz der römischen Kaiser unverändert bleiben sollte.

Die Flavier

Die Statue, mit 130 cm Höhe nicht ganz lebensgroß, stellt Iulia als ungefähr 12-jährige dar, wahrscheinlich im Todesjahr ihres Vaters.

Die junge Frau trägt eine lange Tunika, die unter der Brust zusammengefasst ist und in weichen Falten herabfällt, die das leicht gebeugte rechte Bein betonen; darüber trägt sie eine Stola mit weitem Halsausschnitt; ihr Mantel, die palla, fällt über den linken Unterarm und hüllt die ganze Gestalt ein, die Füße stecken in Sandalen.

Das rundliche und fast pausbäckige Gesicht des Mädchens wird umrahmt von vielen Löckchen, die nach der Mode der Flavierzeit im Nacken zu einem Schopf zusammengefasst sind.

Iulia, die wohl 68 n. Chr. in Titus' zweiter Ehe zur Welt kam, wurde sehr jung mit einem Cousin verheiratet, der aber in Ungnade fiel und um 84 n. Chr. umgebracht wurde. Von da an lebte die junge Witwe bei ihrem Onkel, Kaiser Domitian, als dessen Geliebte; nach ihrem Tod im Jahre 91 n. Chr. wurde sie vergöttlicht.

◀ Relief vom Familiengrab der Haterier, ca. 70–100 n. Chr., Vatikanstadt, Musei Vaticani.

▲ Iulia Titi, von der Tiberinsel, ca. 81 n. Chr., Rom, Palazzo Massimo.

Die Flavier

Das Stadion des Domitian auf einem Sesterzen des Septimius Severus, den der Herrscher 202–203 n. Chr. zur Rückkehr seines Sohnes Caracalla nach Rom prägen ließ. Die Entscheidung, gerade dieses Gebäude abzubilden, hängt sicher damit zusammen, dass in diesem Stadion die feierlichen Spiele zur Hochzeit von Caracalla und Plautilla stattgefunden hatten.

Der Obelisk, der 1651 von Bernini in der Mitte des Platzes aufgestellt wurde, stammt aus dem Circus des Maxentius an der Via Appia, wahrscheinlich war er ursprünglich sogar Teil eines dritten Gebäudes.

Das Gebäude, das 275 m lang und mehr als 10 m breit war, konnte bis zu 30 000 Zuschauer fassen; die Arena blieb komplett frei, die Haupteingänge befanden sich in der Mitte der Langseiten. Zur prunkvollen Dekoration des Stadions muss auch die Statue des Pasquinus gehört haben, die sich heute auf einem nach ihm benannten Platz befindet.

Die Piazza Navona ist eines der wichtigsten Beispiele für die städtebauliche Kontinuität zwischen der modernen und der antiken Stadt: ihre langgestreckte, rechteckige Form mit einer abgerundeten Seite folgt exakt den Umrissen des Stadions, das Domitian um 86 n. Chr. bauen ließ, um griechische Athletenspiele abzuhalten.

▲ Sesterz des Septimius Severus, 202–203 n. Chr., London, British Museum.

▲ Piazza Navona.

Das Profil des Domitian ist uns von Münzen, die er während seiner Regierungszeit prägen ließ, bekannt, während Marmorbüsten sehr viel seltener sind, da sie nach der Ermordung des Kaisers und seiner damnatio memoriae *in großer Zahl vernichtet werden mussten.*

Die damnatio memoriae *wurde vom Senat beschlossen und gebot die öffentliche Tilgung des Andenkens von Personen, die eines staatsfeindlichen Verhaltens für schuldig befunden worden waren; ihre Porträts wurden vernichtet und ihr Name aus allen Inschriften gelöscht.*

Die letzten Regierungsjahre Domitians zeichneten sich durch harte Unterdrückung seiner Gegner aus, von der selbst Familienangehörige nicht verschont blieben, die er der Toleranz gegenüber Juden und Christen der Hauptstadt verdächtigte; der Palastverschwörung, die seinem Leben ein Ende bereitete, soll seine Ehefrau nahe gestanden haben.

▲ Porträt des Domitian, aus der Umgebung des Sees von Fogliano, Ende des 1. Jh. n. Chr., Rom, Palazzo Massimo.

Die zeitgenössischen Historiker und Intellektuellen waren sich in ihrem vernichtenden Urteil über Domitian einig, wahrscheinlich, weil der Herrscher gegen Ende seiner Regierungszeit auch gegen sie loszog und sie aus Rom verwies.

» Was für ein Tag war das, an dem du deine Hauptstadt betratst … Als du dann den Aufstieg zum Kapitol begannst, mit wie viel Freude erinnerten sich da alle an deine Adoption.« (Plinius)

Trajan und Apollodor

Trajan: 53–117 n. Chr.
Apollodor:
?–129 n. Chr.

Lebensdaten
98: Trajan, Statthalter in Obergermanien, tritt die Nachfolge seines Adoptivvaters Nerva an
99: Trajan kommt nach Rom
101–102: erster Krieg gegen die Daker
113–117: Feldzüge in Armenien, Assyrien und Mesopotamien
117: am 1. August stirbt Trajan in Selinus, in Kilikien, auf der Rückkehr nach Rom, zusammen mit seiner Frau Plotina
129: Apollodor wird von Kaiser Hadrian, der sich durch die Kritik an seinen architektonischen Entwürfen beleidigt fühlt, erst ins Exil geschickt und dann hingerichtet.

Mit dem Erlös der ungeheuren Beute aus der Eroberung Dakiens wollte Trajan ein grandioses städtebauliches Vorhaben verwirklichen, das ein neues Machtzentrum des Staates darstellen sollte. Er ließ in der bereits dicht bebauten Gegend zwischen dem Forum Romanum und den angrenzenden Hügeln ein neues, monumentales Forum und einen großen Marktkomplex errichten. In den terrassenartig auf mehreren Ebenen angelegten Läden ließen sich unter der direkten Kontrolle der Funktionäre der *annona* die wichtigsten Betriebe der Stadt nieder, so dass eine zentrale Verteilung und solide Verwaltung der Getreidevorräte und der Waren garantiert war, die Rom über den neuen Hafen an der Tibermündung erreichten. Trajan hatte in Fiumicino ein geschütztes Hafenbecken mit Speichergebäuden errichten lassen, um das Problem der schlechten Schiffbarkeit des Flusshafens zu lösen.

Das Trajans-Forum wurde 107–113 nach den Plänen Apollodors von Damaskus erbaut, des berühmtesten Architekten seiner Zeit, der die Arbeiten an der Trajans-Säule, der Basilica Ulpia und den anderen Gebäuden des Forums persönlich überwachte. Der große Architekt, den Trajan so bewunderte, fiel später in Ungnade, weil er es wagte, Hadrians Entwurf für den Tempel der Venus und Roma zu kritisieren. Er wurde ins Exil geschickt und später hingerichtet.

▶ Posthumes Porträt Trajans, aus dem Kalkofen der *insula* des Serapis in Ostia, ca. 119 n. Chr., Ostia Antica, Museo Ostiense.

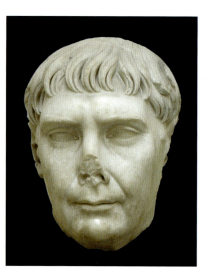

Trajan und Apollodor

Marcus Ulpius Traianus wurde 53 n. Chr. in Italica in Südspanien geboren; nach einer langen Militärkarriere, die ihn in jeden Winkel des Reichs geführt hatte, wurde er 91 n. Chr. Konsul und 97 n. Chr. Statthalter in Obergermanien; hier erhielt er die Nachricht seiner Adoption durch Kaiser Nerva.

Ausgrabungen im Bereich der östlichen Apsis der Basilica Ulpia haben vor kurzem zur spektakulären Entdeckung eines Stück Bodenbelags aus farbigen Marmorplatten (Pavonazzetto, Giallo Antico und Verde Africano) geführt, dessen Existenz bis dahin nur vermutet wurde.

Trajan nützte seine Münzen dazu, dem römischen Volk die Freigiebigkeit des Kaisers und die Großartigkeit seiner Bauwerke vor Augen zu führen, und ließ daher auf verschiedenen Prägestöcken die wichtigsten Gebäude seiner Regierungszeit darstellen.

An der Spitze der Säule stand eine Statue Trajans, die im Mittelalter verschwand und im 16. Jh. durch die bis heute erhaltene Statue des Heiligen Petrus ersetzt wurde.

Über der Tür, die sich im Sockel öffnet, erinnert eine Inschrift daran, dass die ursprüngliche Aufgabe der Säule darin bestand, die Höhe des Hügels anzugeben, der für den Bau des Forums abgetragen worden war.

▲ Die Basilica Ulpia.

▲ *Aureus* des Trajan, herausgegeben zwischen 112 und 114 n. Chr. (Rückseite), Rom, Palazzo Massimo, Medaillensammlung.

Trajan und Apollodor

Apollodor von Damaskus verdanken wir den Entwurf für den Umbau und die Erweiterung der Titus-Thermen.

Die Thermenanlage erstreckte sich auf einer Fläche von über 100 000 m², von denen knapp die Hälfte allein das Hauptgebäude einnahm; die im Park des Colle Oppio verstreuten Reste des Baus sind noch heute eindrucksvoll.

▲ Trajans-Thermen.

Von Apollodors Werken über Militärtechnik ist nur eine Abhandlung über Kriegsmaschinen erhalten geblieben.

Bei der Planung der Trajans-Thermen umgab Apollodor das Hauptgebäude mit einer äußeren Einfassung mit Exedra und entwarf so eine innovative Lösung, die das klassische Vorbild aller späteren Thermenanlagen bilden sollte.

»Meine arme Seele, so leicht und süß, Gast und Gefährtin des Körpers, an welchen Gestaden wirst du nun wandeln, tot, erstarrt und nackt?« (Hadrian)

Hadrian und Antinoos

Hadrian, der die Expansionspolitik seines Vorgängers nicht weiterführte, konnte nicht mehr auf die Einnahmen zählen, die zur Verwirklichung großer Bauvorhaben notwendig waren; dennoch waren seine städtebaulichen und architektonischen Eingriffe in Rom zahlreich. Zwischen 118 und 125 n. Chr. ließ er das Pantheon des Agrippa wieder aufbauen, wobei die ursprüngliche Anlage vollkommen verändert wurde, und 121 n. Chr. begann er mit dem Bau des Tempels der Venus und Roma, dessen Pläne er selbst erstellt hatte. Dieses riesige Gebäude, der größte Tempel, der je in Rom errichtet wurde, erhob sich auf einem künstlichen Sockel an der Stelle, an der einmal die Vorhalle von Neros *Domus Aurea* gewesen war und benutzte zum Teil auch deren Grundmauern.

Am rechten Ufer des Tibers ließ der Herrscher nach dem Vorbild des Grabmals des Augustus ein eindrucksvolles rundes Mausoleum für sich und seine Nachfolger errichten – die heutige Engelsburg – und verband es mit der Stadt durch eine Brücke, die heute noch benutzt wird, den *Pons Aelius*. Vor allem beim Bau seiner Villa in Tivoli aber konnte sich die Leidenschaft des Kaisers für Architektur entfalten. Sie sollte die Erinnerung an die berühmtesten Denkmäler der griechischen und orientalischen Provinzen des Reichs bewahren, die dort mit neuesten technischen Lösungen nachgebaut wurden.

Hadrian: 76–138 n. Chr.
Antinoos: ca. 110–130 n. Chr.

Lebensdaten
100: Hadrian heiratet Vibia Sabina
117: Trajan überlässt Hadrian die Beendigung des Krieges in Mesopotamien; Trajan stirbt und Hadrian wird vom Heer in Antiochia als Imperator ausgerufen
118: Hadrian kehrt nach Rom zurück
120–134: lange Reisen mit sehr kurzen Aufenthalten in Rom
130: Antinoos ertrinkt während einer Reise entlang des Nils
134: Hadrian kehrt endgültig nach Rom zurück
137: Sabina stirbt
138: nach einer komplizierten Reihe von Adoptionen stirbt Hadrian am 10. Juli

◄ Porträt Hadrians, Replik eines Originals von ca. 137 n. Chr., Rom, Cassa Depositi e Prestiti

Hadrian und Antinoos

Um Platz für den Bau des großen Tempels zu schaffen, wurde abgerissen, was von der Vorhalle der Domus Aurea übrig war; Neros Monumentalstatue wurde mit Hilfe eines Karren, den 24 Elefanten zogen, von ihrem ursprünglichen Standort entfernt und in eine Darstellung des Sonnengotts verwandelt, indem ihr ein anderer Kopf aufgesetzt wurde.

Der heutige Anblick der monumentalen Reste des Tempels ist sehr wahrscheinlich auf die Restaurierung zurückzuführen, die Maxentius nach einem Brand zu Beginn des 4. Jh. veranlasste.

Die Wut Hadrians gegen Apollodor war vor allem in dessen Kritik an den Proportionen des Tempels der Venus und Roma begründet; der große Architekt beklagte das Fehlen eines hohen Podiums, das das Gebäude tragen sollte.

Nach Cassius Dio soll Apollodor auch die unproportionierten Ausmaße der Statuen kritisiert haben: »Wollten die Göttinnen aufstehen und hinausgehen, so könnten sie dies nicht tun. Auf diese barsche schriftliche Antwort hinauf wurde Hadrian ungeheuer wütend und ärgerlich, einen nicht mehr gutzumachenden Fehler begangen zu haben.«

Der Tempel, der von einem Säulengang umgeben war, hatte zwei nebeneinander liegende, aber in entgegengesetzte Richtung blickende cellae, die jeweils eine Kultstatue aufnehmen sollten: jene der Göttin Roma auf der Seite des Forums und die der Venus auf der Seite des Kolosseums.

▲ Tempel der Venus und der Roma.

Das große Mausoleum des Hadrian bestand aus einem Steinsockel in Form eines Parallelepipeds, auf dem ein kreisrunder Zylinder mit einem Durchmesser von 64 und einer Höhe von 24 m ruhte. Fast ein Jahrhundert lang, bis zur Zeit Caracallas, diente es als kaiserliches Grabmal.

Aus dem Mausoleum des Hadrian wurde in der Renaissance die Engelsburg, deren Name von der Engelsstatue abgeleitet wurde, die nun anstelle der Kaiserstatue die Spitze des Bauwerks einnahm.

Das Bauwerk wurde im Mittelalter zur Festung ausgebaut und damit zum Eckpfeiler im Verteidigungssystem des Vatikans; es wurde auch als Gefängnis genutzt.

Der gesamte Bau war mit Platten aus Marmor und Travertin verkleidet und von einem Erdhügel überwölbt, der mit Bäumen bepflanzt und von Statuen umgeben war; auf seiner Spitze thronte eine Quadriga aus Bronze mit der Statue Hadrians.

▲ Engelsburg.

Hadrian und Antinoos

Die antiken Teile scheinen mit derselben Technik wie die Restaurierung durchgeführt, Schrammen und Gebrauchsspuren fast absichtlich beigebracht zu sein.

Das Gesicht des jungen Favoriten des Hadrian ist das Ergebnis einer Ergänzung in moderner Zeit (die Skulptur ist erst seit 1794 in der Sammlung Ludovisi bekannt), und neuere Untersuchungen nähren den Verdacht, es könnte sich bei dem Porträt um eine geschickte Imitation handeln.

Nach dessen Tod vergöttlichte Hadrian seinen Favoriten und gründete am Ort der Tragödie die Stadt Antinoopolis. Der Kult verbreitete sich vor allem in den östlichen Regionen des Reichs, aber auch in Rom wurde ihm zur Ehre ein Obelisk errichtet, der sich heute auf dem Pincio befindet.

Der Kult des Antinoos überlebte den Tod Hadrians nicht; alle Porträts des jungen Bithyniers entstanden in den wenigen Jahren zwischen seinem Tod und dem Tod seines Beschützers.

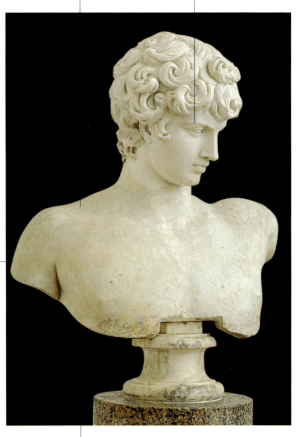

Antinoos, der Jüngling, den Kaiser Hadrian liebte und zu seinem Favoriten machte, wurde um 110 in Bithynien geboren, einer am Schwarzen Meer gelegenen Region der heutigen Türkei. Er ertrank mit nur zwanzig Jahren, während er sich mit dem Herrscher auf einer Reise in Ägypten befand, auf mysteriöse Weise im Nil.

▲ Büste des Antinoos, ca. 130–138 n. Chr., Rom, Palazzo Altemps.

Mit dem Bau des Hadrians-Tempels wurde vermutlich 139 begonnen, im Jahr von Hadrians Vergöttlichung, beendet wurde er sechs Jahre später. Die cella *war rundherum mit einer Reihe von Pfeilern verziert, auf denen die Provinzen des Reichs dargestellt waren; die erhaltenen Reliefs werden in den Kapitolinischen Museen aufbewahrt.*

Die rechte Seite des Tempels ist mit elf Säulen, die mit 15 m Höhe gänzlich original erhalten sind, heute noch fast komplett; der Architrav und der Fries hingegen sind, obwohl zum Teil antik, vielfach restauriert.

▲ Hadrians-Tempel an der Piazza di Pietra.

Der Erhalt des Tempels verdankt sich seiner durchgehenden Nutzung im Laufe der Jahrhunderte und dem Umbau durch Francesco Fontana, der ihn 1695 in die Dogana di Terra umwandelte, indem er die verbliebenen Teile des Tempels harmonisch in die Fassade des neuen Gebäudes integrierte.

Das Gebäude aus dem 17. Jh. hat seine damalige Bestimmung beibehalten und ist heute noch Sitz der Börse.

»In dieser Zeit ist es weder römischen Bürgern noch anderen Menschen im Herrschaftsbereich der Römer erlaubt, sich übermäßig und grundlos gegen klaven zu vergehen.« (Gaius)

Die Antoninen

138–192 n. Chr.

Lebensdaten
ca. 110: Heirat des Antoninus Pius mit Faustina der Älteren
138: Antoninus Pius folgt Hadrian nach; Apotheose Hadrians
139: Marcus Aurelius wird Caesar
145: Mark Aurel heiratet Faustina die Jüngere
161: am 7. März stirbt Antoninus Pius; Mark Aurel wird mit seinem Adoptivbruder Lucius Verus Imperator
164–165: Pest
169: im Januar stirbt Lucius Verus
169–175: Kriege gegen die Germanen und Sarmaten
176: Tod Faustinas; Mark Aurel bestimmt seinen Sohn Commodus zum Nachfolger
180: am 17. März stirbt Mark Aurel in Vindobona (Wien); Commodus wird Imperator
188: Pest in Rom
192: Unruhen; ein Teil der Stadt wird durch Brände zerstört; am 31. Dezember wird Commodus in einer Palastverschwörung getötet

Mit der Thronbesteigung des Antoninus Pius, der aus Gallia Narbonensis stammte, aber italischen Traditionen stark verbunden war, begann für das Reich eine lange Zeit des Friedens, der sie schon bald wieder nachtrauern würde. Seine Regierungszeit blieb in Erinnerung durch ihre Fortschritte auf dem Weg zu einer humanen Gesetzgebung, vor allem für die Sklaven, wegen ihrer umsichtigen Führung der Wirtschaft und der Blüte einer Gelehrtenkultur, die vor allem das Studium der Vergangenheit pflegte und als deren wichtigster Vertreter der Grieche Pausanias angesehen wird, Autor einer Art Reiseführer Griechenlands. Bereits unter Mark Aurel jedoch war es wieder notwendig, gegen zahlreiche Aufstände, gegen Invasionen und zwei tragische Epidemien der Beulenpest vorzugehen. Mit Commodus, der seinem Vater auf dem Thron nachfolgte, war die glückliche Zeit der Adoptivkaiser beendet; der neue Herscher zog sich nach Rom zurück, beließ alle Macht in den Händen des Prätorianerpräfekten, umgab sich mit Günstlingen, und interessierte sich nicht für die Geschicke des Staates.

Die Antoninen

Die Ereignisse werden so erzählt, dass sich dramatische Höhepunkte und Genreszenen abwechseln; eine Figur der Victoria teilt die Erzählung in zwei Teile, die wahrscheinlich dem Feldzug von 172–173 und dem von 174–175 entsprechen.

1589 ließ Papst Sixtus V. die Statue Mark Aurels, die sich an der Spitze der Säule befand, durch eine Statue des heiligen Paulus ersetzen; gleichzeitig ließ er den Fries auf dem hohen Sockel zerstören, der mit Siegesgöttinnen und einer Szene der Unterwerfung der Barbaren geschmückt war.

Der Schaft der Säule besteht nach dem Vorbild der Trajans-Säule aus 19 aufeinandergestellten Zylindern; das Denkmal erreicht eine Höhe von 100 römischen Fuß, knapp 30 m.

Das Denkmal wurde zwischen 180, dem Todesjahr Mark Aurels, und 196 errichtet, da einer Inschrift zufolge einem gewissen Adrastus, der Wächter der Säule war, gestattet wurde, sich aus dem Gerüstholz ein Haus zu bauen.

◀ Fuß der Säule des Antoninus Pius, auf dem die Apotheose von Antoninus und Faustina dargestellt ist, kurz nach 161 n. Chr., Vatikanstadt, Musei Vaticani.

▲ Mark-Aurel-Säule.

Die Säule rühmt die Feldzüge Mark Aurels gegen Germanen und Sarmaten in einer in Stein gehauenen Erzählung, die sich den gesamten Schaft der Säule entlangzieht und mit der Darstellung des römischen Heers bei der Überquerung der Donau beginnt.

Die Antoninen

Die Statue befindet sich heute in den Kapitolinischen Museen, wo sie nach einer umfassenden und komplexen Restaurierung nach etwa 20 Jahren wieder aufgestellt wurde.

Die Statue Mark Aurels blieb bis in unsere Tage erhalten, weil sie im Mittelalter für eine Darstellung Konstantins gehalten wurde, der als christlicher Kaiser galt und daher mit Respekt behandelt wurde; so ist sie dem Schmelzofen entgangen, dem der größte Teil der antiken Bronzestatuen zum Opfer fiel.

Der Imperator ist in bereits fortgeschrittenem Alter dargestellt, seine rechte Hand ist zu einer befriedenden Geste vorgestreckt, als wolle er damit einen Krieg beenden. Die Statue war wahrscheinlich Teil eines Triumphdenkmals und wohl bereits in der Antike vergoldet.

▲ Reiterstatue des Mark Aurel, 170–180 n. Chr., Rom, Musei Capitolini.

Der Kapitolsplatz, wie wir ihn heute kennen, wurde 1538 von Michelangelo im Auftrag von Papst Paul III. entworfen; zum symbolischen Beginn der Bauarbeiten ließ der Papst die Reiterstatue Mark Aurels auf dem neuen Platz aufstellen, die jahrhundertelang in der Lateransbasilika aufbewahrt worden war und nun zum Mittelpunkt des gesamten Entwurfs wurde.

Der Tempel des Antoninus und der Faustina ist durch seine Verwandlung in die Kirche San Lorenzo in Miranda zwischen dem 7. und 8. Jh. bis in heutige Zeit erhalten geblieben; dennoch blieb er nicht vor der Plünderung seines Schmucks im 15./16. Jh. verschont.

Die Identifizierung des Tempels ist durch die immer noch auf dem Architrav lesbare Inschrift gesichert; gut erkennbar ist auch, dass die erste Zeile später hinzugefügt wurde, als der Tempel auch Antoninus Pius gewidmet wurde.

Tempel des Antoninus und der Faustina auf dem Forum Romanum.

Die dem hohen Podium vorgelagerte Treppe wurde in moderner Zeit unter Verwendung von Ziegeln erheblich restauriert; in ihrer Mitte steht noch die Basis eines Altars, der sich, wie bei Kultstätten römischer Zeit oft der Fall, vor dem Tempel und nicht in dessen Innerem befand.

Die Säulen bewahren im oberen Teil ihres Schafts immer noch die Kerben der Seile, mit denen sie umgerissen werden sollten – was zum Glück nicht gelang.

»Severus nannte seine Söhne immer die Antoninen und … beschloss seine Briefe immer mit diesen Worten: ›Grüßt die Antoninen, meine Söhne und Nachfolger‹.« (Aelius Spartianus)

Die Severer

193–235 n. Chr.

Lebensdaten
193: der Senat ruft Septimius Severus zum Augustus aus
197: Septimius Severus ernennt seinen Sohn Caracalla zum Caesar
198: Caracalla wird Augustus, sein Bruder Geta Caesar
211: Severus stirbt in Eburacum (York); Caracalla und Geta treten seine Nachfolge an
212: Caracalla verleiht allen Untertanen römisches Bürgerrecht; er lässt Geta umbringen
217: Caracalla wird bei Carrhae (Haran) getötet; die Soldaten rufen den Prätorianerpräfekten Macrinus zum Imperator aus
218: Macrinus wird getötet; Elagabal ruft sich selbst zum Augustus aus
222: Elagabal wird getötet; sein Cousin Severus Alexander wird Imperator unter Aufsicht seiner Mutter
235: die pannonischen Rekruten rufen ihren Präfekten zum Imperator aus; Severus Alexander wird mit seiner Mutter getötet

Um seine neue Dynastie zu legitimieren, verewigte sich Septimius Severus durch Bauten mitten im Herzen des alten Zentrums: auf dem Forum Romanum errichtete er einen Triumphbogen, der seine Siege über die Parther rühmte, und mit dem *septizodium* verwandelte er die Hänge des Palatins auf der Seite des Circus Maximus in eine eindrucksvolle Prunkkulisse. In den Albanerbergen richtete der Imperator ein Lager für seine 2. Legion ein, die »Partica«; damit wurden zum ersten Mal Legionärstruppen in Italien stationiert. Seine Regierung war umsichtig; als er starb, hinterließ er Getreidevorräte für sieben Jahre und Öl, das ausreichte, um Rom und Italien ein *lustrum*, also fünf Jahre lang, zu versorgen. Sein Sohn Caracalla erbaute auf einem großen Gelände an den Hängen des Aventin eine gigantische öffentliche Thermenanlage, so dass es notwendig wurde, eine eigene Abzweigung vom Aquädukt der *Aqua Marcia* zu legen, die *Aqua Antoniana*, die die Via Appia mit dem Drusus-Bogen überquert.

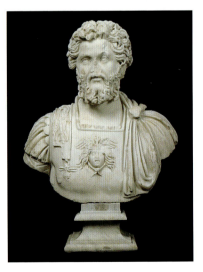

Elagabal verdankt die Stadt außer dem Bau eines riesigen Heiligtums auf dem Palatin zahlreiche Restaurierungen von Aquädukten, Thermen und öffentlichen Einrichtungen, ebenso die Errichtung öffentlicher Lagerhäuser in jeder der 14 Regionen der Stadt, da die monatliche Ausgabe von Getreide, durch die die tägliche Ausgabe von Brot, Schweinefleisch und Wein ersetzt worden war.

Die Severer

In der langen Widmung ist in der vierten Zeile deutlich die Stelle zu erkennen, wo der Name Getas, des jüngeren Sohnes des Septimius Severus, ausgelöscht wurde; er wurde auf Befehl seines Bruders Caracalla getötet, der auch seine damnatio memoriae *beschloss.*

Wie wir von einer Darstellung auf einer Münze wissen, stand ursprünglich auf dem Bogen eine Bronzekutsche, die von sechs Pferden gezogen und von Reiterstatuen flankiert wurde.

In dem schmalen Fries über den kleinen Bögen ist die Szene des Triumphzugs samt mitgeführter Kriegsbeute und Trophäen dargestellt: Karren, die von Beutestücken überquellen, Soldaten, Gefangene und eine große sitzende Statue, die die unterworfene Provinz darstellt.

Wahrscheinlich wurde die Erzählung nach orientalischen Vorlagen gestaltet, da wir wissen, dass der Kaiser mit der Nachricht des Sieges einige große Gemälde nach Rom geschickt hatte, die seine Heldentaten rühmten und die der Senat zur öffentlichen Bewunderung ausstellte.

Der Bogen wurde 203 vom Senat errichtet, um die Siege des Septimius Severus gegen die Parther zu feiern, und steht auf dem Forum Romanum an jener Stelle, an der die Via Sacra zum Kapitol anzusteigen beginnt.

◄ Büste des Septimius Severus aus Ostia, ca. 196 n. Chr., Rom, Palazzo Massimo.

▲ Triumphbogen des Septimius Severus.

43

Die Severer

Fragmente dieses Plans wurden in verschiedenen Teilen der Stadt gefunden; so auch das kleine Stück, das vor wenigen Jahren in einem Kalkofen in der Gegend der Crypta Balbi gefunden wurde, wo es zusammen mit anderen Marmorteilen aus dem alten Rom zu Kalk verarbeitet werden sollte.

Diese Platte, die in der Kaserne der berittenen Carabinieri gefunden wurde, stellt die Gegend des Campo Flaminio dar; zu erkennen sind der Tempel des Kastor und Pollux und ein großes Handelshaus, das einer Cornelia und ihren Partnern gehörte.

Eine erste, große Gruppe von Fragmenten dieses Marmorplans aus der Zeit der Severer, der als Forma Urbis bekannt ist und ein regelrechtes Grundbuch der ganzen Stadt im Maßstab 1:240 darstellte, wurde 1562 in der Nähe des Ortes gefunden, wo der Plan ursprünglich ausgestellt war.

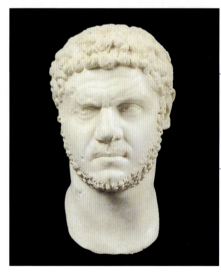

Caracalla, der versuchte den väterlichen Eroberungstaten nachzueifern, begann einen weiteren Feldzug gegen die Parther, fiel aber, kaum im Orient angekommen und noch nicht 30-jährig, 217 einer Verschwörung seiner Soldaten zum Opfer.

Der Name Caracallas ist besonders mit einem Erlass verbunden, der eine ganze Epoche beendete: die constitutio Antoniniana dehnte das römische Bürgerrecht zum ersten Mal auf alle Untertanen des Reiches aus und beendete so die jahrhundertelang geltende Unterscheidung zwischen römischen Bürgern und Provinzbewohnern.

▲ Plattenfragment der *Forma Urbis*, aus der Via Anicia, Rom, Museo delle Terme, Epigrafische Sammlung.

▲ Caracalla, aus einer vorstädtischen Villa an der Via Cassia, 212–215 n. Chr., Rom, Palazzo Massimo.

Die komplexe Hintergrundarchitektur mit ihren Säulen und einem Bogen beschreibt ziemlich genau den Ort, an dem 205 n. Chr. die Szene stattfand.

Der Imperator empfängt die Senatoren, die ihm am Tag der Wahl seiner jugendlichen Söhne zu Konsuln ihre Ehrerbietung erweisen; der 17-jährige Caracalla und der jüngere Geta sind hinter ihrem Vater dargestellt.

Die Bildhauerkunst der Zeit der Severer ist in Rom gut dokumentiert und weist die Merkmale einer Kunst im Übergang auf: von den klassischen Mustern des vorangegangenen Jahrhunderts, wie auf dem Relief des Palazzo Sacchetti, zu denen der Spätantike, als die Imperatoren frontal angeordnet wurden.

▲ Relief des Palazzo Sacchetti, Beginn des 3. Jh. n. Chr., Rom, Palazzo Sacchetti.

Die Severer

Die Frisur des Porträts, ein eng anliegender Helm aus kurzen Haaren, und das nur angedeutete Bärtchen sind charakteristische Kennzeichen der spätantiken Porträtkunst und daher auch der zeitgenössischen Mode.

Nach der kurzen Regierungszeit des Elagabal, eines Neffen von Iulia Domna, Witwe des Septimius Severus, wurde Severus Alexander zum letzten Herrscher der Dynastie; er kam als 13-jähriger Jüngling auf den Thron, regierte zusammen mit seiner Mutter Iulia Mamaea von 222 bis 235 n. Chr. und wurde schließlich mit ihr in einem Militärlager am Rhein ermordet.

Der monumentale Kopf des Severus Alexander ist ein wichtiges Zeugnis für die stilistischen Veränderungen der kaiserlichen Porträtkunst im Übergang des 2. zum 3. Jh. Der Imperator ist hier nicht mehr mit einer deutlich charakterisierten Physiognomie sondern frontal und fast priesterlich ausdruckslos dargestellt.

▲ Kolossaler Kopf des Severus Alexander, aus Ostia, ca. 222–235 n. Chr., Rom, Palazzo Massimo.

Die Verbindung des Severus Alexander zur kaiserlichen Dynastie der Severer basierte weniger auf seiner Verwandtschaft mit der Witwe des Seprimius Severus, als vielmehr auf dem nützlichen Gerücht, er sei ein Sohn des Caracalla.

► Dezennalienbasis mit Darstellung von Opfertieren, 303 n. Chr., Rom, Forum Romanum.

»*So kam es, dass Diokletian, 20 Jahre lang ein sehr glückreicher Imperator, von Gott in eine finstere Existenz hinabgestoßen, von Beleidigungen erdrückt ... schließlich an Hunger und Angst starb.*« (Lactantius)

Diokletian

Mit Diokletian erreichte eine Entwicklung ihren Höhepunkt, die schon Jahrzehnte andauerte: die Imperatoren, ständig damit beschäftigt, die Grenzen ihres Reichs zu verteidigen, verbrachten immer weniger Zeit in der Hauptstadt, und es waren die Truppen in der jeweils aktuellsten Krisengegend, die die neuen Herrscher krönten. Seit 286 war Rom praktisch nicht mehr Hauptstadt des Reichs, da sich das politische Zentrum nach Nicomedeia, dem Wohnsitz Diokletians, verschoben hatte und die kaiserliche Residenz in Italien nach Mailand verlegt worden war. Dennoch war dies, wie die Fabrikstempel der Ziegelsteine belegen, eine Zeit neuen baulichen Aufschwungs für die Stadt Rom, die seit einem Jahrzehnt ein neuer weiter Mauerring umschloss. Auf dem Forum Romanum wurde die *Curia* wieder aufgebaut und zwischen 293 und 306 entstand, gut erreichbar für einige dicht besiedelte Wohnviertel, ein gigantisches öffentliches Bad, die Thermen des Diokletian. Das war jedoch der einzige große Eingriff in das städtebauliche Gefüge, in dem sich sonst nur, allerdings oft radikal, die Innenausstattung und der Zweck der Gebäude änderten. Im privaten Wohnbau verschwinden in den ersten Jahrzehnten des 4. Jh. allmählich die mehrstöckigen *insulae*, die nicht mehr den Bedürfnissen einer Stadt entsprachen, die immer mehr Einwohner verlor und in der es längst keine Produktionstätigkeit mehr gab. Die alten Wohnblöcke wurden restauriert und in Einfamilienhäuser umgewandelt.

ca. 245/250–316 n. Chr.

Lebensdaten
284: Diokletian wird zum Imperator ausgerufen
286: Maximianus wird an der Regierung beteiligt. Es beginnt die Neuordnung der Verwaltung des Reichs
293: I. Tetrarchie
301: Münzreform und Preisedikt
303: Diokletian besucht zum ersten Mal Rom
303–306: Edikte und Christenverfolgungen
305: Diokletian dankt ab und zieht sich in seinen Palast in Spalatum (Split) zurück; auch Maximianus wird gezwungen abzudanken

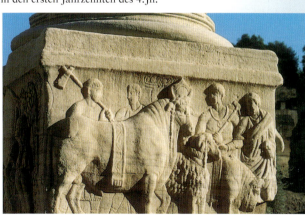

Diokletian

Diokletian nahm eine radikale Neuordnung des Imperiums vor, indem er die alte Verwaltung des Staats, in dem autonome lokale Behörden direkt dem Imperator unterstanden, durch ein System zwischengeschalteter Ämter ersetzte.

Die neue Organisation war der erste Schritt zum Aufbau eines bürokratischen Apparats, der dem Volk den Willen der Zentralmacht kundtun sollte, aber auch die Arbeit der lokalen Behörden und die Einhaltung der Vorschriften kontrollierte. Das neue System, das der griechischen und römischen Welt vollkommen fremd war, sollte immer größere Bedeutung erlangen

Der prunkvolle Boden besteht aus Marmorplatten mit Intarsien aus wertvollen farbigen Steinen wie Porphyr und Serpentin, die ein harmonisches Muster bilden; an den Seiten sind Stufen für die Sitze der Senatoren angelegt.

Immer noch sichtbar ist der Sockel, der die aus Tarent stammende Statue der Victoria trug, die Augustus in der Curia aufgestellt hatte. Ende des 4. Jh. waren die Statue und ihr Altar Grund einer heftigen Auseinandersetzung zwischen Aurelius Symmachus, einem der letzten heidnischen Senatoren, und dem heiligen Ambrosius, dem es schließlich gelang, sie entfernen zu lassen

▲ *Follis* des Diokletian, 297 n. Chr. in Antiochia ausgegeben (Vorderseite), Rom, Palazzo Massimo, Medaillensammlung.

▲ Innenraum der *Curia Iulia*.

»Auf Befehl Konstantins wurden die Statuen des alten Maximianus umgerissen und seine Bilder entfernt, wo immer er dargestellt gewesen war.« (Lactantius)

Konstantin

Unter Konstantin und seinen Söhnen wurde eine neue Ordnung der zentralen Verwaltung festgelegt, die weitgehend unverändert bis zum Ende des 6. Jh. beibehalten werden sollte. Ihr herausragendes Kennzeichen war die Enstehung einer neuen sozialen Schicht, zehntausende von staatlichen Beamten, die vom enormen Machtzuwachs der Bürokratie profitierten. Die Stadt Rom, die Konstantin selten besuchte, wurde von Funktionären regiert, die der Imperator ernannte; ihnen stand der Stadtpräfekt vor. In seiner alten Hauptstadt errichtete Konstantin nicht weit von den Thermen Diokletians ein kleineres, raffiniertes öffentliches Bad. Aber die Hauptaufgabe jener Zeit bestand in der Restaurierung und Erhaltung der antiken Gebäude der Stadt, die bereits damals zu einer Art Freilichtmuseum geworden war und von ihren Herrschern vor allem zu Jahrestagen und Jubiläen besucht wurde. Konstantin verdankt sie wichtige religiöse Bauten. Er ließ als erstes großes christliches Bauwerk die Lateransbasilika errichten, für die er das Grundstück der Kaserne eines militärischen Korps nutzte, das sich im Kampf gegen Maxentius auf dessen Seite gestellt hatte; außerdem veranlasste er den Bau zahlreicher Basiliken vor den Stadtmauern.

Aber vor allem begann er mit dem Bau des Petersdoms, einem immensen Bauwerk, das erst nach dem Tod des Herrschers vollendet und für das ein Teil des Vatikanhügels eingeebnet sowie eine wichtige Nekropole aufgefüllt wurde.

ca. 285–337 n. Chr.

Lebensdaten
306: Konstantin wird Caesar (III. Tetrarchie)
307–311: III. und IV. Tetrarchie und zahlreiche Usurpationen
312: Schlacht an der Milvischen Brücke (28. Oktober) und Niederlage des Maxentius. Konstantin bleibt bis Januar des nächsten Jahres in Rom
313: das Edikt von Mailand proklamiert die rechtliche Gleichheit aller Religionen
315: Widmung des Konstantins-Bogens zur Feier der 10-jährigen Regierungszeit des Imperators
315 und 326: Konstantin verbringt den Sommer in Rom
330: Einweihung der neuen Hauptstadt Konstantinopel
337: Konstantin stirbt bei Nicomedea

◄ Sarkophag der Helene, Konstantins Mutter, 336–350 n. Chr., Vatikanstadt, Musei Vaticani.

Konstantin

Die Statue, die zwischen 313 und 324 n. Chr. datiert werden kann, stellte den Imperator in priesterlicher Pose auf dem Thron sitzend dar; die unbekleideten Teile – Kopf, Hände und Füße – waren aus Marmor, während der Körper aus vergoldeter, in Faltenwürfe drapierter Bronze oder einer wertvollen Marmorhülle bestand, die auf ein Holzgerüst montiert waren.

Dass Konstantin den Bau der Maxentius-Basilika beendete, belegen die Reste dieser kolossalen Statue des Imperators, die 1487 in der westlichen Apsis des Bauwerks gefunden wurden.

▲ Akrolith des Konstantin, Rom, Musei Capitolini, Hof des Palazzo dei Conservatori.

Während der Regierungszeit Konstantins wurden die ältesten heute noch erhaltenen Kirchen erbaut, wie Santa Croce in Gerusalemme, eine im Palast der Mutter des Imperators gelegene Privatkirche, für die eine bestehende Halle zum Kultgebäude umgebaut wurde.

Konstantin lud seine absolutistische Herrschaft mit religiösen Aspekten auf und gewann, obwohl er das Christentum nicht zur Staatsreligion machte, die Kirche für die Unterstützung seiner neuen Regierungsform: Er schafft das Prinzip der Kollegialität, auf dem die Tetrarchie basiert hatte, ab.

Das Edikt, das Konstantin 313 n. Chr. in Mailand erließ, änderte zwar nicht ausdrücklich die offizielle religiöse Position zugunsten des Christentums, verkündete aber ein Prinzip der Toleranz und Gewissensfreiheit, das alle Religionen des Reichs auf dieselbe Stufe stellte.

Konstantin wollte seine Nachfolge mit einer neuen Kollegialregierung regeln, indem er das Reich zwischen seinen Söhnen und Neffen aufteilte. Aber auf seinen Tod folgte eine Welle der Gewalt, und am Hof von Konstantinopel wurden Massaker an den engsten Mitarbeitern des Herrschers und fast allen männlichen Mitgliedern der kaiserlichen Familie verübt.

Fausta war die Tochter des Maximianus und viele Jahre mit Konstantin verheiratet. Kurz vor den Feierlichkeiten zu dessen 20-jährigem Regierungsjubiläum jedoch wurde sie Hauptperson und Opfer eines undurchsichtigen Dramas: Aus ungeklärten Gründen wurde Fausta auf Befehl des Imperators zusammen mit Crispus, seinem ältesten Sohn, getötet.

▲ *Aureus* des Konstantin, 335 n. Chr. in Thessalonike ausgegeben (Vorderseite), Rom, Palazzo Massimo, Medaillensammlung.

▲ *Solidus aureus* der Fausta, 324–325 n. Chr. in Nicomedeia ausgegeben (Vorderseite), Rom, Palazzo Massimo, Medaillensammlung.

Macht und Öffentlichkeit

Cursus honorum
Ritter und Senatoren
Annona
Prätorianer
Archiv und Staatskasse
Heer
Flotte
Triumph

◀ Sarkophag mit Prozession zur
Amtseinführung eines Konsuls,
aus Acilia, ca. 270–280 n. Chr.,
Rom, Palazzo Massimo.

»Die Zensoren vergeben viele Arbeiten in ganz Italien für die Errichtung und Restaurierung öffentlicher Bauten ... viele Bürger bewerben sich um die Aufträge, allein oder mit anderen.« *(Polybios)*

Cursus honorum

Weiterführende Stichwörter
Annona, Heer, Münze und Bank, Tempel und Heiligtümer, Städtische Straßen, Wasser und Aquädukte, Konsular- und Landstraßen

Eine politische Karriere war in Rom durch starre Vorschriften geregelt. Die Ämterhierarchie war streng einzuhalten und die öffentlichen Ämter mussten in der Reihenfolge ihrer Wichtigkeit durchlaufen werden. In der Zeit der Republik wurde dieser anfangs nicht schriftlich festgelegte Kodex immer starrer und nach und nach durch gesetzliche Vorschriften fixiert, wie etwa das Verbot Sullas, das Amt des Zensors in der Beamtenlaufbahn auszulassen. Grundsätzlich musste die höhere Ämterlaufbahn mit der Quästur begonnen werden, der eventuell Volkstribunat und Ädilität folgten, dann kamen die Prätur und das Konsulat, schließlich die Zensur.

Die kleineren Beamten hingegen bekleideten juristische und Verwaltungsämter wie z. B. die der vier Oberaufseher über die Pflege der Stadt- und Landstraßen; zu diesen gehörten auch die Verantwortlichen für die Gefängnisse und die Hinrichtungen. In vielen Fällen diente die Ausübung eines kleineren Magistrats jungen Leuten, die eine politische Karriere planten, als Sprungbrett; insbesondere die *triumviri monetales*, die Münzmeister, nutzten ihre Position für politische Propaganda, indem sie Münzprägungen fast wie Werbeplakate einsetzten. So ließ etwa M. Aemilius Lepidus 61 v. Chr. auf der Rückseite eines Denars die Basilica Aemilia darstellen, um daran zu erinnern, dass das eindrucksvolle Gebäude mehr als ein Jahrhundert früher von einem seiner Vorfahren erbaut wurde.

▼ Relief mit Darstellung einer *sella curulis*, aus Torre Gaia an der Via Casilina, 50–30 v. Chr., Rom, Palazzo Massimo.

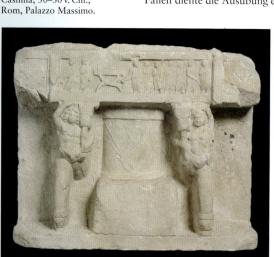

Cursus honorum

Die Statue stellt einen jungen Beamten dar, der das Startzeichen für ein Rennen im Circus gibt.

Kleidung und Haltung des Mannes lassen deutlich seinen sehr hohen Rang innerhalb der spätantiken römischen Gesellschaft erkennen und helfen bei seiner Identifizierung.

Die Horti Liciniani *waren die prunkvolle Residenz, in der sich Kaiser Gallienus oft mit seinem Hofstaat aufhielt, um an Banketten teilzunehmen und sich in den Parks und Bädern zu erholen; die Villa blieb noch lange nach dem Tod des Kaisers erhalten und wuchs in der Spätantike auf enorme Größe an, bis sie einen dem Palatin vergleichbaren Hof darstellte.*

Die Statue wurde im 19. Jh. in der Gegend der Horti Liciniani *zusammen mit der eines älteren Beamten gefunden, in dem man* Quintus Aurelius Symmachus *zu erkennen glaubt, der 384–385 n. Chr.* praefectus urbi *(Stadtpräfekt) und im Jahr 391 n. Chr. Konsul war; der junge Beamte könnte sein Sohn sein,* Memmius Symmachus, *der mit zehn Jahren Quästor und mit 18 Prätor wurde.*

▲ Junger Beamter, aus den *Horti Liciniani*, Ende des 4. Jh. n. Chr., Rom, Centrale Montemartini.

Aurelius Symmachus ist derjenige, der mit dem heiligen Ambrosius einen Streit über den Altar und die Statue der Victoria in der Curia *ausfocht (siehe S. 48).*

Cursus honorum

Die Rostra, *die Mitte des 1. Jh. v. Chr. von Caesar als treppenförmiger Halbkreis erbaut wurden, ersetzten die frühere Rednertribüne, die während der Republik in Gebrauch gewesen war.*

Eine Verlängerung der Tribüne zum Bogen des Septimius Severus hin ist heute als Rostra Vandalica *bekannt; darauf ist immer noch eine Inschrift lesbar, die den Sieg des Iunius Valentinus in einer Seeschlacht gegen die Vandalen um 470 n. Chr. feiert.*

Die Rednertribüne wurde von Caesar 44 v. Chr. eingeweiht, kurz vor seinem Tod; eine zweite Einweihung fand am Ende des Umbaus durch Augustus nach der Schlacht von Aktium statt.

▲ Die kaiserzeitlichen *Rostra* auf dem Forum Romanum, Mitte des 1. Jh. v. Chr.

Augustus nahm einen radikalen Umbau der Rostra vor, denen er eine langgestreckte Fassade vorsetzte; heute noch sind die großen Löcher zu sehen, die die bronzenen Rostra *hielten, die erbeuteten Schiffsschnäbel, von denen der Bau seinen Namen hat; die Rednertribüne blieb die ganze Kaiserzeit hindurch in Gebrauch.*

Der Aschenaltar wurde vor wenigen Jahren auf einem Bestattungsgelände am innerstädtischen Abschnitt der Via Appia gefunden.

Das Grabmal ist dreigeteilt in einen Sockel mit einer feierlichen Szene, den eigentlichen Aschenkasten, auf dem der Verstorbene dargestellt ist, wie er seiner Arbeit nachgeht, und den Deckel, den Voluten schmücken, in die eine 6-blättrige Blüte eingearbeitet ist.

Der Verstorbene, der 26 Jahre alte Q. Fulvius Priscus, war ein scriba, ein Schreiber, der für das Kollegium der kurulischen Ädilen arbeitete, wie die Widmung seines Vaters Q. Fulvius Eunus und die Reliefs mit Szenen aus dem Arbeitsleben der Schreiber bezeugen, die das Monument schmücken.

Aschenaltar,
ia di Porta San Sebastiano,
. Jh. n. Chr,
om, Museo delle Terme.

Cursus honorum

Die bei Abstimmungen üblichen Formeln blieben über die Jahrhunderte unverändert und boten immer nur zwei Möglichkeiten. Wenn neue Gesetze vorgeschlagen wurden, bedeutete A (antiqua) den Wunsch, den status quo beizubehalten, während V (uti rogas) den Vorschlag annahm; bei Prozessen bedeutete L libero, ich spreche frei, und D damno (oder C condemno), ich spreche schuldig.

Zum Zeitpunkt der Abstimmung wurde die Versammlung in Sektoren aufgeteilt, die jeweils mit dem Podest des Beamten verbunden waren. Nach der Einführung der geheimen Wahl begab sich jeder zum Wahlsitz, um den »Stimmzettel« abzuholen, auf dem er seine Wahl kundtun sollte.

Ein Wählender steckt sein Täfelchen in die Urne, die dann den Wahlprüfern zur Zählung übergeben wird. Bis 139 v. Chr. erfolgte die Wahl offen und wurde mündlich einem Beamten mitgeteilt, der den Willen jedes Einzelnen in ein eigenes Register eintrug

Der Münzmeister P. Licinius Nerva erinnert an die moralische Wirkung der Wählerbefragung eines seiner Vorfahren und lenkt damit gleichzeitig die Aufmerksamkeit des Volks auf das Programm der Wahlreformen, das die demokratische Partei vorschlägt.

▲ Denar des P. Licinius Nerva, ausgegeben 113–112 v. Chr. in Rom (Rückseite), Rom, Palazzo Massimo, Medaillensammlung.

»Es gibt viele Fälle, in denen der Senat diejenigen, die die Güter des Staates verwalten, schwer schädigen kann, oder aber helfen, denn dem Senat steht die Überprüfung und Überwachung zu.« (Polybios)

Ritter und Senatoren

Auch nach den großen inneren Kämpfen, die zwischen dem 5. und 4. Jh. v. Chr. die römische Gesellschaft zerrissen, blieb das wichtigste gesellschaftliche Unterscheidungskriterium der Besitz, der die Wohlhabenden von den Proletariern trennte; letztere hatten, obwohl sie die Mehrheit waren, keinerlei Zugang zu öffentlichen Ämtern. Die Spitze der römischen Gesellschaft wurde von der *nobilitas senatoria* gebildet, die aus dem alten Patriziat und den Mitgliedern der reichen plebejischen Familien bestand, die eine sehr solide wirtschaftliche Kraft darstellten. Um in den Senat aufgenommen zu werden, war es erforderlich, das Amt eines Konsuls bekleidet zu haben (nach Sulla reichte die Quästur aus), und nur durch Einsatz beträchtlicher Summen war die Zustimmung des Volkes zu erringen. Trotz der allmählichen Zunahme seiner Mitglieder, von ursprünglich 300 auf 900 zu Caesars Zeiten, blieb der Senat immer in den Händen weniger Familien, die die Ämter unter sich aufteilten, weshalb die römische Republik große Ähnlichkeit mit den Oligarchien der griechischen Stadtstaaten aufwies. Eine Stufe unter den Senatoren standen die Ritter (zur Zeit des Augustus mindestens 20 000). Die Aufnahme in den Ritterstand war nicht erblich, sondern erforderte eine Militärkariere und erfolgte in der Kaiserzeit nach direkter Ernennung durch den Herrscher. Dieser betraute die Ritter auch mit heiklen Aufgaben, so dass diese stets zu seinen Getreuen zählten und die wahre Macht im Reich darstellten.

Weiterführende Stichwörter
Severer, Annona, Heer, Triumph, Märkte und Lagerhäuser, Häfen, Konsular- und Landstraßen, Trajans-Forum und -Märkte, Forum Boarium und Forum Holitorium, Heiligtümer des Largo Argentina, Ostia

▼ Kolosseum, Tafeln aus Pavonazzetto-Marmor mit Namen der letzten Senatoren, die einen festen Platz im Amphitheater hatten, 5.–6. Jh.

Ritter und Senatoren

Ein Ritter, mit kurzer Tunika und Olivenkranz im Haar, deutet einen Gruß an, während ihm ein Führer vorangeht, der die Zügel seines Pferdes hält; hinter der Hauptfigur steht ein weiterer, halb durch das Pferd verdeckter Mann, der eine Kopfbedeckung über den Nacken des Ritters hält.

Eine genaue Untersuchung und der Vergleich mit anderen Reliefs lassen vermuten, dass es sich um die Verkleidung des Grabmals eines Mannes vom Rang eines Patriziers handelt, der dem priesterlichen Kollegium der Salier angehörte; deren Hauptattribut war eine Kopfbedeckung aus Leder.

Das große ovale Loch unter dem Bauch des Pferds wurde erst als nicht antik eingestuft, wird inzwischen aber als Lichtquelle für die dahinterliegende Gruft interpretiert.

Die Szene erinnert wahrscheinlich an die jährliche Zeremonie der Einsetzung der jungen Ritter, die die Via Sacra bis zum Kapitol entlangritten und unterwegs vor dem Tempel ihrer Schutzpatrone Kastor und Pollux Halt machten.

Nach den großen Eroberungen des 3. und 2. Jh. v. Chr. wurden die Ritter, die zum Großteil Grundbesitzer waren, auch zu Unternehmern, Händlern und Bankiers und spezialisierten sich so auf Tätigkeiten, die zumindest offiziell den Senatoren verboten waren.

▲ Grabrelief, Ende des 2. Jh. n. Chr., Rom, Palazzo Altemps.

Die Inschrift belegt eine zweite Verwendung des Sarkophags in der Zeit zwischen dem 3. und 4. Jh. n. Chr., etwa 150 Jahre nach seiner Herstellung, für die Bestattung von Flavius Valerius Theopompus Romanus, einem Jüngling aus der Senatorenkaste, der für das Amt eines Quästors kandidierte.

Der Sarkophag, auf dessen Vorderseite fliegende Eroten über einer dichten, Gruppe von Tieren dargestellt sind, kann stilistisch auf die Jahrzehnte von 120–150 n. Chr. datiert werden. Der Deckel ist nach einem weitverbreiteten Muster mit Girlanden und Stierschädeln geschmückt.

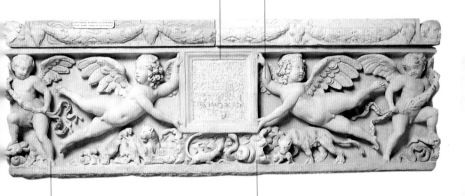

In der Spätantike verloren viele der wichtigsten öffentlichen Ämter, die der Senatorenschicht vorbehalten waren, vollständig ihre politischen Funktionen; sie blieben dennoch sehr begehrt und wurden zu reinen Ehrentiteln, die immer öfter auch Jünglingen in zartestem Alter verliehen wurden.

Das Senatorenamt war zwar nicht erblich, aber die Mitglieder der großen Senatorenfamilien hatten in den Wahlen einen großen Vorteil.

▲ Sarkophag von der Via Latina,
Rom, Museo delle Terme.

»Er erfand neue Ämter: eine Aufsicht über öffentliche Bauten, über die Straßen, die Wasserleitungen, das Flussbett des Tibers, die Getreideausgabe an das Volk.« (Sueton)

Annona

Weiterführende Stichwörter
Cursus honorum, Flotte, Häfen, Trajans-Forum und -Märkte, Forum Boarium und Forum Holitorium, Heiligtümer des Largo Argentina, Ostia

In der antiken Welt bemühte sich jede Region darum, sich selbst versorgen zu können; der Handel mit Lebensmitteln entstand hauptsächlich aus der Unregelmäßigkeit der Produktion, wo diese allzu sehr von den Wetterbedingungen abhängig war, und der Notwendigkeit, der Landbevölkerung in Notzeiten beizustehen. Als Rom jedoch bereits zur Zeit der Republik eine für damalige Verhältnisse enorme Größe erreichte, wurde es notwendig, die landwirtschaftliche Produktion riesiger Gebiete rund um das Mittelmeer zu rationalisieren und zu spezialisieren, um einen Überschuss zu erzielen, der den Bedarf der Hauptstadt decken konnte. Dieses Vorhaben, das nur durch die unbestrittene Vorherrschaft Roms möglich wurde, erforderte eine strenge Kontrolle der Planung der Lieferungen und der Verwaltung der Reserven, um eine geregelte Verteilung von Weizen und anderen Getreiden an die Bevölkerung gewährleisten zu können.

Die Verwaltung der *annona*, die in der Zeit der Republik den Ädilen anvertraut war, wurde von Augustus einem *praefectus annonae* übergeben, der dem Kaiser direkt unterstand.

Seine Aufgaben umfassten den Einkauf des Getreides, den Transport, die Beaufsichtigung der Lagerung und die Kontrolle des Endverkaufspreises, damit die Schwankungen in Produktion und Lagerhaltung nicht zu Lasten der Bürgerschaft gingen. Dem Präfekten unterstand ein immer komplexerer und spezialisierterer bürokratischer Verwaltungsapparat.

Annona

Der Porticus Minucia *fungierte als Sitz der Getreideausgabe, bis die zuständigen Ämter Mitte des 3. Jh. n. Chr. endgültig abgeschafft wurden. Erst einige Jahrzehnte später, unter Aurelianus, wurde eine kostenlose Brotverteilung eingerichtet, die durch die Entwicklung städtischer Mühlen möglich geworden war.*

Im Porticus Minucia gab es zahlreiche Schalter für den Publikumsverkehr, so dass Getreide an viele Dutzend Menschen verteilt werden konnte, sofern diese eine vorschriftsmäßige Getreidekarte vorlegten: ein Holztäfelchen, das den Namen des Besitzers enthielt, die Nummer des Portikusbogens, zu dem er sich begeben sollte, und den Tag des Monats, an dem er erwartet wurde.

Für das Recht auf die kostenlose Verteilung von Getreide waren lediglich das römische Bürgerrecht und der Wohnsitz in der Hauptstadt vonnöten; es wurde errechnet, dass zu Zeiten des Kaisers Augustus mindestens 200 000 Menschen dieses Recht besaßen.

Die wichtigste Einrichtung, um die städtische Plebs gnädig zu stimmen, war die annona, *die dank ihrer exzellenten Organisation die Versorgungslage selbst einer so großen und dichtbevölkerten Stadt so kontrollieren konnte, dass Engpässe selten waren und wirkliche Hungersnöte nie vorkamen.*

▲ Rekonstruktion einer Getreideverteilung *(frumentatio)*.

◀ Graburne mit Inschrift, Mitte des 1. Jh. n. Chr., London, British Museum.

Annona

Die zweite Figur, die in der Rechten eine Getreidekarte schwingt, ist leicht als Personifizierung der annona *zu erkennen. Der Begriff kommt von lat.* annus, *Jahr, und bezeichnete den jährlichen Ertrag jeder Art von Feldfrüchten, die der Staat kaufte und in öffentlichen Lagerhäusern aufbewahrte, um sie in Zeiten der Not kostenlos zu verteilen.*

Die Personifizierung des Hafens, Portus, hält in der Rechten einen flammenden Leuchtturm.

Die Lebensmittellager, deren Verwaltung direkt von den Beamten der annona *überwacht wurde und die auch die Aufgabe hatten, Nachschub und Verteilung des Getreides zu organisieren, befanden sich fast alle in der Ebene hinter dem Flusshafen.*

▲ Sarkophag der *annona*,
Via Latina, ca. 270–275 n. Chr.,
Rom, Palazzo Massimo.

Abundantia, die Personifizierung des Überflusses, zu erkennen am Füllhorn und an ihrem Schoß voller Früchte, stützt sich auf ein Ruder, das auf den glücklichen Ausgang der Seereise und die dadurch ermöglichte Auffüllung der Vorräte hinweist, ebenso wie die zwei Behälter voller Ähren.

Die letzte Figur ist die Personifizierung Afrikas, eindeutig gekennzeichnet durch ihre mit Elefantenstoßzähnen geschmückte Kopfbedeckung.

Im Zentrum der Darstellung steht eine Hochzeitsszene (dextrarum iunctio), *deren Hauptfigur der Verstorbene ist, ein Präfekt der* annona, *der wahrscheinlich zur Zeit des Aurelianus lebte.*

Annona

Einige staatliche Beamte, die in den erhöhten Logen eines Gebäudes sitzen, das vielleicht mit dem Porticus Minucia *oder dem Caesar-Forum zu identifizieren ist, entnehmen kleinen Geldschränken Geschenke für die Bevölkerung.*

Die in der oberen Reihe dargestellten Personen verkörpern genau jenen starren, hierarchisierten bürokratischen Apparat, der das neue Element in der Herrschaft der Kaiser bildet.

Das Volk, eine große Zahl anonymer Figuren, die auf die Gaben warten, steht vor Konstantin, ist aber aus der entgegengesetzten Blickrichtung, also links und rechts von ihm dargestellt.

Die Szene zeigt das Ende des Kampfs zwischen Konstantin und Maxentius, als der siegreiche Imperator am 1. Januar 313 n. Chr. an die jubelnde Menge Geschenke austeilt.

▲ Konstantins-Bogen, Detail des Frieses mit Verteilung von Geldgeschenken, Beginn des 4. Jh. n. Chr.

Der Kommandant des Schiffes, Pharnakes, hält im Heck das Ruder, während er darauf wartet, dass sein Schiff fertig beladen ist und ablegen kann, um den Tiber aufwärts nach Rom zu fahren.

Der Bau neuer Hafeneinrichtungen und großer Lagerhäuser für die Lagerung von Waren wurde notwendig, um Widrigkeiten wie Unwetterschäden auf der Überfahrt oder Blockaden der weit entfernten Produktionsgegenden begegnen und den Bürgern Roms eine gewisse Versorgungssicherheit garantieren zu können.

Das Schiff, eine klassische Flussbarke, die wohl für den Transport vom Hafen von Ostia zum Flusshafen in Rom eingesetzt wurde, hieß Isis Giminiana wie die aufgemalte Inschrift zeigt.

Einige Arbeiter beladen das Schiff mit großen Säcken, die wahrscheinlich Getreide enthalten; auf dem Schiff wird die Ware von einem Angestellten, abascantus oder arascantus, kontrolliert.

Die von den Beamten der annona *organisierte Lebensmittelversorgung hing von der Effizienz der See- und Binnenschifffahrt ab, da die Wasserstraßen einfacher und schneller zu befahren und daher wesentlich billiger waren als der Transport zu Lande.*

▲ Malerei von einem Grabmal in Ostia, Vatikanstadt, Biblioteca Vaticana, Sala delle Nozze Aldobrandini.

> »Er vervielfachte die Wachtposten ... er baute eine Kaserne für die Prätorianer, die bis dahin ohne ein festes Quartier und über verschiedene Unterkünfte verstreut waren.« (Sueton)

Prätorianer

Weiterführende Stichwörter
Severer, Heer

27 v. Chr. richtete Augustus eine Leibgarde für sich ein, die Prätorianer; sie bestand aus neun Kohorten zu je tausend Mann, die in Mittelitalien angeworben wurden und in Rom Quartier bezogen. Sie waren privilegiert, da sie im Vergleich zu den anderen Soldaten dreifachen Sold erhielten und statt für 20 nur für 16 Jahre verpflichtet wurden; ihre 23 v. Chr. erbaute Kaserne war wie ein Militärlager konzipiert und ist zum Teil heute noch erhalten, da sie in die Aurelianische Stadtmauer integriert wurde, wo sie eine mächtige Verteidigungsbastion bildete, heute als Castro Pretorio bekannt. Das Kommando des Prätorianerkorps, dem als einzige Einheit der Aufenthalt in Italien gestattet war, den Heeren sonst rigoros verboten, wurde zwei Rittern anvertraut, den Prätorianerpräfekten; sie wurden sehr mächtig und mit ihren Truppen im Staat oft tonangebend, sie setzten Imperatoren ab oder riefen sie aus. Die Prätorianer riefen nach ihrer Beteiligung an der Ermordung Caligulas Claudius zum Imperator aus; die kaiserliche Leibgarde stand auch im Mittelpunkt der komplizierten Vorgänge, die der Ermordung Commodus' nach einer Verschwörung seiner Konkubine Marcia und des Prätorianerpräfekten Aemilius Laetus folgten. Um der Macht der Prätorianer ein Ende zu setzen, entließ Septimius Severus, kaum in Rom angekommen, die Gardisten in großer Zahl und ersetzte sie durch ausländische Soldaten, die er vor allem in den Legionen Illyriens anwarb; 312 löste Konstantin die Prätorianergarde endgültig auf.

▼ Sarkophag eines jungen Ritters, 5. Meile der Via Tiburtina, ca. 250–275 n. Chr., Rom, Museo delle Terme.

»Die Volkszählung führte er straßenweise durch, und damit das Volk nicht zu häufig von den Geschäften abgelenkt wurde, legte er fest, dass drei Mal im Jahr Marken ausgegeben wurden.«
(Sueton)

Archiv und Staatskasse

Seit dem Beginn der republikanischen Zeit gab es in Rom öffentliche Dokumente, die auf unterschiedliche Weise abgefasst und aufbewahrt, aber nicht systematisch archiviert wurden. So sind zum Beispiel die Magistratslisten *(fasti consulares)* der höchsten Beamten erhalten, und wir wissen von Volkszahlungsakten und priesterlichen Dokumenten. Seit dem Ende des 4. Jh. v. Chr. begannen die Archive des römischen Staates rasch Form anzunehmen; die Dokumente der Finanzverwaltung, etwa Verträge für öffentliche Aufträge oder Register der staatlich entlohnten Personen, wurden nun im Tempel des Saturn an den Hängen des Kapitols aufbewahrt, wo sich bereits seit Beginn des 5. Jh. v. Chr. der Sitz des *Aerarium* befand, der römischen Staatskasse. 78 v. Chr. wurde, ebenfalls an den Hängen des Kapitols, ein neues, eindrucksvolles Gebäude eingeweiht, das zum Zentralarchiv bestimmt war, das *Tabularium*; dort wurden alle offiziellen Akten des Staates ordnungsgemäß aufbewahrt, von den üblicherweise auf Bronzetafeln geschriebenen Gesetzestexten bis zu Dekreten, Akten über Grundbesitz und alle Archive der Hofämter. In der zweiten Hälfte des 2. Jh. ließ Mark Aurel ein ordentliches Meldeamt für alle Bürger Roms und der römischen Provinzen einrichten und diese Akten in den Archiven des *Tabularium* sammeln.

Weiterführende Stichwörter
Münze und Bank

▼ Aschenaltar, Via di Porta San Sebastiano, ca. 70–120 n. Chr., Rom, Museo delle Terme.

Archiv und Staatskasse

Unter den Gebäuden des Forums sind deutlich die Bögen der Basilica Iulia zu erkennen.

Trajan sitzt von Togaträgern umgeben auf einem Sockel; er hält ein Kind im Arm und ist beim Stiftungsakt der alimenta *dargestellt, einer finanziellen Unterstützung für bedürftige römische Kinder.*

▲ ► Plutei Trajans, aus dem Forum Romanum, Zeit Trajans, Rom, Forum Romanum, *Curia*.

In Gegenwart des Imperators vernichten Diener die Register, die die Schulden der Bürger beim Staat verzeichnen. Der Schuldenerlass wurde durch die riesige Beute nach der Eroberung Dakiens ermöglicht.

Die beiden Reliefs stellen zwei entscheidende Momente der Regierungszeit Trajans dar, die sich beide im Forum zutrugen; dessen gesamte Südseite ist in den Gebäuden im Hintergrund der Szenen eindeutig wiederzuerkennen.

Die Statue des Marsyas, mit dem Erlös aus den Strafen für Wucherei errichtet und zu Beginn des 3. Jh. v. Chr. auf dem Forum Romanum aufgestellt, wurde sehr bald zum Symbol der Freiheit von der Sklaverei der Schulden.

Archiv und Staatskasse

Das tabularium *ist nach den bronzenen Tafeln benannt, die darin aufbewahrt wurden und auf denen die Gesetze und die offiziellen Dokumente der Stadt festgehalten waren; keine antike Quelle der Literatur aber erwähnt dieses beeindruckende Gebäude, dessen Bau auf Kosten eines ganzes Stadtviertels erfolgt sein muss.*

Der Sitz des Archivs wurde dank einer im 15. Jh. gefundenen Inschrift identifiziert, die heute wieder als verschollen gilt; sie erinnerte an die Bauabnahme durch den Konsul Q. Lutatius Catulus im Jahr 78 v. Chr. Wahrscheinlich wurde der Bau unmittelbar nach dem Brand begonnen, der 83 v. Chr. den Tempel des Iuppiter Capitolinus zerstörte.

Das große Gebäude wurde im Laufe der Jahrhunderte in den Bau des Senatorenpalasts miteinbezogen, so dass es heute schwer fällt, sein ursprüngliches Aussehen zu rekonstruieren. Im Mittelalter wurde es zum Salzdepot und dann als Küche, Stall, Untersuchungsgefängnis und allgemein als Dienstgebäude für den Senatorenpalast genutzt.

Der überdachte Gang aus jeweils einzeln überwölbten Abschnitten, der ursprünglich die öffentliche Verbindung zwischen den beiden Kuppen des Kapitols bildete, ist heute noch begehbar.

▲ Das *Tabularium*.

»So viele Heere, die in Moesien, in Dakien, in Germanien, in Pannonien durch den Leichtsinn oder die Feigheit ihrer Kommandanten verloren gingen; so viele Soldaten, die ... zur Übergabe gezwungen oder gefangen genommen wurden.« (Tacitus)

Heer

Die Armeen Roms, de facto das erste wirklich professionelle Heer der Geschichte, behielten lange Zeit die unumstrittene Überlegenheit über all ihre Feinde; trotz langer Perioden des Friedens hörten sie nie auf, sich technisch weiterzuentwickeln, und behielten einen Ausbildungsstand, durch den sie einige Jahrhunderte lang in der Lage waren, unerwarteten Bedrohungen wirkungsvoll entgegenzutreten. Die Legionen, 25 an der Zahl beim Tod des Augustus, wurden unter Septimius Severus auf 33 aufgestockt; die gesamte Größe des römischen Heeres betrug damals nach Schätzungen zwischen 400 000 und 500 000 Soldaten, die von etwa 5 000 Zenturionen und 500 oder 600 höheren Offizieren befehligt wurden. Diese wurden direkt vom Imperator ernannt und waren meist Neulinge, die ihren Dienst für kurze Zeit versahen, als notwendige Etappe für die nächste Beförderung auf der ordentlichen Beamtenlaufbahn. Für die einfachen Soldaten und niederen Offiziere hingegen dauerte der Militärdienst etwa 25 Jahre, während derer ihnen verboten war zu heiraten, auch wenn die Soldaten sich oft mit Frauen vor Ort zusammentaten und inoffiziell Familien gründeten; diese lebten in den Dörfern, die rund um die Kasernen entstanden, und fast immer blieben die Veteranen, wenn sie aus dem Dienst ausschieden, dort, um weiter mit ihren Frauen und Kindern zu leben.

Weiterführende Stichwörter
Cursus honorum, Ritter und Senatoren

▼ Täfelchen aus Bein mit Darstellung bewaffneter Soldaten, aus der Nekropole in Colombella Palestrina, 4. Jh. v. Chr., Palestrina, Museo Archeologico Nazionale.

Heer

Der Soldat trägt zum Schutz des Oberkörpers eine lorica, *einen kurzen Brustpanzer aus Bronze, wie er in späterer Zeit aus Leder hergestellt wurde, der von Riemen und Schnallen gehalten wird.*

Es sind zahlreiche Marmorstatuen von Kriegern mit reich dekorierten loricae *erhalten, die offensichtlich Paraden und feierlichen Gelegenheiten vorbehalten waren, während wir über nur wenige und meist beschädigte Statuen mit Bronzepanzern verfügen, bei deren Herstellung die Kunstfertigkeit Handwerker am meisten gefordert wurde.*

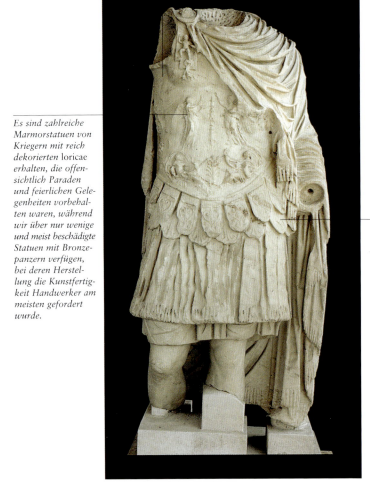

Die lorica *endet mit einem Gürtel, mit dem sie in der Taille zusammengezogen wird und von dem zwei übereinander angeordnete Reihen weicher Fransen herabhängen.*

▲ Statue eines *loricatus*, julisch-claudische Zeit, Rom, Palazzo Massimo.

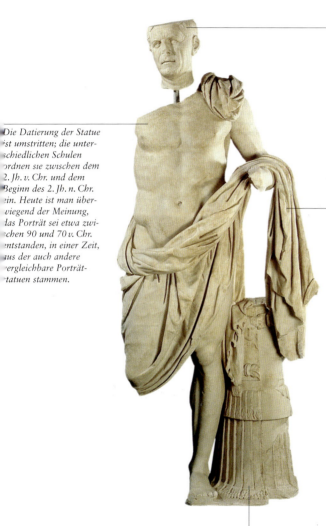

Während der Körper einem heroischen Ideal nachgebildet wurde, ist das Gesicht des Mannes deutlich charakterisiert: tiefe Falten furchen Stirn, Wangen und Hals, die Augen sind klein und liegen tief in den Höhlen.

Die Datierung der Statue ist umstritten; die unterschiedlichen Schulen ordnen sie zwischen dem 2. Jh. v. Chr. und dem Beginn des 2. Jh. n. Chr. ein. Heute ist man überwiegend der Meinung, das Porträt sei etwa zwischen 90 und 70 v. Chr. entstanden, in einer Zeit, aus der auch andere vergleichbare Porträtstatuen stammen.

Die Statue ist nur mit einem Mantel bekleidet, der von der linken Schulter herabhängt, sich um den Leib schlingt, halb die Beine bedeckt und schließlich vom linken Unterarm gehalten wird.

General aus Tivoli, aus den Fundamentruinen des Tempels des Hercules Victor, 1. Jh. v. Chr., Rom, Palazzo Massimo.

Als Stütze der Figur dient eine zweiteilige Rüstung mit einer doppelten Reihe langer Fransen, einem um die Mitte geschlossenen Gürtel und einem gorgoneion auf der Brust; die Rüstung betont den hohen militärischen Rang des in heroischer Nacktheit dargestellten Mannes.

Heer

Außer dem Panzer und dem Helm bestand die Beigabe des Grabes von Lanuvio aus einem Gürtel aus Bronzegliedern, einer eisernen Lanzenspitze und einem Säbel, die darauf hinweisen, dass der Verstorbene ein berittener Krieger war.

Der anatomisch geformte Brustpanzer aus zwei Schalen bildet die Muskulatur nach und diente dazu, Brust und Rücken zu schützen und doch die freie Beweglichkeit der Arme zu gewähren.

Der Helm, der umfangreiche Spuren einer Vergoldung aufweist, ist aus Bronze getrieben und stellt mit Hilfe der Tauschiertechnik, die Details durch verschiedene Metalle charakterisiert, den oberen Teil eines Gesichts dar, in das apotropäische Augen aus Glaspaste eingesetzt sind.

Dass außer den Waffen auch drei aryballoi (Gefäße für Cremen und Salben) aus Bein gefunden wurden, dazu ein Hautschabeeisen (das die Athleten zur Reinigung benutzten) und eine kleine Eisenhacke, die wohl zur Vorbereitung der Arena vor Wettbewerben diente, gefunden wurden, lässt darauf schließen, dass der Krieger auch Athlet war.

Das Grab des Kriegers, das 1934 durch Zufall entdeckt wurde, enthielt einen monolithischen Sarkophag aus Peperin, in dem das Skelett eines Mannes lag. Der Sarkophag wurde wahrscheinlich während des Bombardements zerstört, das im Februar 1944 die Stadt Lanuvio und das Städtische Museum schwer beschädigte.

▲ Helm und Brustpanzer, aus dem Grab des Kriegers von Lanuvio, ca. 470 v. Chr., Rom, Museo delle Terme.

Der Lacus Curtius *war ein Bereich in der Mitte des Forum Romanum, der lange Zeit sumpfig blieb und erst zur Zeit des Augustus durch den Bau eines Brunnens entwässert wurde. Wahrscheinlich wurde der Name von dem eines Konsuls abgeleitet, der Mitte des 4. Jh. v. Chr. dort eine Stelle einzäunen ließ, an der ein Blitz eingeschlagen hatte, der als Vorzeichen im Gedächtnis bleiben sollte.*

Nach einer Überlieferung, die auf einem 1553 in der Nähe gefundenen Relief aus spätrepublikanischer Zeit dargestellt ist, war Curtius ein Häuptling der Sabiner, der zur Zeit der Stadtgründung im Kampf gegen die Römer samt seinem Pferd in diesen Abgrund auf dem Forum gefallen war.

Eine stilistische Analyse des Reliefs aus griechischem Marmor lässt vermuten, dass es sich um ein Produkt derselben Bildhauerwerkstatt handelt, die zur Zeit des Sulla den Fries der Basilica Fulvia-Aemilia ausführte.

▲ Marmorrelief aus dem *Lacus Curtius* im Forum Romanum, 1. Hälfte 1. Jh. v. Chr.

Heer

Der Soldat ist mit einem Kurzschwert (gladium) bewaffnet, auf seinem Kopf trägt er einen Helm mit Kamm und wahrscheinlich senkrechtem Nackenschutz.

Der runde Schild ist ziemlich groß und mit einem metallenen Buckel in der Mitte versehen; eine gründliche Untersuchung der Schilde, die auf dem Fries des Konstantins-Bogens dargestellt sind, führt zu der Annahme, der Durchmesser habe etwa 80 cm betragen.

Der Soldat ist mit einer in der Taille gerafften Tunika bekleidet, die ihm bis zu den Knien reicht; sie ähnelt jenen der Legionäre auf dem Fries des Konstantins-Bogens.

Die Katakomben an der Via Latina, die 1955 entdeckt wurden, waren wahrscheinlich die private Gruft einer Familie oder einer Gemeinschaft, über die uns nichts bekannt ist. In der Gruft sind, wenn auch in verschiedenen Räumen, Christen – die die Mehrzahl stellen – und Heiden gemeinsam bestattet.

▲ Fresko mit Soldat, aus den Katakomben an der Via Latina, 2. Hälfte des 4. Jh. n. Chr.

Die Kriegsmaschinerie des Reichs hielt sehr lange eine perfekte Effizienz aufrecht, mit meisterhaft ausgebildeten Soldaten und technisch fortschrittlicher Bewaffnung; die Legionen konnten bei der Herstellung ihrer Waffen und allgemein aller notwendigen Lieferungen fast immer auf eigene Werkstätten vertrauen.

▲ Relief mit Waffentrophäe, von der Piazza di Pietra, eingemauert am Treppenaufgang des Palazzo Altieri al Gesù.

Der Brauch, noch auf dem Schlachtfeld und dann während der Siegesfeiern eine Rüstung des Feindes auf einer hohen Stange zu befestigen und sie zu widmen, war bereits in Griechenland verbreitet und erhielt in der römischen Triumphkultur seit dem 1. Jh. v. Chr. große Bedeutung.

Heer

Die militärische Karriere sah bei jeder Beförderung den Wechsel in eine andere Einheit vor, so dass ein Zenturio, der als einfacher Soldat angefangen hatte, auch in zehn verschieden Legionen gedient haben konnte, bevor er primipilus, *also Kommandant der ersten Zenturie, wurde.*

Die römische Legion, die hier eine von den Dakern besetzte Festung belagert, ist in der typischen »Schildkröten«-Formation aufgestellt, mit geschlossenen Rängen und erhobenen Schilden zum Schutz der Köpfe und Flanken des Trupps.

Ein Grenzfall der Historiker Cassius Dio, der, obwohl er das militärische Leben offen verachtete, Anfang des 3. Jh. n. Chr. Statthalter der Provinz Oberpannonien wurde mit ihrer Linie von Festungen und Kriegsposten entlang der Donau.

Die höheren Offiziere wurden direkt vom Imperator ernannt und leisteten ihren Dienst oft nur für eine begrenzte Zeit ab, als notwendige Etappe auf dem Weg zum nächsten politischen Karriereschritt; es kam daher vor, dass Männer ohne jede taktische Fähigkeit und jedes militärische Wissen einer Provinz vorstanden.

▲ Trajans-Säule, Detail.

»Cincinnatus... die einzige Hoffnung, die dem römischen Volk geblieben war, bearbeitete einen Grund ... jenseits des Tibers, gegenüber der Stelle, wo heute der Militärhafen liegt.« (Livius)

Flotte

Einige Jahrhunderte hatten die Römer keine wirkliche militärische Flotte, und bei Ausbruch des Punischen Krieges war ihre Unterlegenheit gegen die Karthager so offensichtlich, dass nach einer Legende die ersten 100 Schiffe nach dem Modell einer punischen quinqueremis gebaut wurden, die während eines Sturms an der Küste Kalabriens gestrandet war. Im Laufe des Krieges versuchten die Römer, die Seeschlachten den Auseinandersetzungen an Land anzugleichen, indem sie das gesamte Heer an Bord ihrer Schiffe brachten und diese mit beweglichen Brücken ausstatteten, mit deren Hilfe sie die feindlichen Schiffe enterten. Zu Beginn der Republik befand sich der Militärhafen der Hauptstadt, groß genug für etliche Dutzend Schiffe, ungefähr dort, wo heute das Gefängnis Regina Coeli liegt; die Anlage wurde im 2. Jh. v. Chr. verlassen und weiter flussabwärts verlegt.

Seit ältester Zeit aber verfügten die Römer über Handelsflotten zur Flussschifffahrt, die aus Wasserfahrzeugen verschiedenster Art und Größe, mit flachem Boden und geringem Tiefgang bestanden. Manche dieser Kähne konnten mit Rudern oder einer leichten Besegelung selbständig bewegt werden, andere wurden an langen Seilen vom Ufer aus gezogen; wir dürfen annehmen, dass der Tiber, ein sehr kleiner Fluss, dem aber die bedeutende Aufgabe zukam, Rom mit dem Meer und damit dem Rest des Reichs zu verbinden, durch einen überaus intensiven Handelsverkehr ständig belebt war.

Weiterführende Stichwörter
Verkehr und Transportmittel,
Häfen

▼ Kopf eines Querbalkens, vom ersten der Schiffe aus dem Nemi-See, Rom, Palazzo Massimo.

81

Flotte

Die Figuren sind kaum mehr als Silhouetten und unterscheiden sich nur durch Andeutungen von Rüstungen und Kleidung; auch die Landschaft wird nur angedeutet durch die raschen Pinselstriche einer als compendiaria *bezeichneten Technik, die typisch ist für den Künstler – Ludius oder Studius –, der auch von Plinius erwähnt wird.*

Das große Gebäude mit seinem Turm unterstreicht, dass die Schlacht gleichzeitig zur See und zu Lande ausgefochten wird.

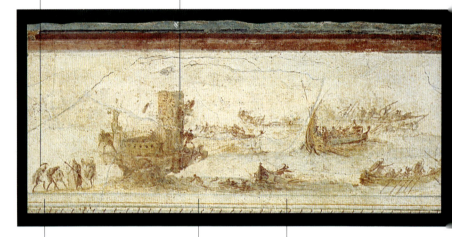

Die Villa della Farnesina, die gefährlich nahe am Flussufer lag, wurde nur für kurze Zeit bewohnt, nach der sämtliche Einrichtungs- und sonstigen Gegenstände an einen anderen Ort gebracht wurden, wie das vollständige Fehlen von Statuen und allgemein jedes bildhauerischen Schmucks belegt.

Die prunkvolle vorstädtische Residenz, die in die Zeit zwischen der späten Republik und der frühen Kaiserzeit datiert werden kann, kam zwischen 1879 und 1885 bei der Erneuerung der Tiberdämme ans Licht, wurde aber der ständigen Überschwemmungen wegen nur zum Teil ausgegraben; die ar Fundort freigelegten Mosaiken, Wandmalereien und Stuckdecken wurden abgenommen und in Sicherheit gebrach

▲ Kleines Landschaftsbild aus dem Wandelgang G, Villa della Farnesina, ca. 19 v. Chr., Rom, Palazzo Massimo.

Der Bau der Villa geht vermutlich auf die Zeit unmittelbar nach der Seeschlacht von Aktium zurück, während die erhaltenen Malereien sehr wahrscheinlich 19 v. Chr. zur Heirat der Iulia, Tochter des Augustus, mit Agrippa in Auftrag gegeben wurden.

Das Relief aus griechischem Marmor, das an den Hängen des Palatins gefunden wurde, war Teil eines öffentlichen Bauwerks, das heute nicht mehr zu identifizieren ist; es entstand wahrscheinlich unmittelbar nach der Seeschlacht von Aktium.

Das Schiff ist mit einem sehr raffinierten Flachrelief geschmückt, das eine Reihe von Delfinen und Tritonen darstellt. Archäologische Funde belegen, dass römische Schiffe fast immer mit Pumpen im Hohlraum und anderen Vorrichtungen versehen waren, die dazu dienten, im Falle eines Lecks oder eines Unfalls das Wasser abzuschöpfen.

Das Schiff verfügt über eine sehr dichte Reihe langer Ruder, deren mittlerer Abschnitt leider zerstört ist; noch sichtbar sind der Austritt aus dem Schiffskörper, offenbar geschützt durch eine Verkleidung zur Minderung von Reibungsverlusten, und die langen, ins Wasser getauchten Ruderblätter.

Der Bug des Schiffes wird von einem dreifachen Schiffsschnabel und einer Galionsfigur geschützt, die den Kopf eines nicht mehr erkennbaren Tiers trägt; auf der von einem Geländer umschlossenen Brücke sind Reste der Beine von Matrosen oder Soldaten erkennbar.

Oft war es die Natur der transportierten Waren, die die Eigenschaften eines Schiffes bestimmte. Um Vieh zu transportieren war es zum Beispiel notwendig, dass das Schiff über seitliche Tore verfügte, die das Ein- und Ausladen der Tiere ermöglichten.

▲ Relief mit Schiffsbug, aus San Gregorio al Celio, ca. 30 v. Chr., Rom, Museo Palatino.

Flotte

Die auf den Mosaiken dargestellten Szenen belegen, dass die bedeutendste Branche der Seehandel war, auch mit weit entfernten Häfen, wie die Ansicht der Rhone-Mündung mit dem Hafen von Arles beweist.

Die archäologischen Funde können wenig Anhaltspunkte zur Besegelung der Schiffe liefern, auch wenn aus Mosaikdarstellungen bekannt ist, dass es Schiffe mit mehreren Masten gab. In einigen Fällen aber wurden bei Ausgrabungen von Schiffsrümpfen eine oder mehrere Münzen als Votivgabe in der Mastspur gefunden.

Das Zentrum des wirtschaftlichen Lebens Ostias war neben dem macellum, dem Fleischmarkt, das Forum der Korporationen, ein großer Platz, der von einem vierseitigen Portikus umgeben war und in dessen Mitte sich auf einem hohen Podest ein Tempel der Kybele befand, umgeben von den Statuen der Honoratioren, von denen heute noch die Sockel mit den Inschriften erhalten sind.

Das Forum beherbergte 64 Vertretungen von Schiffsmaklern und Handelsagenten, kleine Geschäfte, in denen wahrscheinlich Angestellte die Bücher führten.
Vor den meisten dieser Läden liegt ein Mosaik, das die Tätigkeit des einstigen Besitzers verdeutlicht.

Firmenschild der navicularii Sylectini, einer Reederei, mit der Darstellung zweier Schiffe, die den Hafen eines fischreichen Meers anlaufen. Die Mosaiken in Ostia entstanden zwischen dem 2. Jh. v. Chr. und dem 4. Jh. n. Chr. und stellen, fast ausschließlich in Schwarz und Weiß gehalten, oft Szenen des Alltagslebens dar.

▲ Mosaikboden im Forum der Korporationen, Ostia.

Eine Anzahl von bewaffneten Soldaten wartet auf das Anlegen des Schiffes.

Grundlegender Bestandteil der Schiffsausrüstung war natürlich der Anker, und jedes Schiff hatte mehr als einen. Bei der Ausgrabung von Schiffwracks und auch in Einzelfunden wurden zahllose Anker geborgen, die sich grundsätzlich in zwei Arten einteilen lassen: solche ganz aus Eisen und solche, deren Schaft und Flanken aus Holz und mit einem Ankerstock aus Blei beschwert waren.

Es gab keine wirkliche Passagierschifffahrt, ausgenommen eine Art Fähre zwischen Brindisi und Durazzo; wer eine Seereise unternehmen musste, war gezwungen, sich eines der Handelsschiffe zu bedienen, die die entsprechende Route befuhren.

Das Schiff zeigt mit großer Genauigkeit die kleinsten Details der Bronzeausstattung.

▲ Relief mit Kriegsschiff,
aus Palestrina, ca. 40–30 v. Chr.,
Vatikanstadt, Musei Vaticani.

»*Der erste und schönste seiner Triumphe war der des Gallischen Krieges, dann der Alexandrinische, dann der Pontische, ... und schließlich der Spanische, jeder anders in vielen Details.*« (Sueton)

Triumph

Weiterführende Stichwörter
Cursus honorum, Heer, Kapitolinische Trias, Sieg, Opfer, Kapitol

▼ *Aureus* des Domitian, 88/89 n. Chr. von der Münze Roms ausgegeben (Rückseite), Rom, Palazzo Massimo, Medaillensammlung.

Die Voraussetzungen, um einen Triumph feiern zu dürfen, waren die Beendigung eines Krieges, die Erweiterung der Grenzen des römischen Imperiums, die Tötung von mindestens fünftausend Feinden in der Schlacht und die Führung eines unabhängigen Kommandos als Magistrat.

Der Triumphator kam in die Stadt durch die *Porta Triumphalis*, gefolgt vom Heer, das *Io triumphe* (Hurra, Triumph) rief, und fuhr bis zum Kapitol. Er saß auf einem vergoldeten Wagen, der von vier Schimmeln gezogen wurde, oft von seinen Söhnen umringt, während seine Verwandten und Klienten der Kutsche folgten.

Der Triumphator trug die *tunica picta* und einen Lorbeerkranz auf dem Kopf, während ein hinter ihm auf dem Wagen stehender Sklave einen goldenen Kranz über seinen Kopf hielt und ihm ins Ohr rief: *Hominem te esse mementum*, erinnere dich, dass du ein Mensch bist. Vor dem Triumphwagen wurde die Kriegsbeute vorgeführt, Tafeln mit den Namen der besiegten Völker und der eingenommenen Städte und Länder; es folgten in Ketten die vornehmen Gefangenen mit ihren Angehörigen, die unterwegs in den Carcer *(Mamertinus)* geworfen wurden, bevor der Anstieg zum Kapitol begann. Hinter ihnen folgten die Opfertiere für Iuppiter Capitolinus, dann kamen die *liktoren* mit den lorbeergeschmückten *fasces*. Das Heer stimmte Gesänge auf den siegreichen General an, in denen sich Spottverse und Scherze in die Lobpreisungen mischten *(carmina triumphalia)*.

Triumph

Einige Träger halten Schilder, auf denen die Namen der eroberten Städte geschrieben waren.

Eine Gruppe von Dienern trägt die bedeutendsten Stücke aus der ungeheuren Beute der Eroberung Jerusalems: den siebenarmigen Leuchter, das Symbol des jüdischen Volks, und die silbernen Trompeten.

Der von zwei Quadrigen gekrönte Bogen ganz rechts auf dem Bild kann als die Porta Triumphalis identifiziert werden, die sich auf dem Forum Boarium befand, wo die Prozession ihren Ausgang nahm; das bedeutet, dass der dargestellte Triumphzug am Beginn der Zeremonie steht.

Der Bogen wurde vom Senat und Volk von Rom zum Gedenken an den Imperator nach dessen Tod im Jahr 81 n. Chr. errichtet und erinnert an den Triumph, den Titus zusammen mit seinem Vater Vespasian nach der Eroberung Jerusalems im Jahr 71 n. Chr. feierte.

▲ Titus-Bogen, Tafel aus dem Inneren mit einer Szene des Triumphs von Vespasian und Titus.

Triumph

Auf einer Trage wird eine Waffentrophäe transportiert, zu deren Füßen zwei gefesselte Gefangene kauern, vielleicht herausragende Persönlichkeiten des unterworfenen Volkes, die dazu bestimmt waren, vor ihrer Hinrichtung im Triumphzug des Siegers mitgeführt zu werden.

Die Opferknechte führen die zur Opferung bestimmten Tiere vor den Tempel des Iuppiter Optimus Maximus auf dem Kapitol.

Alle älteren Triumphdichtungen sind verloren gegangen, während einige Fragmente aus jüngerer Zeit erhalten geblieben sind, etwa die von Caesars Gallischem Triumph: »Caesar hat Gallien unterworfen, Nikomedes Caesar. Nun triumphiert Caesar, der Gallien unterworfen hat, nicht aber Nikomedes, der Caesar unterwarf.«

Der Fries mit dem Triumphzug war Teil der prunkvollen Ausschmückung der cella, die die Statue des Apoll aufnehmen sollte.

▲ Fries aus dem Tempel des Apollo Sosianus, 2. Hälfte des 1. Jh. v. Chr., Rom, Centrale Montemartini.

Hinter dem Imperator, der als siegreicher General triumphiert, steht eine kleine geflügelte Victoria, die ihn bekränzt.

Mark Aurel steht mit einer Toga bekleidet, auf einem von vier Pferden gezogenen Wagen, bereit, einen Triumphbogen zu passieren; ihm voraus gehen ein Liktor und ein Flötenspieler.

Wahrscheinlich war diese Relieftafel, zusammen mit zwei weiteren, die ebenfalls seit 1572–1573 im Treppenaufgang des Konservatorenpalasts hängen, Teil derselben Serie, der die acht Tafeln angehören, die bei der Ausschmückung des Konstantins-Bogens wiederverwendet wurden (siehe S. 340).

Relief eines Denkmals zu Ehren Mark Aurels, a. 176–180 n. Chr., Rom, Musei Capitolini, Palazzo dei Conservatori.

89

Götter und Religionen

Kapitolinische Trias
Apoll
Venus
Janus und Quirinus
Diana
Mars
Merkur
Äskulap
Herkules
Bacchus
Victoria
Magna Mater
Ceres
Kastor und Pollux
Musen
Satyrn und Silene
Orientalische Kulte
Christentum
Kaiserliche Apotheose
Auguren und Haruspices
Priester und Priesterkollegien
Opfer
Votivgaben
Häusliche Kulte
Folklore und Zauberei

◀ *Ara Pacis*, Prozession
on Priestern, Detail.

> »Wenn die Situation ... euch nicht beunruhigt, so habt zumindest Respekt vor euren Göttern! Iuppiter Optimus Maximus, Iuno Regina und Minerva ... befinden sich im Zustand der Belagerung.«
>
> (Livius

Kapitolinische Trias

Weiterführende Stichwörter
Kapitol

▼ Kopf des Zeus, 1. Hälfte des 2. Jh. n. Chr., Kopie eines griechischen Originals, das auf die Zeit zwischen Ende des 5. und Beginn des 4. Jh. v. Chr. datiert werden kann, Rom, Palazzo Altemps.

Schon in der Zeit der Könige, in der Regierungszeit des Tarquinius Priscus, des ersten Königs aus dem Stamm der Etrusker, wurde mit dem Bau des eindrucksvollen Tempels begonnen, der der kapitolinischen Trias geweiht war. Das Heiligtum, in dem Iuppiter Optimus Maximus, Iuno Regina und Minerva verehrt wurden, sollte die wichtigste Kultstätte des römischen Staates zu werden, an der die bedeutendsten öffentlichen Zeremonien stattfanden. Die wichtigste Gottheit war Jupiter, das lateinische Pendant des griechischen Zeus, Vater und Herr des Götterhimmels, von dessen Willen das Schicksal der Völker abhing, Beschützer des römischen Staates den er zur Herrschaft über die Welt bestimmt hatte. Ihm zur Seite standen Juno, Königin des Himmels und der Götter, und Minerva, die griechische Athene, Göttin des Krieges; sie war eine weise Gottheit, Beschützerin viele Künste und Gewerbe, der alle weiblichen und häuslichen Aufgaben unterstanden. Die drei Götter wurden auch in vielen anderen Heiligtümern verehrt in denen sie neue Eigenschaften annehmen konnten, die oft einheimischen Traditionen entstammten, etwa im Fall des Iuppiter Veiovis (des jugendlichen Jupiter), eines italischen Gottes, der der Unterwelt nahe stand und Beschützer der Ausgestoßenen war. Seinem Kult, der in republikanischer Zeit sehr populär war, war der Tempel geweiht, der an jener Stelle stand, wo später da *Tabularium* erbaut wurde.

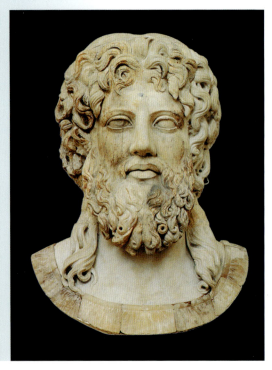

Kapitolinische Trias

Die erste Kultstatue des Iuppiter Optimus Maximus, sehr wahrscheinlich eine Terrakotta-Skulptur etruskischer Herkunft, wurde den literarischen Quellen zufolge von Tarquinius Priscus auf dem Kapitol aufgestellt und in dem Brand 83 v. Chr. zerstört.

Iuppiter Tonans auf dem Thron, mit einem Blitz in der Rechten, dem Zeichen seiner Macht. Es handelt sich um einen bäuerlichen Gott orientalischer Herkunft mit geringer Verbreitung im westlichen Teil des Reichs, mit Ausnahme des kleinen Heiligtums in der Villa der Quintilier.

»Er träumte, Iuppiter Capitolinus beklage sich darüber, dass ihm seine Gläubigen genommen würden, und er antworte ihm, Iuppiter Tonans sei ihm als Pförtner beigegeben worden; aus diesem Grund ließ er später den Giebel des Tempels mit Schellen schmücken.« (Sueton)

▲ Iuppiter Tonans, Ende des 2./Beginn des 3. Jh., Villa der Quintilier, *Antiquarium*.

Die älteste Kultstatue des Tempels des Iuppiter Veiovis (des jugendlichen Iuppiter) auf dem Kapitol war ein Bild aus Zypressenholz, das sowohl Ovid als auch Plinius beschreiben; die heute noch in den Kellern unter dem Platz zu besichtigende Kolossalstatue dagegen wurde wahrscheinlich in der Zeit Sullas aus einem einzigen Marmorblock erschaffen.

Kapitolinische Trias

133 v. Chr. wurde während einer Versammlung in der Nähe des Tempels der kapitolinischen Trias der Tribun Tiberius Gracchus ermordet; an dieser Stelle, an der Spitze der Treppe zum Marsfeld, wurde später eine Statue errichtet, die wie die einer Gottheit verehrt wurde.

391 v. Chr., als Furius Camillus Veji belagerte, wurde eine hölzerne Statue der Iuno Regina aus der etruskischen Stadt nach Rom gebracht, da es als gutes Vorzeichen betrachtet wurde, die Schutzgötter einer feindlichen Stadt einzuladen, sich in Rom niederzulasse

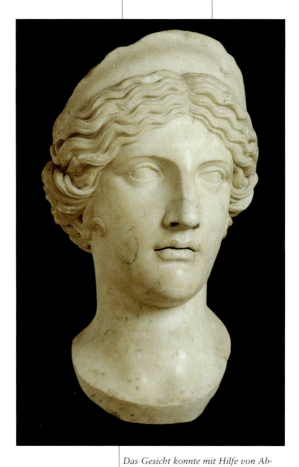

▲ Kopf der Hera,
Rom, Palazzo Altemps.

Das Gesicht konnte mit Hilfe von Abbildungen der Juno identifiziert werden, wegen deren großer Ähnlichkeit mit Darstellungen der griechischen Hera, die auf Vorbilder Polyklets aus dem 5. Jh. v. Chr. zurückgehen. Die Theorien über die Datierung des Kopfes gehen weit auseinander und variieren vom 2. Jh. v. Chr. bis zum 2. Jh. n. Chr, der Zeit Hadrians.

Athena Parthenos, die bewaffnete Jungfrau Athene, hat Phidias in einer berühmten Statue dargestellt.

Im Innersten des Heiligtums der Vesta am Forum Romanum, wo nur die Vestalinnen Zugang hatten, wurde außer den Schutzpatronen der Stadt, den Penaten und dem heiligen Feuer auch das Palladium aufbewahrt, ein Bild der Minerva, das Aeneas der Überlieferung nach aus dem brennenden Troja gerettet hatte.

Die wunderbare Schnitzarbeit in rotem Jaspis, die die Büste der Athena Parthenos darstellt, ist ein Meisterwerk des griechischen Künstlers Aspasios, der den Strömungen der Athener Neoklassik nahestand.

▲ Gemme des Aspasios,
. Jh. v. Chr.,
Rom, Palazzo Massimo.

Kapitolinische Trias

Die Haare der Göttin sind aus Basalt und hängen in dicken, gewellten Strähnen zu beiden Seiten des Gesichts herab; auf dem Kopf, halbversteckt durch den Mantel, ist ein Diadem erkennbar

Gesicht und Hals der Statue, die verloren gingen, wurden mit dem Gipsabdruck eines anderen Porträts der Minerva ergänzt.

Die Darstellung der aegida (Ägide) Athenes Schutzschild, mit dem gorgoneion an der Brust der Göttin ermöglichte die sichere Identifikation als Minerva

Wahrscheinlich stellt die Statue Minerva als Schutzgöttin der Handwerker und Beschützerin der Schüler dar, deren Fest am 19. März gefeiert wurde; an diesem Tag brachten die Kinder ihren Lehrern ein Geschenk mit, das minerval genannt wurde

Das Bild der auf einem Thron sitzenden Göttin ist der klassischen Darstellung Minervas als Kriegsgöttin und Teil der kapitolinischen Trias sehr fern; es weist eher Ähnlichkeit mit Bildern der Magna Mater auf.

▲ Sitzende Minerva,
aus den Fundamenten eines Hauses
an der Piazza dell'Emporio,
Zeit des Augustus,
Rom, Palazzo Massimo.

Der Altar, der zusammen mit einem weiteren, sehr ähnlichen und der Lucina geweihten gefunden wurde, muss einem der Göttin heiligen Gegenstand als Sockel gedient haben.

Der Altar ist mit einer Girlande aus großen, schweren Blütentrieben und verschiedenen Früchten geschmückt. Diese Art von Ornament auf zylindrischen Altären ist seit hellenistischer Zeit sehr verbreitet.

Auf der Rückseite des Altars ist oberhalb der Girlande eine patera dargestellt, eine Opferschale mit erhöhtem Rand, wie sie für Trankopfer an die Götter benutzt wurde.

▲ Runder Altar aus der *Domus Tiberiana*,
1. Hälfte des 1. Jh. n. Chr.,
Rom, Museo Palatino.

Apoll

»*Den Tempel des Apoll ließ er in dem Teil seines Hauses auf dem Palatin erstehen, in dem der Blitz eingeschlagen hatte … mit einer lateinischen und griechischen Bibliothek, wo er, schon älter, oft Senatssitzungen abhielt.*« (Sueton)

Weiterführende Stichwörter
Augustus und Livia, Diana, Musen, Palatin

▼ Platte aus Terrakotta mit Mädchen, die ein baetulum schmücken, aus dem Apoll-Tempel auf dem Palatin, Ende des 1. Jh. v. Chr., Rom, Museo Palatino.

Apoll, Sohn von Jupiter und Latona (Leto), war bei den Römern wie bei den Griechen ein weiser Gott, der in seinen Orakeln den Willen des göttlichen Vaters kundtat und die Gabe der Dichtung, des Gesangs und des Spiels auf der Leier besaß. Er war ein großer Gott und sein Kult so weit verbreitet, dass nach der Überlieferung die Römer schon zur Zeit der Könige eine Abordnung nach Delphi entsandten, um das Orakel des Gottes zu befragen. Wahrscheinlich kam der Kult Apolls zwischen Ende des 6. und Beginn des 5. Jh. v. Chr. über die euboische Kolonie Cumae nach Rom; wie alle auswärtigen Götter wurde auch Apoll ein Bezirk außerhalb des *pomeriums* zugewiesen, der als Apollinar bezeichnet wurde, ein Heiligtum im Freien mit einem Opferaltar. Nach einer schweren Seuche 431 v. Chr. wurde an derselben Stelle dem Apollo Medicus ein Tempel geweiht, der vor Ansteckung schützen sollte; er wurde im Laufe der Jahrhunderte mehrere Male restauriert und 34 v. Chr. durch C. Sosius komplett neu erbaut, wodurch er die Bezeichnung Tempel des Apollo Sosianus erhielt. Augustus weihte ihm einen neuen Tempel im öffentlichen Teil seiner Residenz auf dem Palatin, nahm ihn also in das *pomerium* auf; er verehrte Apoll besonders, seit er die Schlacht von Aktium in der Nähe des Heiligtums des Apollo Actiacus gewonnen hatte, das der Überlieferung nach schon während des mythischen Feldzugs der Argonauten erbaut worden war.

Apoll

Nach der Zerstörung Karthagos ließ Scipio Aemilianus die Kultstatue des dortigen Apoll-Tempels nach Rom bringen und stellte sie in einer aedicula *in der Nähe des Circus Maximus auf; Ende des 1. Jh. v. Chr. wurde eine Apoll-Statue aus Zedernholz, die aus Seleukeia kam, von Gaius Sosius im Tempel des Apollo in circo aufgestellt.*

Im Apoll-Tempel auf dem Palatin bot sich der Gott – eine originale Skulptur des Skopas – den Gläubigen in Gesellschaft seiner Mutter und seiner Schwester dar. Auch die Statuen der beiden Göttinnen waren Originale berühmter griechischer Bildhauer: Diana ein Werk des Timotheos, Latona ein Werk des Kephisodot.

Die Apoll-Statue ist eine römische Marmorkopie einer griechischen Skulptur der 2. Hälfte des 4. Jh. v. Chr., die wahrscheinlich einer Werkstatt aus dem Umfeld des Athener Bildhauers Praxiteles entstammte.

▲ Apoll, von der Staatsstraße Anzio-Ardea, 1. Jh. n. Chr., Rom, Palazzo Massimo.

Das Original war höchstwahrscheinlich aus Bronze; es ist keine Spur davon erhalten, auch wenn sein Vorbild in weiteren Repliken römischer Zeit erkennbar ist.

99

Venus

»Venus ist es, die den Frühling mit Blumen überzieht ... die in den Kelchen die Knospen öffnet ... Venus ist es, die Befehl gab, dass alle Rosen am Morgen die Köpfe der Jungfrauen bedecken sollen.«
(Pervirgilium Veneris)

Weiterführende Stichwörter
Caesar, Augustus und Livia, Vergil und Maecenas, Mars, Hadrian und Apollodor

▼ Büste der Venus, Kopie aus dem 2. Jh. n. Chr. eines Originals des Praxiteles von ca. 360 v. Chr., Rom, Palazzo Altemps.

Aphrodite, Tochter Jupiters, nach Hesiod aus dem Schaum des Meeres vor der Insel Zypern geboren, war die Göttin der Liebe und der Schönheit, die alle anderen Götter des Olymps an Grazie und Lieblichkeit übertraf. Zu einem nicht näher bestimmbaren Zeitpunkt ihrer republikanischen Geschichte identifizierten die Römer die griechische Gottheit mit ihrer Venus, einer Göttin der Gärten, der Natur und des Frühlings. Eines der ältesten Zeugnisse dieser Aneignung ist der Tempel der Venus Erycina, der zwischen 184 und 181 v. Chr. erbaut und später in die *Horti Sallustiani* integriert wurde, auch wenn aus anderen Quellen bekannt ist, dass mindestens ein Jahrhundert früher an dem einen Ende des Circus Maximus bereits die Tempel der Venus Obsequens und der Venus Verticordia bestanden, von denen heute keine Spur mehr existiert.

Beim Übergang zur Kaiserzeit erhielt der Venus-Kult dank Vergils Dichtung immer größere Bedeutung. So erzählt die *Aeneis*, wie Aeneas, der Sohn der Venus, aus dem brennenden Troja flüchtete und an der Küste Latiums landete, um schließlich zum Stammvater des römischen Volkes und der Familie Caesars und Augustus' zu werden. Venus wurde so zur Gottheit der Dynastie der julisch-claudischen Familie und Bestandteil des imperialen Kults.

Venus

Die Identifizierung der berühmten Statue als Porträt der Kleopatra verdankt sich einer genauen Untersuchung ihrer Anatomie; als charakteristische Eigenschaften gelten ihre kleine Statur, die robust gebauten Beine und die Zeichen einer kürzlichen Mutterschaft, ebenso die Darstellung der Kobra, eines alten Machtsymbols der Pharaonen.

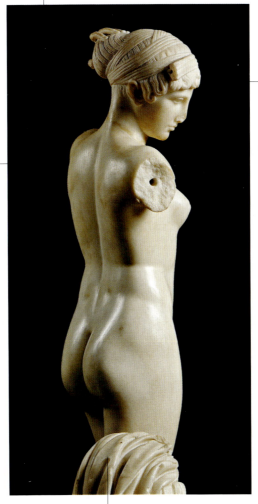

Das Porträt ließ Caesar während des Aufenthalts der Königin zwischen 46 und 44 v. Chr. auf seinen Besitzungen im heutigen Trastevere anfertigen, wahrscheinlich von dem damals in Rom tätigen griechischen Bildhauer Stephanos, Schüler des Pasiteles.

Die Statue wurde zusammen mit anderen Meisterwerken in einem Kellerraum der kaiserlichen Villa gefunden, wohin sie wahrscheinlich von Maxentius zum Schutz während einer Renovierung der Gebäude gebracht worden war, die dann durch den plötzlichen Tod des Kaisers in der Schlacht am Pons Milvius *nie beendet wurde.*

▲ Venus vom Esquilin, aus den *Horti Lamiani*, Mitte des 1. Jh. v. Chr., Rom, Centrale Montemartini.

Wegen ihrer zierlichen Erscheinung präsentierte sich Kleopatra bei ihrer ersten Begegnung mit Caesar, 48 v. Chr., in Decken gehüllt.

101

> *»Den Tempel des Ianus Quirinus, der seit Gründung Roms nur zweimal geschlossen war, ließ er gleich dreimal schließen, nachdem er zu Lande und zu Wasser den Frieden hergestellt hatte.«*
> (Sueton)

Janus und Quirinus

Weiterführende Stichwörter
Romulus und Remus, Mars

Janus, eine der wichtigsten römischen Gottheiten, hat keine Entsprechung im griechischen Pantheon. Er war der Gott des Eingangs und des Übergangs, der Haustüren und der Stadttore, der Eintritt und Ausgang beschützte; aus diesem Grund wurde er mit einem Kopf mit zwei Gesichtern dargestellt, eines nach innen und eines nach außen gewandt. Sein Tempel mit der Kultstätte stand längs der Straße, die vom Forum Romanum zum Viertel der Subura führte und war eine sehr wichtige Kultstätte. Wie Augustus selbst überliefert, bedeutete die Öffnung ihrer Türen den Kriegszustand während bei deren Schließung Frieden herrschte.

Auch Quirinus kann keiner griechischen Gottheit gleichgesetzt werden, obwohl seine Funktionen denen von Mars ähneln. Es handelt sich um einen Gott sabinischen Ursprungs, den die Römer dann mit Romulus identifizierten und dem sie 293 v. Chr. mit dem Erlös aus den Feldzügen Lucius Papirius Cursor gegen die Samniten ein Heiligtum erbauten. Der Tempel wurde von Augustus komplett neugebaut und ist uns nur durch ein Relieffragment und die Beschreibung Vitruvs bekannt.

Der Kult des Quirinus wurde bald vergessen, aber die Erinnerung daran blieb in dem Namen Quirinus erhalten, den sowohl Janus als auch Augustus erhielten.

▼ Relief mit dem Tempel des Quirinus auf dem Quirinal, Rom, Museo Nazionale Romano.

»Auch Diana gibt es mehr als eine. Die erste ist die Tochter Jupiters und der Proserpina, Mutter des geflügelten Cupido; bekannter ist die zweite, die wir als Tochter des Jupiter und Latonas kennen.«
(Cicero)

Diana

Diana, Göttin des Lichts und des Lebens, die der griechischen Göttin Artemis gleichgesetzt wurde, war die antike Beschützerin der latinischen Stämme, von denen sie in einem Waldheiligtum an den Ufern des Nemi-Sees verehrt wurde, das auch das religiöse Zentrum des Bundes der Latiner war. Der Überlieferung nach hatte schon Servius Tullius zur Zeit der Könige Diana einen Tempel auf dem Aventin geweiht, der von einem großen Portikus mit zwei Säulenreihen umgeben und wahrscheinlich dem Tempel von Ephesus nachempfunden war; seine einzige Darstellung findet sich auf einem Fragment des severischen Marmorplans. Seit 431 v. Chr. wurde Diana als Gefährtin des Apoll in dessen Tempel vor der Porta Carmentalis verehrt, in der Nähe der Stelle, wo später das Theater des Marcellus erbaut wurde. M. Aemilius Lepidus weihte der Diana 179 v. Chr. einen Tempel in der Gegend des Circus Flaminius.
Diana, Tochter von Jupiter und Latona und Schwester Apolls, war vor allem eine Schutzgöttin der Frauen, wie zahlreiche Votivgaben in ihren Heiligtümern belegen, die Fruchtbarkeit und Geburt versinnbildlichen. Die Jägerin Diana hingegen ist ausschließlich auf griechische Einflüsse zurückzuführen und steht in keinerlei Bezug zu den italischen Traditionen, auch wenn die übliche Darstellung jene der flinken Jägerin ist, in kurzen Kleidern mit Bogen und Köcher.

Weiterführende Stichwörter
Apoll

▶ Torso der Diana,
aus der Umgebung des Circus Maximus,
Kopie aus antoninischer Zeit eines
hellenistischen Originals,
Rom, Museo Palatino.

Diana

Dem Kult der Artemis kam in Ephesos sehr große Bedeutung zu, bereits seit den Zeiten der lydischen Könige, und dauerte die ganze römische Zeit hindurch an.

Die Artemis von Ephesos ist eine der großen Göttinnen Kleinasiens und unangefochtene Herrin der wilden Tiere, wie die zwei Löwen zeigen, die sie in den Armen hält. Die Symbole der Göttin gehen auf die Verbreitung ihres Bildes in hellenistischer Zeit zurück.

Die Ikonografie der Artemis von Ephesos ist sehr ungewöhnlich: Mehrere Reihen von Brüsten unterhalb einer schweren Halskette bezeugen ihren Charakter als Fruchtbarkeitsgöttin, Fantasietiere schmücken ihre Kleider, und meistens trägt sie einen kalathos, eine hohe, reich geschmückte Kopfbedeckung.

Der untere Teil des Körpers steckt in einer Art Etui, das mit Stierreliefs geschmückt ist.

▲ Artemis aus Ephesos, 2. Jh. n. Chr., Rom, Villa der Quintilier, Antiquarium.

Den kalathos, den die Göttin als besonderes Attribut trägt, zierte in einigen Fällen sogar ein viersäuliger Tempel oder eine andere Konstruktion mit drei Giebeln.

Die Statue wurde 1996 in den Caracalla-Thermen gefunden, wo sie, wahrscheinlich im 5. Jh. n. Chr., als großer Pflasterstein bei der Restaurierung der unterirdischen Gänge verwendet worden war.

Die Göttin, deren Kopf nicht erhalten ist, steht aufrecht und trägt einen kurzen Chiton. Die Statue wird seit 1997 mit anderen Skulpturen, die in den Caracalla-Thermen gefunden wurden, im achteckigen Saal der Thermen des Diokletian ausgestellt.

Artemis, aus den Caracalla-Thermen, Rom, Museo delle Terme.

Die Statue ist eine römische Replik eines spätklassischen griechischen Originals.

105

»Was den Tempel des Mars betraf, so hatte er diesen zu errichten gelobt, als er sich mit der Schlacht von Philippi für die Ermordung Caesars gerächt hatte.« (Sueton)

Mars

Weiterführende Stichwörter
Venus, Kaiserforen

In antiker Zeit war Mars eine der Natur verbundene Gottheit, die die Felder gegen Unfruchtbarkeit und die Herden vor den Angriffen der Wölfe schützte. Später wurde er – durch seine Gleichsetzung mit der griechischen Gottheit Ares – zum Gott des Krieges und der Schlachten. Ihm zu Ehren wurden im Laufe des Jahres zahlreiche Feste gefeiert. Insbesondere die Feierlichkeiten im März dienten dazu, den Gott für die Feldzüge gnädig zu stimmen, während die Herbstriten die Gottheit auf das Ruhen der Waffen im Winter einstimmen sollten.

42 v. Chr. ließ Augustus vor der Schlacht bei Philippi gegen die Mörder Caesars, Mars Ultor, dem »Rächer«, einen Tempel weihen, der im neuen Augustus-Forum erbaut wurde. Das Gebäude, fortan eng mit allen kriegerischen Auseinandersetzungen des römischen Staats verbunden, wurde bald der Ort, an dem der Senat über Krieg und Triumph entschied und von dem aus die Statthalter ihren Oberbefehl über die Provinzen antraten. Der Tempel des Mars Ultor, erbaut als Zeugnis der Rache an den Caesarmördern, wurde zum Symbol für jede Vergeltung Roms gegen seine Feinde; seit 20 v. Chr. wurden in seiner Exedra neben den Kultstatuen des Mars und der Venus auch die Insignien der römischen Legionen ausgestellt, die die Parther zurückgegeben hatten.

◀ Kolossalstatue des Mars, aus dem Forum des Nerva, Zeit der Flavier, Rom, Musei Capitolini.

Mars

Varro erzählt in seinem Traktat Antiquitates rerum humanarum et divinarum, *einer umfangreichen Enzyklopädie der Bräuche, Geschichten und Institutionen des römischen Volkes, dass in alten Zeiten als Personifizierung des Mars eine Stange verehrt wurde; dies kann als Beleg dafür dienen, dass die römische Religion in ältester Zeit keine Kultstatuen kannte.*

Mars, der als Stammvater des römischen Volkes Romolus und Remus gezeugt haben soll, erfreute sich großer Beliebtheit. Seine Tempel lagen als die eines bewaffneten Gottes überwiegend außerhalb des pomerium; auf dem Marsfeld wurde er in zwei verschiedenen Kultstätten verehrt, in seiner kriegerischen und in einer ländlich-bäuerlichen Rolle.

Die Statue bildete zusammen mit einer weiteren Skulptur, die Minerva darstellte, eine Gruppe, die den Tempel der Göttin schmückte. Wahrscheinlich ist die Darstellung des Mars eine Weiterentwicklung des Mars Ultor, den Augustus für den Tempel seines Forums entwerfen ließ.

Mark Aurel und Faustina als Mars und Venus, Ende des 2. Jh. n. Chr., Rom, Musei Capitolini.

Die Persönlichkeit des Mars, des einheimischen Gottes, der von den italischen Völkern vor allem als Beschützer aller kriegerischen Auseinandersetzungen sehr verehrt wurde, war wesentlich komplexer als die der entsprechenden griechischen Gottheit.

»Dem Konsul, dem ... die Ehre der Weihe zukam, würde die Verwaltung der Annona zustehen und die Aufgabe, eine Handelskorporation zu gründen.« (Livius)

Merkur

Der Kult des Merkur, der römischen Entsprechung des griechischen Gottes Hermes, wurde zu Beginn des 5. Jh. v. Chr. in Rom eingeführt, wahrscheinlich durch den Einfluss der griechischen Handelswelt. Tatsächlich gibt es kein Indiz für die Existenz eines ursprünglichen einheimischen Kultes, und auch die Mythologie Merkurs stimmt fast vollständig mit der des Hermes überein, wie es auch bei anderen von den Griechen übernommenen Göttern der Fall ist. Die Gottheit, deren Hauptaufgabe der Dienst als Götterbote war, wird fast immer als nackter Jüngling mit Flügeln an den Füßen und einer typischen Kopfbedeckung dargestellt, die ebenfalls mit kleinen seitlichen Flügeln versehen ist. Merkur war aber auch der Beschützer des Handels und des Transports und ganz allgemein all dessen, was mit den Straßen verbunden war. Er wies Reisenden den rechten Weg, beschützte gleichzeitig aber auch Diebe und Erpresser und geleitete die Verstorbenen hinab in den Hades. 495 v. Chr. wurde ihm in der Nähe des Circus Maximus, außerhalb des *pomerium*, wie es einer ausländischen Gottheit zukam, ein Tempel geweiht, der nicht erhalten ist und dessen Errichtung mit der Gründung der Handelskorporation in Zusammenhang stand; am 15. Mai jeder Jahres feierten die Händler dort ein großes Fest.

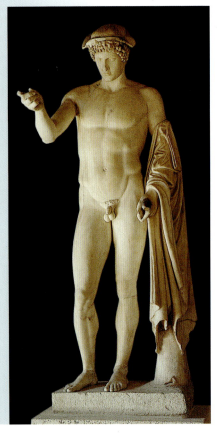

◄ Hermes Loghios,
Ende des 1./ Beginn des 2. Jh. n. Chr.,
nach einem griechischen Original des
5. Jh. v. Chr., vielleicht von Phidias,
Rom, Palazzo Altemps.

»Eine Epidemie, die sowohl die Städte als auch das Land darniederstreckte... Es wurden die sibyllinischen Bücher befragt... Die Befragung ergab, dass Äskulap aus Epidauros nach Rom geholt werden musste.« (Livius)

Äskulap

Als zu Beginn des 3. Jh. v. Chr. eine Pestepidemie in Rom wütete, wurden die Sibyllinischen Bücher befragt, die dazu rieten, eine Gesandtschaft nach Epidauros zu schicken, zum wichtigsten Heiligtum des Äskulap in Griechenland. Ein Senatsdekret ratifizierte die Fahrt und es reisten zehn Männer ab, die von Q. Ogulnius geführt wurden. Während sie in Epidauros auf die Antwort des Gottes warteten, verließ eine Schlange, Symbol und Personifizierung des Gottes, das Heiligtum und nistete sich im Schiff der Römer ein, wo sie bis zu deren Heimkehr blieb. Als sie bereits auf dem Tiber waren, verließ die Schlange auf Höhe der Tiberinsel das Schiff, erreichte die Insel und verschwand; gleichzeitig endete die Pestepidemie. Die Begebenheit wurde als Wille des Gottes betrachtet, der sich einen Ort erwählte, wo ihm ein Tempel zu bauen sei; es war der erste Tempel einer aus Griechenland importierten Gottheit.

Das Heiligtum des Äskulap wurde nach dem Modell der griechischen Tempel angelegt; im Inneren bestand eine Art Hospital, wie Epigramme aus dem 2. Jh. v. Chr. bis in die Zeit der Antoninen und zahlreiche Votivgaben belegen, die vor allem bei der Tiberregulierung Ende des 19. Jh. gefunden wurden. Tatsächlich aber wurde die Entscheidung für diesen Ort wohl auf der Grundlage hygienischer und therapeutischer Überlegungen getroffen, nicht zuletzt weil auf der Insel eine Quelle floss, deren Wasser als heilsam galt.

Weiterführende Stichwörter
Auguren und Haruspices, Votivgaben, Medizin

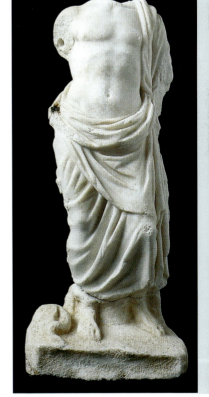

▶ Äskulap, aus der Villa der Quintilier, Ende des 2. Jh. n. Chr., Rom, Villa der Quintilier, *Antiquarium*.

Äskulap

Der Pons Aemilius *(Ponte Rotto) wurde wahrscheinlich nach Mitte des 3. Jh. v. Chr. erbaut, als die Via Aurelia fertiggestellt wurde. Seit dem 13. Jh. erlitt die Brücke mehrere Einstürze infolge einer Umleitung des Tibers, die notwendig war, um die Mühlen am Fluss zu betreiben; nach einer Überschwemmung wurde sie 1598 definitiv aufgelassen und zerstört.*

▲ Die Tiberinsel.

Die Tiberinsel hat, obwohl der Äskulap-Kult bereits vor der Verbreitung des Christentums abflaute, über die Jahrhunderte hindurch ihre Bestimmung als Ort der Heilung beibehalten; im 16. Jh. errichtete die Gemeinschaft der Barmherzigen Brüder dort ein Krankenhaus, das heute noch in Betrieb ist.

Im 1. Jh. v. Chr. wurde der Tiberinsel, in Erinnerung an die wunderbare Ankunft der Äskulapschlange, durch zwei Aufbauten die Gestalt eines Schiffes verliehen; diese sind heute nur noch auf der flussabwärts liegenden Seite erkennbar.

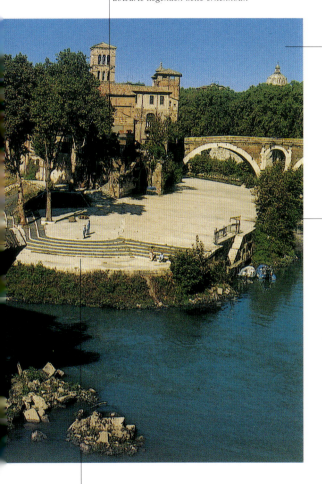

Möglicherweise existierte auf der Tiberinsel bereits der noch ältere Kult des Flussgottes Tiberinus, dem ebenfalls heilende Fähigkeiten zugesprochen wurden.

Eine Marmorplatte vom Anfang des 3. Jh. berichtet in griechischer Sprache über Heilungen, die sich im Äskulap-Heiligtum auf der Insel ereignet hatten; es handelte sich nicht um Wunder, sondern um Ratschläge des Gottes, bestimmte magische Handlungen zu vollziehen oder Naturheilmittel anzuwenden, die auf Honig oder Wein basierten.

Während der Kaiserzeit verbreitete sich der Brauch, kranke oder arbeitsunfähige Sklaven auf der Tiberinsel auszusetzen; um diesem Missstand ein Ende zu setzen, verfügte Claudius, dass allen, die sich dort aufhielten, weil sie von ihren Herren abgeschoben wurden, die Freiheit geschenkt wurde.

Äskulap

Asklepios wurde als Arzt (iatròs) und Retter (sotér) angesehen, als Sohn des Apoll und Schüler des Kentauren Chiron, der ihn in der Heilkunst unterrichtet hatte.

Die Kranken, die auf Heilung hofften, wurden in eigenen Räumen in der Nähe der Kultstatue des Gottes untergebracht; hier schliefen sie ein in der Erwartung, dass Äskulap ihnen im Schlaf erscheine und jedem die zu befolgende Therapie weise oder Krankheit direkt im Schlaf heile.

Bei ihren Behandlungen setzten die Priester Heilkräuter und andere Natursubstanzen ein, deren therapeutische Wirkung sie genau kannten; möglicherweise aber wurden auch Halluzinogene verabreicht oder individuelle oder Gruppen-Psychotherapien abgehalten.

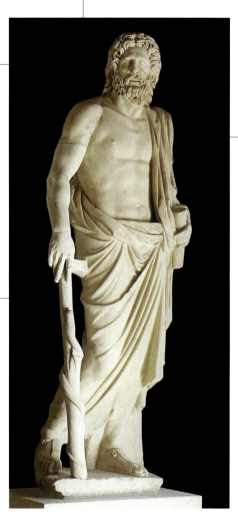

Der Gott wird hier gemäß der üblichen Ikonografie als alter Mann dargestellt, in einen Mantel gewickelt, der den Oberkörper freilässt, und auf einen Stock gestützt – der in diesem Fall auch für die Statik der Statue eine Rolle spielt –, um den sich die Schlange schlingt; in der linken Hand trägt er eine Schriftrolle, seine Füße stecken in Sandalen.

▲ Äskulap,
vielleicht vom Quirinal,
2. Jh. n. Chr.,
Rom, Palazzo Altemps.

»Dort war ... / eine Höhle gegraben ... / darin Cacus, ein schreckliches Ungeheuer / halb Tier, halb Mensch, und nach menschlichem Blut / so gierig, dass der Boden nie kalt wurde.« (Vergil)

Herkules

Nach der Erzählung Vergils kam Herkules, nachdem er die zehnte Aufgabe bestanden hatte und mit den Rindern des Geyron nach Griechenland zurückkehren wollte, zum römischen Forum Boarium. Dort wurden ihm die Tiere von Cacus geraubt, einem Ungeheuer, das in einer Grotte hauste, die wahrscheinlich an den Hängen des Aventin lag. Herkules tötete das Wesen und wurde so zum Helden der Arkadier, der Bewohner des Palatins, und ihres Königs Euandros. Zur Verherrlichung seiner Tat wurde ihm an der Stelle, wo heute die Kirche Santa Maria in Cosmedin steht, ein Altar geweiht, bekannt als *Ara Maxima*; am 12. August jeden Jahres wurden hier nach griechischer Tradition zu Ehren des Helden Opfer dargebracht. Das Denkmal, eine Rekonstruktion aus dem 2. Jh. v. Chr., konnte dank einiger Inschriften der Prätoren, die die Riten durchführen mussten, mit einem großen Sockel aus Anienetuff identifiziert werden, der heute noch im hinteren Teil der Kirche sichtbar ist.

In Rom gab es verschiedene Tempel, die dem Herkules geweiht waren. 220 v. Chr. wurde in der Nähe des Circus Flaminius der Tempel des Hercules Custor geweiht, 187 v. Chr. weihte C. Marcus Fulvius Nobilior zwischen den Portiken von Octavia und Metella den Tempel des Herkules und der Musen und ebenfalls im 2. Jh. v. Chr. errichtete ein durch den Ölhandel reich gewordener Kaufmann dem Herkules, der auch Schutzpatron der Korporation der Ölhändler war, den Tempel des Hercules Victor, genannt Olearius.

Weiterführende Stichwörter
Forum Boarium und Forum Holitorium

▼ Sarkophag mit den Arbeiten des Herkules, Detail, ca. 240–250 n. Chr., Rom, Palazzo Altemps.

Herkules

Nach einer Hypothese aus jüngerer Zeit könnte die Statue ein direkter Abguss einer griechischen Bronzeskulptur aus dem 4. Jh. v. Chr. sein, die dem Stil des Lysippos verwand war.

Herkules ist auch Beschützer der Gesundheit und des Landbesitzes und wird oft mit Gottheiten der Landwirtschaft und der Fruchtbarkeit assoziiert.

Nach der Überlieferung soll die Kultstatue des Scipio-Tempels Hesperidenäpfel in den Händen gehalten haben.

▲ Herkules, vom Forum Boarium, 2. Jh. v. Chr., Rom, Musei Capitolini.

Die fast 2,50 m hohe Kolossalstatue aus vergoldeter Bronze wurde im 15. Jh., unter dem Pontifikat von Sixtus IV., in der Nähe der Kirche Santa Maria in Cosmedin gefunden, wo sich auch die Ara Maxima befand.

Es gibt verschiedene Datierungen der Skulptur, die zudem wohl mehrmals überarbeitet wurde; am glaubwürdigsten erscheint ihre Fertigung im Zusammenhang mit der Gründung eines Herkules geweihten Rundtempels durch Scipio Aemilianus.

»Alle Bacchanalien außer denen, die den Normen entsprechen, sollen innerhalb von zehn Tagen, nachdem ihr die Tafeln des Dekrets erhalten habt, abgeschafft werden.«
(Senatus consultum de bacchanalibus)

Bacchus

Unter allen aus Griechenland importierten Gottheiten war Dionysos – für die Römer Bacchus – jene, die sich am wenigsten mit dem Charakter der römischen Gesellschaft vereinbaren ließ. Vermutlich waren die Feierlichkeiten zu Ehren des Gottes ursprünglich einfache ländliche Feste; im Laufe der Jahrhunderte aber nahmen die Zeremonien der Bacchanalien so zügellose Formen an, dass sie mit der strengen Lebensauffassung der römischen Gesellschaft des 2. Jh. v. Chr. unvereinbar waren. Wahrscheinlich ist aber auch, dass die Entscheidung des Senats, das Fest 186 v. Chr. offiziell zu verbieten, ihren Grund in der Heimlichkeit des Kultes hatte, der seine Anhänger in den niedersten Schichten der Bevölkerung fand; die herrschende Klasse fürchtete, unter dem Deckmantel der Religionsausübung werde umstürzlerisches Treiben organisiert. Das Verbot brachte nicht das Ende des Kults, jedoch eine drastische Einschränkung bis Caesar reguläre Bacchanalien einführte.

Ein kleines Heiligtum auf dem Forum Romanum, das Bacchus und Kybéle gewidmet war, ist uns aus einem Passus bei Martial und von einem Medaillon des Antoninus Pius bekannt, der es als rundes Tempelchen in der Mitte einer Exedra darstellt, vielleicht jener, die heute noch neben der Maxentius-Basilika sichtbar ist.

Weiterführende Stichwörter
Magna Mater, Satyrn und Silene

▼ Mosaik mit Büste des kindlichen Dionysos, aus der Via Flaminia, Mitte 2. Jh. n. Chr., Rom, Palazzo Massimo.

Bacchus

Nach der Überlieferung soll Dionysos nach der Durchquerung ganz Griechenlands auf seinem von Tigern (oder Panthern) gezogenen Wagen nach Asien übergesetzt sein; stets in Bgleitung des trunkenen Silen und eines Zuges von Faunen, Satyrn und Mänaden erreichte er Indien und brachte den Menschen den Weinbau.

Die Villa della Ruffinella war die Residenz von Lucien Bonaparte, dem Fürsten von Canino und Napoleons Bruder. Dieser begeisterte sich für Archäologie und nahm lange in Etrurien und insbesondere in Vulci Ausgrabungen vor.

▲ Fußbodenmosaik mit Dionysos bei den Indern, aus der Villa della Ruffinella, 1. Hälfte des 4. Jh. n. Chr., Rom, Palazzo Massimo.

Der Gott trägt seine langen Haare in einer für ihn typischen Frisur: geteilt in zwei große Strähnen, die im Nacken zusammengebunden sind und von dort auf die Schultern herabfallen; er trägt einen Kranz aus Reben auf dem Kopf, von dem seitlich zwei große Trauben herabhängen; in seinem Gesicht und in den Haaren sind Spuren einer Verzierung aus Blattgold erhalten.

Dionysos hält in der rechten Hand einen zweihenkeligen Becher (kantharos) und stützt sich auf einen Baumstamm, der mit einer Rebe mit Trauben geschmückt ist.

Die Statue aus Luni-Marmor wurde 1908 im syrischen Heiligtum auf dem Gianicolo gefunden, in der östlichen cella; dabei handelte es sich wahrscheinlich um einen getrennten Raum, der den Novizen für Initiationszeremonien vorbehalten war. In dem Tempel aus der Mitte des 4. Jh. n. Chr. wurden zahlreiche weitere Statuen aus früheren Epochen gefunden.

▲ Dionysos, aus dem Heiligtum auf dem Gianicolo, 2. Hälfte des 2. Jh. n. Chr., Rom, Palazzo Altemps.

Bacchus

Der Kopf zeigt das Gesicht eines älteren Mannes mit dichtem, gelockten Bart und üppiger Frisur; die Haare sind in fließenden Locken angeordnet, im Ncken zusammengefasst und fallen über die Schultern herab.

Der aufrecht stehende Gott trägt einen Chiton, dessen Weite durch üppige Falten angedeutet ist, und einen schweren Mantel, der seine Schultern und den linken Arm bedeckt. Im rechten Arm hielt er wahrscheinlich ein Attribut.

Erst 1928 gefunden, wurde die Statue bereits 1944 von den Nazis aus dem Museo Nazionale Romano gestohlen und nach Weimar gebracht, ohne dass sie dort jemals ausgestellt worden wäre. Sie kam 1991 nach Italien zurück.

▲ Dionysos »Sardanapalus«, aus der Via Appia, römische Kopie eines griechischen Originals von ca. 310–300 v. Chr., Rom, Palazzo Massimo.

Der Beiname Sardanapalus leitet sich von der Inschrift auf einer Replik der Statue her, die in einer römischen Villa gefunden wurde und sich heute in den Vatikanischen Museen befindet. Das Epigramm wurde auf Geheiß des Besitzers eingeschnitten, der den Gott für sich mit dem mythischen, sagenhaft reichen assyrischen König in Verbindung brachte, der für seine lockeren Sitten und das Tragen von Frauenkleidern bekannt war.

»Und … Victoria? Es ist offensichtlich, dass Situationen … die man sich nicht anders als durch göttliche Macht geregelt vorstellen kann, schließlich mit einer Gottheit identifiziert wurden.« (Cicero)

Victoria

In ältester Zeit war vermutlich Vica Pota die Gottheit, die das römische Volk bei seinen siegreichen Unternehmungen leitete; aber schon während der Kriege gegen die Samniten entstand auf dem Palatin, an der Steigung der Victoria, ein erstes Heiligtum, das der Göttin geweiht war, ganz in der Nähe, wo später der Tempel der Victoria Virgo erbaut wurde. Später, in einer schwierigen Phase des zweiten punischen Krieges, schickte der Tyrann Hieron von Syrakus eine goldene Victoria nach Rom, die im Jupiter-Tempel auf dem Kapitol aufgestellt wurde, in der Hoffnung, die Göttin werde sich dem römischen Volk gewogen zeigen.

Ein wichtiger Wendepunkt für den Kult der Victoria war 29 v. Chr. die Weihe eines Altars innerhalb der *Curia Iulia*, womit Octavian die unauflösbare Einheit zwischen dem Prinzipat und der Gottheit betonen wollte; die Statue ritt hier auf einem Globus nach einer Ikonografie, die jahrhundertelang unverändert blieb. Auch in Rom erschien die Göttin nach griechischem Vorbild geflügelt, ihre Attribute waren Kranz und Zweig aus Palmblättern, manchmal aber auch Trophäe und Schild, die für Erfolg in kriegerischen Auseinandersetzungen standen; wenn sie hingegen mit Füllhorn und Olivenzweig dargestellt wurde, war die Göttin Überbringerin von Frieden und Glück.

Weiterführende Stichwörter
Triumph, Kaiserliche Apotheose, Forum Romanum, Caelius, Kapitol

▼ Victoria hält einen Kammhelm hoch, Detail des Gewölbes der Villa della Farnesina, ca. 19 v. Chr., Rom, Palazzo Massimo.

Victoria

Die Göttin sitzt frontal auf einem Thron und hält in der rechten Hand eine geflügelte Statuette der Victoria, die ihrerseits Banner und Globus in den Händen trägt; dies entspricht der gängigen Ikonografie, die Victoria meist in Gegenwart größerer Götter darstellte, welche Erfolg und Krönung der Ruhmesträume gewähren sollten.

Zwei geflügelte Figürchen, die auf der Schulter der Göttin sitzen, werden als Amor und Psyche interpretiert und helfen, die Gottheit als Venus zu identifizieren. Diese Hypothese wurde bereits von Winckelmann zum ersten Mal geäußert, ganz gegen die gängige Meinung, die in der Figur die Göttin Roma erkannte.

Die Tafel, die man in einer Kammer beim Baptisterium von San Giovanni in Laterano entdeckte, wurde 1655 in den Palazzo Barberini überführt und 1935 dem italienischen Staat geschenkt.

Die Göttin ist mit einer weißen Tunika bekleidet, über der sie ein vergoldetes und mit violetten Streifen geschmücktes Gewand trägt; ein purpurfarbener Mantel umfängt sie mit weichen Falten, ihr Gesicht wird von Ohrgehängen und einer Halskette umrahmt.

Die Figur wurde in weiten Teilen von einem Künstler des 17. Jh. mit Ölfarben vervollständigt, der den oberen Teil des Kopfes rekonstruierte und ihm einen Helm aufsetzte, was die gängige Hypothese von einer Darstellung der Roma erhärten sollte.

▲ Gemälde mit Göttin der Barberini, aus dem Lateran, 1. Viertel des 4. Jh. n. Chr., Rom, Palazzo Massimo.

Die Victoria, eine exakte Kopie der griechischen Göttin Nike, die den Sieg verheißt und die vor allem von den Heeren und ihren Kommandanten verehrt wurde, avancierte sehr bald zu einem Symbol des Prinzipats an sich.

Die Statue aus grauem Marmor ist ohne Attribute, die ihre Identifikation erleichtern würden, die Art des verwendeten Steins lässt auf eine ausländische Gottheit schließen, vielleicht Isis, der bereits zwischen Ende des 2. und Beginn des 1. Jh. v. Chr. ein Heiligtum an den Hängen des Caelius geweiht worden war.

Die antiken Quellen erzählen, dass der wilde Streit über den Altar der Victoria in der Curia mit der Niederlage des Symmachus, dem Tod mehrerer Personen und der Verwüstung und Zerstörung der gesamten Einrichtung des Hauses der Symmachi auf dem Caelius endete, einschließlich einer berühmten Statue der Victoria aus gräulichem Marmor.

▲ »Victoria der Symmachi«, vom Areal des Militärhospitals auf dem Caelius, späthellenistische Zeit, Rom, Centrale Montemartini.

> »Sie allein wurde Große Mutter der Götter und Mutter der wilden Tiere und Gebärerin unseres Leibes genannt. Von ihr wurde gesungen … dass sie vor einer Kutsche zwei Löwen führte.« (Lukrez)

Magna Mater

Weiterführende Stichwörter
Bacchus

▼ *Magna Mater* auf dem Thron, aus der *Domus Tiberiana*, Zeit der Antoninen, Rom, Museo Palatino.

Der erste nach Rom importierte orientalische Kult, der innerhalb des *pomeriums* zugelassen wurde, war 204 v. Chr. der der Kybele, der Großen Mutter der Götter. Kybele war ursprünglich eine phrygische Gottheit, die vor allem in Pessinus in Form eines nicht figurativen schwarzen Steins (wahrscheinlich ein Meteorit) verehrt wurde. Als gegen Ende des Zweiten Punischen Krieges die Sibyllinischen Bücher zur Einführung des Kults in Rom rieten, wurde der König von Pergamon, auf dessen Gebiet sich das Heiligtum von Pessinus befand, um den Stein ersucht. Der König hatte keinerlei Interesse, sich die Römer zu Feinden zu machen, und übergab den Kultstein. Nachdem ihre Statue erst provisorisch im Tempel der Victoria auf dem Palatin untergebracht worden war, wurde Kybele schließlich nach dem Ende des Kriegs gegen Karthago ebenfalls auf dem Palatin ein Tempel erbaut und 191 v. Chr. geweiht. Ihr zu Ehren wurden die *ludi Megalenses* eingeführt, für die die Kommödiendichter Plautus und Terentius einige ihrer besten Werke schrieben.

Kybele war eine Göttin der Natur und symbolisierte zusammen mit ihrem göttlichen Geliebten Attis das Prinzip der Fortpflanzung und den ewigen Kreislauf allen Lebens. Der Kult hatte orgiastischen Charakter, der das Misstrauen der Behörden weckte, und blieb bis ins 4. Jh. n. Chr. beliebt.

Magna Mater

Die Göttin wird als Statuette mit einer turmhohen Krone, einem Brustschmuck und einem weiten Mantel dargestellt; vor Kybele steht ein kleiner Merkur, der den Merkurstab und einen Geldbeutel hält.

»Wer glücklos geboren ist ... wird noch als Toter vom Unglück verfolgt. Die Priester der Kybele führten einen Esel mit sich ... wenn sie um Almosen baten. Als er durch die Anstrengung und die Schläge starb, zogen sie ihm die Haut ab und machten Pauken davon ... Er hatte gedacht, dass er nach dem Tod in Sicherheit sein würde; stattdessen regnet es immer noch Hiebe auf ihn herab.« *(Phaedrus)*

Die Pflege des Kults von Kybele und Attis war phrygischen Priestern anvertraut, die als galli (Hähne) bezeichnet wurden; sie konnten während der Zeremonie in einen Trance-Zustand geraten, in dem sie sich eigenhändig entmannten. Diese Riten erschienen den meisten Römern abstoßend, zogen aber die niederen Schichten durch das Versprechen ewigen Lebens an.

Der Archigallus von Ostia (archigallus coloniae ostiensis) bringt Kybele ein Opfer dar, indem er Früchte auf die Opfersäule legt, die er einer Schale entnimmt.

Grab-Flachrelief, aus der Nekropole der Isola Sacra, Anfang 3. Jh. n. Chr., Ostia Antica, Museo Ostiense.

Der Priester trägt eine Tunika mit Ärmeln, unter der Hosen sichtbar werden; er ist in einen Mantel gehüllt und trägt auf dem Kopf die mit kaiserlichen Büsten geschmückte Krone.

Magna Mater

Die Statuen scheinen sehr schwer zu sein und werden von jeweils acht Männern getragen, von denen einige durch die Anstrengung gebeugt sind; im Hintergrund sind zwei Posaunenbläser sichtbar.

Zwei Gottheiten werden in einer Prozession mitgeführt: auf der vorderen Trage sitzt die Magna Mater hinter ihren Löwen, auf der zweiten steht vermutlich eine Statue Amors.

Nach der Überlieferung lief das Schiff, das den schwarzen Stein aus Pessinus nach Rom brachte, im Tiber auf Grund und wurde allein von der Vestalin Claudia, die zu Unrecht der Unmoral bezichtigt worden war, mit ihrem Gürtel zurück ins tiefe Wasser gezogen. Da der Stein der Legende nach von einer keuschen Hand in Rom willkommen geheißen werden sollte, konnte die Begebenheit die Unschuld der Jungfrau beweisen.

Der Senat respektierte zwar die mächtige Göttin, die Rom von der Gefahr durch die Karthager befreit hatte, zog es aber vor, den neuen Kult zu isolieren, und verbot den römischen Bürgern, der Priesterschaft der Kybele anzugehören.

▲ Teil eines Sarkophags,
3. Jh. n. Chr., Rom,
San Lorenzo fuori le mura.

»*Möge die Landwirtschaft Ceres die ersten Ähren anbieten und der Kelterer ... die Traube pressen und die Menge ... dem großzügigen Meister applaudieren, der ... Spiele anbietet an den Kreuzungen.*« (Calpurnius Siculus)

Ceres

Ceres, eine uralte italische Gottheit des Korns, der Vegetation und der Felder, wurde bereits im 5. Jh. v. Chr. mit der griechischen Demeter identifiziert; ihr Kult wurde mit dem der *Tellus Mater*, der römischen Göttin der Erde, in Verbindung gebracht und oft auch verwechselt. Die Ikonografie der ahrenbekränzten Ceres setzte sich zwischen dem 4. und 3. Jh. v. Chr. durch, während keine Bilder der älteren italischen Göttin existieren. 493 v. Chr. wurde in der Nähe des Circus Maximus ein Tempel geweiht, nachdem die Sibyllinischen Bücher um Rat gefragt worden waren. Das Gebäude, das zu einem zentralen Treffpunkt der Plebs wurde, muss in enger Beziehung zu den Getreideimporten der *annona* für das Stadtproletariat gestanden haben; dort fanden auch die *ludi cereales* statt, Spiele zu Ehren der Göttin. Sowohl Livius als auch Plinius der Ältere erzählen, dass schon 485 v. Chr., als viele Statuen noch aus Terrakotta waren, Ceres ein Bild aus Bronze geweiht wurde, das aus den beschlagnahmten Gütern des Spurius Cassius finanziert war; er war einer der ersten Konsuln der jungen Republik, der seine Mitbürger durch den Vorschlag, Lebensmittelschenkungen für die römischen Verbündeten einzuführen, gegen sich aufgebracht hatte.

▼ Tönerne Büste der Demeter, aus Ariccia, Ende 4./ Anfang 3. Jh. v. Chr., Rom, Museo delle Terme.

»Du denkst also, jener Abdruck eines Pferdefußes, den man heute beim Regillo-See sehen kann, gehöre dem Pferd Kastors?« (Cicero)

Dioskuren

Kastor und Pollux waren Zwillinge und Söhne der Leda, Gattin des König Tyndareos, und des Zeus, der sich dieser als Schwan genähert hatte. Die Einführung ihres Kultes in Rom erfolgte durch ein Wunder, das sich während der Schlacht am Regillo-See ereignet haben soll. Dort seien die göttlichen Zwillinge erschienen, um die römische Kavallerie gegen den Feind (die Latiner) zu führen; gleich nach dem Ende der siegreichen Schlacht erschienen Kastor und Pollux auf dem Forum Romanum, tränkten ihre Pferde an der Iuturna-Quelle beim Tempel der Vesta und verkündeten der Menge den Sieg. Der Diktator Aulus Postumius Albinus gelobte, zum ewigen Gedenken dieser Ereignisse einen Tempel zu errichten, den sein Sohn 484 v. Chr. den Dioskuren weihte.

Die Dioskuren behielten lange Zeit die Ikonografie, die sich in hellenistischer Zeit herausgebildet hatte, und waren ein häufiges Motiv bei der Dekoration von Sarkophagen der Kaiserzeit, wo ihre Gestalten oft die dargestellte Szene zu beiden Seiten einrahmen. Der Bestattungscharakter ihres Kultes, der aus dem mit ihnen verbundenen Wechsel von Hell und Dunkel, Leben und Tod hergeleitet wurde, verstärkte sich mehr und mehr vom 2. Jh. v. Chr. bis in die Zeit Konstantins.

▼ Relief mit Dioskuren und Prozession der Anbetenden, aus der Via Buonarroti, Beginn des 4. Jh. v. Chr., Rom, Palazzo Altemps.

Dioskuren

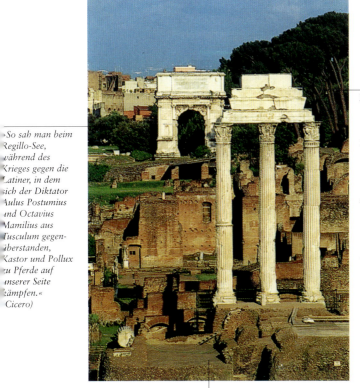

»So sah man beim Regillo-See, während des Krieges gegen die Latiner, in dem sich der Diktator Aulus Postumius und Octavius Mamilius aus Tusculum gegenüberstanden, Kastor und Pollux zu Pferde auf unserer Seite kämpfen.« (Cicero)

Nach einer anderen Legende soll Leda zwei Eier geboren haben, eines von Zeus und eines von ihrem Ehemann. Aus dem ersten Ei sollen Pollux und Helena, aus dem zweiten Kastor und Klytämnestra geschlüpft sein. Daher seien die Zwillinge unterschiedlich: unsterblich der eine, sterblich der andere.

Der Tempel der Dioskuren wurde in der Zeit der Republik mehrmals restauriert. Der letzte Umbau geht auf einen Brand im Jahr 14 v. Chr. zurück; das neue Gebäude wurde 6 n. Chr. geweiht, zu ihm gehörten die heute sichtbaren Reste.

▲ Tempel der Dioskuren auf dem Forum Romanum.

» Wenn Minerva Medizin verschreibt, ohne einen Arzt zu fragen, werden dann nicht die Musen die Fähigkeit zu schreiben, zu lesen und alle anderen Künste auszuüben im Traum verleihen?« (Cicero)

Musen

Weiterführende Stichwörter
Apoll, Musik und Tanz, Theater

Seit den Zeiten des Livius Andronicus, in der ersten Hälfte des 3. Jh. v. Chr., identifizierten die Römer die Musen mit den *camenae*, alten italischen Gottheiten, vielleicht Quellnymphen, die die Gabe der Prophezeiung besaßen. Die antiken Wassergöttinnen, denen mit Trankopfern aus Wasser und Milch gehuldigt wurde, wohnten außerhalb der Porta Capena bei einer Quelle, an der die Vestalinnen jeden Tag Wasser schöpften und an der sich ein Heiligtum befand. Nach der Zerstörung durch einen Blitzschlag wurde der kleine Bau in einen Tempel gebracht, der um 187 v. Chr. für Herkules und die Musen auf dem Marsfeld erbaut worden war. Hier hatte nach Plinius' Erzählung Marcus Fulvius Nobilior, wahrscheinlich auf Ratschlag des Dichters Ennius, eine Gruppe von Statuen der Musen aufstellen lassen, die als Kriegsbeute in Ambracia, der Hauptstadt Ätoliens, geraubt worden waren. Ebenfalls nach Plinius wurde eine andere Gruppe von neun Musen, das Werk eines Künstlers aus Rhodos, im Tempel des Apoll beim Portikus der Octavia aufgestellt. Der Legende nach waren die neun Musen Töchter des Zeus und der Mnemosyne, Beschützerinnen der Künste, der Wissenschaften und der Literatur und durch verschiedene Attribute und durch Haltung und Gestik deutlich voneinander zu unterscheiden. Ihre Bilder finden sich auf der Vorderseite vieler urbaner Sarkophage, manchmal begleitet von Apoll mit der Leier und Minerva mit Ägide, Helm und Lanze.

◄ Melpomene, aus der Via Aventina, römische Replik eines hellenistischen Originals, 1. Jh. v. Chr., Rom, Palazzo Massimo.

Musen

Thalia, die Muse der Komödie und der Satire, hält eine komische Maske in der linken Hand; oft ist sie mit einem Efeukranz und einem Schäferstab dargestellt – sie wurde auch als Beschützerin der ländlichen Feste und Festmähler angesehen.

Terpsichore, die Muse des Tanzes, war meist durch eine Leier charakterisiert.

Melpomene, die Muse der Tragödie, hält eine tragische Maske in der rechten Hand und trug einen Efeukranz auf dem Kopf.

Euterpe, die Muse des lyrischen Gesangs, hält einen aulós in der Hand, ein Blasinstrument, der Klarinette oder Oboe ähnlich; ihr Gesicht, das von einer Frisur nicht griechischer Art umrahmt wird, ist sehr ausdrucksstark unt könnte ein Porträt sein.

Erato, die Muse der Liebes- und mimischen Dichtung, hält in ihren Händen die kithára, mit der sie ihre Verse begleitet.

Die Reihe der neun Musen wird durch Szenen auf den Kurzseiten des Sarkophags vervollständigt: auf jeder ein bärtiger Philosoph dargestellt, der sich mit zwei der Musen unterhält, Urania und Polyhymnia auf der einen, Klio und Kalliope auf der anderen Seite.

Die Figuren der Musen sind in Nischen eingebettet, die durch gedrehte Säulen begrenzt und deren Hintergrund als Muschel gestaltet ist; die Zwickel zwischen den Bögen sind mit pflanzlichen Dekorationen ausgefüllt, auch auf dem Bogenrücken ist ein Kranz aus Akanthusblättern erkennbar.

▲ Sarkophag mit Musen,
aus San Paolo fuori le mura,
ca. 280–290 n. Chr.,
Rom, Palazzo Massimo.

Musen

Urania war die Muse der Astronomie und der didaskalischen Poesie und wurde manchmal mit Sternen gekrönt dargestellt.

Die Statue wurde in neoklassischer Zeit stark restauriert, wobei der gesamte obere Teil, Arme und Attribute neu hinzugefügt wurden; sie bestehen aus einem anderen Marmor als der Rest.

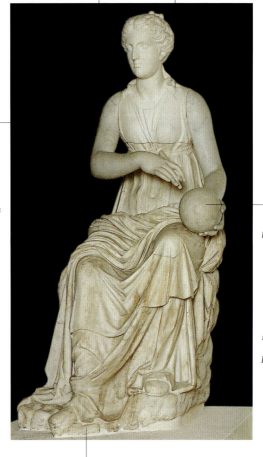

Wahrscheinlich gehörte die Statue, die auf einem Felsen sitzt und mit Chiton und Mantel bekleidet ist, zu einer Gruppe der neun Musen, die sich an Vorbildern des Bildhauers Philiskos von Rhodos orientierte, entstanden zwischen 150 und 130 v. Chr.

Die Identifizierung der Jungfrau als Urania beruht auf den Attributen – Griffel und Globus –, die in neoklassischer Zeit hinzugefügt wurden; eine genaue ikonografische Untersuchung der originalen Teile hingegen lässt vermuten, dass es sich um eine Statue der Kalliope oder der Klio handelt.

▲ Urania, 1. Jh. n. Chr., Rom, Palazzo Altemps.

Die ikonografische Figur der Muse, die schon in römischer Zeit populär war, erlebte seit der Renaissance eine neue, bemerkenswerte Beliebtheit, so dass sich im 16. Jh. die Sammler antiker Kunstwerke um den Besitz einer möglichst kompletten Serie von Musen bemühten.

Kopf und Hals gehen auf eine zeitgenössische Restaurierung zurück, während die Unterarme und die Attribute der Muse – Griffel und Wachstafel – später aus grauem Marmor hinzugefügt wurden.

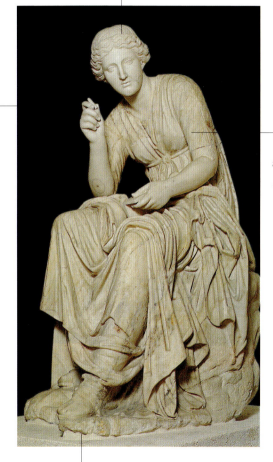

Kalliope mit der schönen Stimme war die Muse der epischen Dichtung.

Die Figur sitzt auf einem Felsen und trägt einen unter dem Busen gegürteten Chiton, dessen Ärmel mit einer Reihe kleiner Knöpfe geschlossen sind; auf ihren Knien liegt ein weiter Mantel.

▲ Kalliope, Zeit Hadrians, Rom, Palazzo Altemps.

Die jüngere Archäologie neigt dazu, in dem griechischen Original, von dem die Statue abgeleitet ist, ein Werk des Lisippos zu sehen, das dieser etwa 317–307 v. Chr. für die östliche Akropolis von Megara schuf.

Musen

Das Emblem ist in einen Kassettenboden eingefügt, der von einem Zopf mit zwei Enden in 32 Bilder unterteilt wird, die sehr unterschiedliche Motive wie mythologische Gruppen, Meerestiere, die Jahreszeiten und die Geliebten des Zeus darstellen.

Klio war die Muse der Geschichte und wird meist mit einer Schriftrolle oder einem Buch in der Hand dargestellt.

Eine stilistische Analyse der auf dem Boden der Villa dargestellten Motive lässt den Schluss zu, es handle sich um eine Komposition aus der Zeit der Severer, für die polychrome Emblemata aus verschiedenen Epochen verwendet wurden.

▲ Emblem mit Darstellung der Klio, aus der Villa di Baccano, Zeit der Severer, Rom, Palazzo Massimo.

»Für mich wünsche ich nur, die lieblichen Musen, wie sie Vergil nennt, mögen mich zu ihren heiligen Orten und ihren Quellen führen, weit weg von allen Sorgen und Mühen und von der Notwendigkeit, jeden Tag gegen den eigenen Willen zu handeln.«
(Tacitus)

Obwohl die am besten belegte Überlieferung, die von Hesiod abgeleitet ist, von neun Musen spricht, nennt ein anderer Mythos nur drei: Meletes, die Beschützerin des Denkens, Mnemosyne, Herrin über das Gedächtnis, und Aedes, Muse des Gesangs. Homer hingegen spricht in seinen Versen manchmal von einer einzigen Muse, manchmal von mehreren, ohne deren Namen oder Zahl zu nennen.

Polyhymnia war die Muse der Pantomime und der lyrischen Dichtung.

▲ Polyhymnia, aus den *Horti Liciniani*, römische Kopie eines hellenistischen Originals, Rom, Centrale Montemartini.

> »Schwankend seiner Jahre und des Weines wegen ... forderte
> Bacchus Midas auf, sich eine Belohnung zu erwählen ... Mach,
> dass alles, was ich berühre, ... zu Gold werde.« (Ovid)

Satyrn und Silene

Weiterführende Stichwörter
Bacchus

▼ Torso eines Satyrs,
Zeit Hadrians,
Rom, Palazzo Altemps.

Die Satyrn, Geschöpfe des Waldes, die bei den dionysischen Zeremonien die Mänaden begleiteten, waren an ihren spitzen Ohren, Pferdeufen und den kleinen Hörnern auf dem Kopf zu erkennen. Mit ihrem lasziven Wesen verkörperten sie die Fruchtbarkeit der Natur; sie verbrachten einen großen Teil ihrer Zeit damit, den Nymphen nachzustellen, um ihre Lüste zu befriedigen. Silene, Söhne Pans und einer Nymphe, hatten einen haarigen Körper, eine stumpfe Nase, Ziegenbeine sowie Ohren und Schwanz eines Pferdes; sie wurden oft mit kahlem Kopf und dickem Bauch auf einem Esel reitend dargestellt. Auch die Silene, die immer alt waren, begleiteten die Mänaden, mit denen sie sich während der dionysischen Zeremonien vereinigten.

Mit der Zeit verschwand der tierische Charakter aus den Einzeldarstellungen von Satyrn und Silenen und viele Statuen erinnern nur durch ihre spitzen Ohren, das Raubtierfell über der Schulter oder den wilden Haarwuchs an die traditionelle Ikonografie, während Blick und Haltung ganz und gar menschlich geworden sind.

Bekannt ist die Legende des trunkenen Silen, den König Midas gefangen haben soll, um ihn zu fragen, was das Geheimnis des menschlichen Lebens sei. Der Silen soll dem König geantwortet haben, für den Menschen sei es das Beste, gar nicht geboren zu werden, und das Zweitbeste, möglichst früh zu sterben.

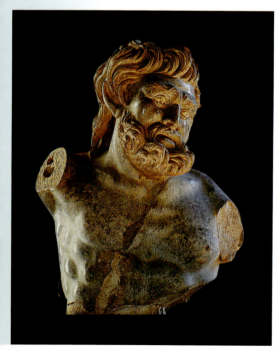

Satyrn und Silene

Der rechte Arm und ein Teil der Brust gehen auf eine Restaurierung im 16. Jh. zurück; die Traube, die dem Satyr bei dieser Gelegenheit in die Hand gegeben wurde, sollte die Verbindung zum Dionysos-Kult verdeutlichen.

Vorbild dieses Satyrs, der Wein in einen Becher schenkt, ist eine berühmte Bronzestatue des Praxiteles, die der griechische Geograph Pausanias noch im 2. Jh. n. Chr. längs der Straße der Dreifüße in Athen bewundern konnte.

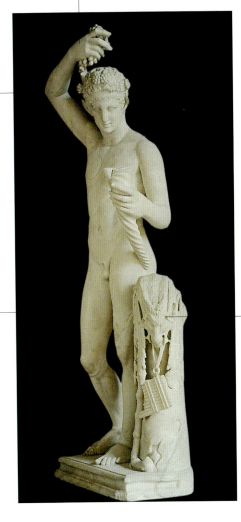

Als kennzeichnendes Attribut des Satyrs dient hier, außer dem Efeukranz auf dem Kopf, auch die von einem Schaffell bedeckte Stütze der Statue mit einer syrinx, einer Panflöte, und dem typischen gebogenen Hirtenstab.

In Italien wurden zahlreiche Repliken dieser Statue des Praxiteles gefunden, da sich das Motiv des einschenkenden Satyrs sehr gut zur Dekoration der Parks luxuriöser römischer Villen eignete.

▲ Einschenkender Satyr, 2. Hälfte des 2. Jh. n. Chr., Rom, Palazzo Altemps.

> »Ich dachte an nichts anderes als daran, ... zu Isis zu beten, die in
> Rom mit großer Ergebenheit verehrt wird und nach der der Ort,
> an dem ihr Tempel steht, Isis Campensis genannt wird.« (Apuleius)

Orientalische Kulte

Der größte Teil der orientalischen Kulte wurde von Soldaten, Händlern und Sklaven nach Rom gebracht und verbreitete sich daher schnell in den niederen Schichten der Bevölkerung, die auch durch die exotischen Rituale der Kultzeremonien angezogen wurden. Die orientalischen Religionen vertraten einen hohen moralischen Anspruch; vor allem aber versprachen sie, im Gegensatz zur offiziellen Religion, ein Leben nach dem irdischen, in dem dem Einzelnen Gerechtigkeit widerfahren würde: Die Guten würden die verdiente Belohnung, die Bösen die verdiente Strafe erhalten. Das wichtigste Heiligtum des ägyptischen Kults in Rom, der Tempel von Isis und Osiris auf dem Marsfeld, wurde wahrscheinlich schon 43 v. Chr. von den Triumviren errichtet, dagegen streng verfolgt durch Augustus und Tiberius, der das Heiligtum anscheinend sogar zerstörte und die Kultstatuen in den Tiber warf. Der Tempel wurde von Caligula wieder aufgebaut, fiel dann aber wie das ganze Viertel dem Brand des Jahres 80 n. Chr. zum Opfer und wurde ein weiteres Mal von Domitian in großer Pracht neugebaut; eine gründliche Restaurierung erfolgte noch unter Severus Alexander. Die Kultstatuen müssen kolossale Ausmaße gehabt haben; als Reste sind wahrscheinlich der riesige Fuß anzusehen, der heute an der Ecke der Via del Pie' di Marmo steht, und die als Madama Lucrezia bekannte große weibliche Büste an der Ecke der Piazza San Marco, die durch das auf dem Busen geknotete Gewand als Isis identifiziert werden kann.

▼ Fragment einer Platte mit Isis-Kultszene, Ariccia, 100 v. Chr., Rom, Palazzo Altemps.

Orientalische Kulte

Mithras wird immer in persische Gewänder gekleidet dargestellt, mit einer phrygischen Mütze auf dem Kopf und einer kurzen flatternden chlamys; und fast immer in der Szene, als er den Stier opfert.

Der Kult des persischen Gottes Mithras, der wohl durch die Soldaten des Pompejus nach dessen Feldzügen nach Rom kam, erfuhr seine größte Verbreitung im 3. Jh., als er auch die Gunst einiger Kaiser wie Caracalla und Diokletian genoss.

Der Mithras-Kult war ausschließlich Männern vorbehalten und wurde in kleinen Gruppen von Initiierten praktiziert, die sich fast immer in unterirdischen, grottenartig gestalteten Räumen trafen; so sollte an den Mythos erinnert werden, nach dem Mithras in der Grotte den Stier tötete und damit das Universum erschuf.

Mithraskopf, aus dem Mithräum von Santo Stefano Rotondo, 2. Jh. n. Chr., Rom, Museo delle Terme.

Der Kopf aus vergoldetem Stuck war Teil eines Reliefs, das Mithras darstellt, der den Stier tötet, und das anfänglich in der Mitte des Mithräums aufgestellt wurde.

137

Orientalische Kulte

Die kleine männliche Bronzefigur, auf der deutliche Spuren von Vergoldung erhalten sind, ist in ein dünnes Gewebe gewickelt, das auch den Kopf bedeckt, und wird von einer Schlange mit Drachenkopf umschlungen. Eine Bohrung auf der Unterseite der Füße lässt vermuten, dass die Statuette auch aufrecht gestellt wurde, vielleicht bei besonderen Festen.

Das bronzene Götzenbild kann als Darstellung der ägyptischen Gottheit Osiris identifiziert werden, des Gottes der Natur, der jedes Jahr stirbt und neu geboren wird; es sollte wohl die Initiation neuer Anhänger – die vielleicht in diesem Raum stattfand – symbolisieren, als allegorischer Übergang zu einem neuen Leben.

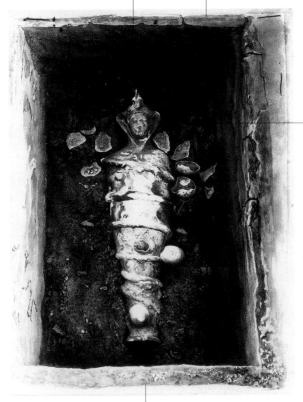

Die orientalische Gottheiten unterschieden sich von den alten Göttern des griechischen und römischen Pantheon dadurch, dass sie leiden, sterben und auferstehen konnten und sich der Rettung ihrer Gläubigen ohne Ansehen von Herkunft oder der sozialen Stellung annahmen.

Die Statuette wurde unter einem dreieckigen Altar in einer Zelle des syrischen Heiligtums gefunden; sie lag waagerecht in einer Grube, zusammen mit sieben Eiern und Spuren von Blumen und Samen, wahrscheinlich Votivgaben, die auf Fruchtbarkeitsriten zurück gehen.

▲ »Götzenbild vom Gianicolo«, aus dem Heiligtum auf dem Gianicolo, 2. Hälfte des 2. Jh. n. Chr., Rom, Museo delle Terme.

Cautes und Cautopates werden meist zu beiden Seiten von Mithras dargestellt, mit dem sie eine Trias bilden, oder in Nischen, die meistens neben dem Eingang des Mithräums liegen.

Die mit der rechten Hand erhobene Fackel war Symbol des Cautes, der als Geist der aufgehenden Sonne galt. Ihm gegenüber stand im Kult des Gottes Mithras Cautopates, der Geist der untergehenden Sonne.

Cautes,
as der Villa der Quintilier,
Jh. n. Chr.,
om, *Antiquarium*.

Cautes trägt ein orientalisches Gewand, das dem des Mithras ähnelt: eine Tunika mit Ärmeln, die in der Mitte gegürtet ist, kurze enge Hosen, einen Mantel über den Schultern und eine phrygische Mütze auf dem Kopf.

139

Orientalische Kulte

Das Relief, das zusammen mit den Statuen anderer orientalischer Gottheiten 1929 bei der Ausgrabung des so genannten orientalischen Heiligtums der Villa gefunden wurde, stellt heute noch ein Unikum in Rom dar.

Astarte, charakterisiert von vier Paar Flügeln, hält in ihrer rechten Hand eine Lotusblume; sie trägt eine ägyptische Kopfbedeckung in Form eines Sperbers, über dem, eingerahmt von Stierhörnern, der Sonnenball steht.

Eine Widmung in griechischer Sprache, zum Teil abgerieben, aber noch lesbar, identifiziert die dargestellte Göttin als »Astarte die Allerhöchste«.

▲ Relief der Astarte, aus der Villa der Quintilier, 2. Jh. n. Chr., Rom, *Antiquarium*.

Die Gottheit steht aufrecht auf einem kauernden Löwen; das Tier ist oft mit der syrisch-phönikischen Göttin dargestellt und wird manchmal von ihr geritten.

Die Skulptur wurde 1741 in einem Kellergewölbe der Villa gefunden und Papst Benedikt XIV. für seine Sammlungen geschenkt.

Die Gottheit ist an ihrer unverwechselbaren Frisur zu erkennen: eine Strähne der üppigen, auf die Schultern herabfallenden Locken ist über der Stirn zu einem Knoten zusammengefasst, der die Krone von Unter- und Mittelägypten symbolisieren sollte.

Harpokrates ist in seiner typischen Haltung dargestellt: nackt, stehend, ein Bein leicht gebeugt, den Zeigefinger der linken Hand an den Lippen. Die Geste gemahnt die Gläubigen an die Pflicht, über die Geheimnisse ihrer Initiation in die Mysterien der Isis Stillschweigen zu wahren.

Harpokrates, aus der Villa Hadriana, Zeit des Hadrian, Rom, Musei Capitolini.

Hinter dem linken Bein, auf dem das Gewicht des Knaben ruht, ist der fruchttragende Stamm einer Palme erkennbar.

»Das Gefängnis gibt dem Christen das, was die Einsiedelei den Propheten gibt. Der Herr selbst zog sich zurück ... um freier beten zu können.« (Tertullian)

Christentum

Weiterführende Stichwörter:
Konstantin,
Katakomben

Während des 2. Jh. blieb das Christentum, obwohl es sich weiter ausbreitete, an die Ränder der Gesellschaft verbannt, vor allem durch seine Ablehnung des öffentlichen Götter- und Kaiserkults; eine Haltung, die zur offen gezeigten Opposition gegen die Macht geworden war. Die Versammlungen der Gläubigen fanden statt, wo immer es möglich war, oft auch in den Häusern wohlhabender Privatleute, die der Gemeinschaft ausreichend große Hallen im Inneren ihrer Häuser zur Verfügung stellen konnten. Im 3. Jh. zählten die Christen in Rom vermutlich schon einige zehntausend, und die neue Religion war in jede soziale Schicht vorgedrungen, vor allem wohl, weil sie dem Heidentum ein starkes Gefühl der Zusammengehörigkeit entgegensetzen konnte; ein Christ konnte, wo immer er sich befand, seine Kirche besuchen und bei seinen Mitgläubigen Hilfe und Trost finden, so dass er sich wie zu Hause fühlen durfte. Diese Gefühle mussten in einer Zeit, die für die römische Gesellschaft so dramatisch war, eine mehr als nur wohltuende Wirkung auf die Gemüter ausüben.

Um die Mitte des 3. und zu Beginn des 4. Jh. leiteten einige kaiserliche Edikte eine gewaltsame und grausame Massenverfolgung der Christen ein, die ihren Höhepunkt wenige Jahre vor 313 erreichte, dem Jahr, in dem Konstantin schließlich alle im Reich ausgeübten Religionen legitimierte. 391–392 verkehrte Theodosiu die Situation dann ins Gegenteil, als er eine Reihe von Edikten erließ, die den heidnischen Kult in jeder Form verboten.

◄ Hölzerne Tafel von der Tür der Kirche Santa Sabina, ca. 420 n. Chr..

142

Christentum

Auf der rechten Seite sind zwei ähnliche Szenen festgehalten: in der ersten legt Christus einer knieenden Person, die vielleicht um Heilung bittet, seine Hände auf den Kopf; in der zweiten hilft er einem Krüppel beim Aufstehen. Hinter den beiden Christusfiguren steht eine Frau.

Die Szene in der Mitte stellt die Bergpredigt dar: Christus sitzt in einen Mantel gehüllt, der die rechte Schulter freilässt, auf einem Felsen und spricht zu sechs kleinen Figuren, die ihm im Halbkreis gegenübersitzen.

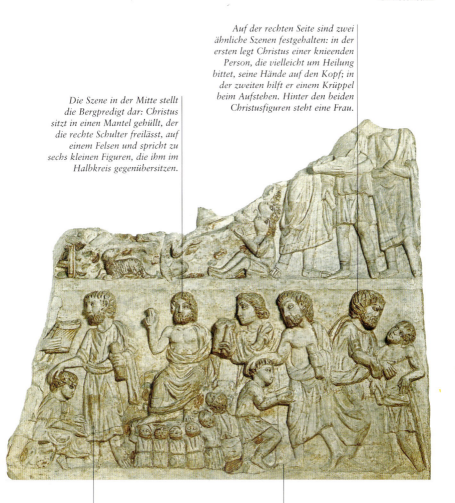

Christus hält in der linken Hand eine Schriftrolle und legt die rechte einer Frau auf, vielleicht einer Kranken, die vor ihm kniet; ihm steht eine weitere Person gegenüber, die nicht erkennbar ist und aus einer Schriftrolle zu lesen scheint.

Die Platte, auf der Spuren von Farbe sichtbar sind, ist ein Fragment vom Vorderteil eines großen dekorierten Sarkophags; es gibt wenige Anhaltspunkte für die Rekonstruktion der Szenen der oberen Reihe, wo aber wohl eine zweite Predigt Christus' vor Zuhörern vermutet werden kann, die mit nach oben gerichteten Köpfen dasitzen.

Platte mit Szenen aus dem Neuen Testament, 3.–4. Jh., Rom, Palazzo Massimo.

Christentum

Der Prozess der Christianisierung des Westens erfolgte ziemlich schnell: Zu Beginn des 4. Jh. war das Christentum wahrscheinlich nur in Afrika stark verbreitet, bereits ein Jahrhundert später war die Mehrheit der Bevölkerung des Weströmischen Reiches bekehrt.

Das Vorbild dieser Figur waren zweifellos die Statuen sitzender Götter und Philosophen. Ihre Identifizierung als lehrender Christus ist gesichert durch ihre Bezeugung auf zahlreichen Sarkophagen in klassizistischem Stil, die sich auf die späte Zeit Konstantins datieren lassen.

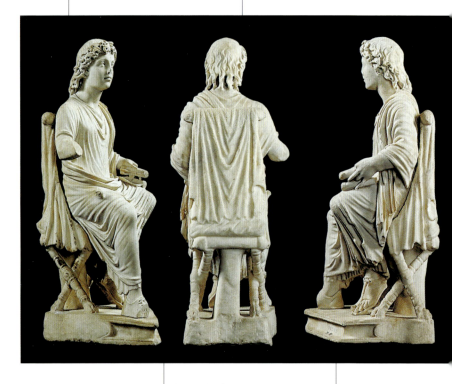

▲ Lehrender Christus, Mitte des 3. bis Mitte des 4. Jh., Rom, Palazzo Massimo.

Plinius schreibt in einem seiner Briefe an Trajan über die Gewohnheiten der Christen: »Sich an einem vorbestimmten Tag vor Sonnenaufgang treffen, ... eine Anrufung Christi ... rezitieren und sich mit Schwur verpflichten, nicht, irgendein Verbrechen zu begehen, sondern weder Diebstähle noch Raubüberfälle zu begehen, noch Ehebruch, ... auch nicht die Rückgabe von etwas Hinterlegtem zu verweigern.«

Die Statue zeigt einen sitzenden jungen Mann mit lockigen, auf die Schultern herabfallenden Haaren, der eine Tunika und einen Mantel trägt; in der linken Hand hält er eine Schriftrolle.

Die Bekehrung Kaiser Konstantins beschleunigte eine Entwicklung, die bereits unaufhaltsam und unumkehrbar geworden war. Wo er die Christen offen bevorzugte, blieben seine Nachfolger eher neutral, mit Ausnahme der kurzen reaktionären Regierungszeit von Julian Apostata, der zwar keine wirkliche Verfolgung anregte, aber die Heiden unterstützte und förderte.

»Ich fragte sie, ob sie Christen seien ... Wenn sie darin beharrten, befahl ich, sie zu Tode zu bringen ... ihre Beharrlichkeit und ihre Starrköpfigkeit mussten bestraft werden ... Sie hatten die Angewohnheit ... sich zu versammeln, um eine Speise zu sich zu nehmen ... Ich habe nichts außer einem dummen und verrückten Aberglauben gefunden.« (Plinius d.J.)

Grabplatte des Priscus, on seinem Bruder geweiht, Herkunft unbekannt, Hälfte des 4. Jh. n. Chr., om, Museo delle Terme.

»Aber auch die Christen, was für Seltsamkeiten ... erfinden sie! Dieser Gott, den sie weder herzeigen noch sehen können, soll die Sitten aller genau beobachten, aller Taten, Worte und schließlich die geheimsten Gedanken ... sie wünschen ihn sich lästig, rastlos, auch schamlos neugierig ... er ist überall.« (Minucius Felix)

»Fragt doch den, der Drusilla in den Himmel auffahren sah: er wird euch vielleicht auch sagen, er hätte Claudius ›mit seinen Trippelschrittchen‹ dieselbe Reise antreten sehen.« (Seneca)

Kaiserliche Apotheose

Weiterführende Stichwörter:
Seneca und Nero,
Victoria

▼ Titus-Bogen, Detail des Gewölbes mit Apotheose des Kaisers, Rom, Forum Romanum.

Die Quellen berichten vom Begräbnis des Augustus, der auf einem Scheiterhaufen verbrannt wurde, von dem ein Adler schnell zum Himmel aufgestiegen sein soll; ein anderer Adler war kurz vor dem Tode des Herrschers, als er dem Mars opferte, über diesem gekreist und hatte sich dann auf das A des Namens Agrippa in der Inschrift auf der Fassade des Pantheons gesetzt; dies wurde als Zeichen genommen, dass der Tempel zum Heiligtum der kaiserlichen Dynastie bestimmt war. Der Ursprung der Bestattungssymbolik des Adlers ist unklar; sicher ist hingegen, dass er bei den kaiserlichen Bestattungen zum unverzichtbaren Bestandteil wurde und sich der rituelle Adlerflug jedes Mal wiederholte, wenn eine Apotheose verkündet werden sollte. Der Senat beschloss die Vergöttlichung des verstorbenen Kaisers, auch gegen die öffentliche Meinung, wie etwa im Fall von Claudius, dem einzigen unter den Kaisern der julisch-claudischen Dynastie, dem diese Ehre zuteil geworden war; er hatte den Spott des Volkes herausgefordert, wie die *Apokolokyntosis*, ein ironisierender Text Senecas nahelegt, in der der Philosoph die Verwandlung des Kaisers in eine »kürbisförmige« Gottheit feiert. Die Vergöttlichung des toten Kaisers blieb jedoch immer ein wichtiger politischer Akt, der dem Nachfolger die Möglichkeit gab, sich als »Sohn des Gottes« zu bezeichnen und sich eine Reihe göttlicher Vorrechte einzuräumen.

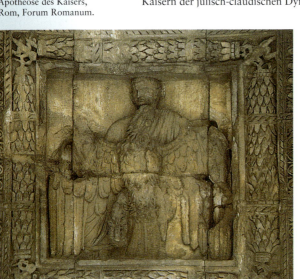

Kaiserliche Apotheose

Antonia, die jüngere Tochter des Marcus Antonius und der Octavia, der Schwester des Augustus, heiratete Drusus, den älteren Sohn der Livia und Bruder des künftigen Kaisers Tiberius; ihrer Verbindung entstammen drei Kinder, Germanicus – der spätere Vater Caligulas –, Livilla und Claudius.

Antonia wurde als unübertroffenes Beispiel mütterlicher Hingabe und ehelicher Tugend gefeiert, da sie sich nach dem Tod ihres Gatten Drusus 9 v. Chr., obwohl noch keine 30 Jahre alt, weigerte, sich wieder zu verheiraten; in diesem wahrscheinlich posthum entstandenen, von ihrem Sohn beauftragten Porträt erscheinen ihre Gesichtszüge jugendlich und idealisiert.

▲ Juno Ludovisi, Zeit der Claudier, Rom, Palazzo Altemps.

In dem kolossalen Porträt aus Marmor hat man das Gesicht der Antonia Augusta erkannt, der Mutter des Kaisers Claudius, die nach ihrem Tod 37 n. Chr. vergöttlicht wurde. Die Skulptur, eine der am meisten bewunderten aller Zeiten, beschreibt auch Goethe in seiner Italienischen Reise.

Kaiserliche Apotheose

Die diagonale Aufteilung der Komposition beruft sich auf den klassizistischen Stil der attischen Werkstätten – ebenso wie die der Basis der Säule des Antoninus Pius, die die Apotheose des Kaiserpaars darstellt (siehe S. 38).

Sabina, die Frau Hadrians, wird auf den Flügeln einer Nike vom Scheiterhaufen in den Himmel getragen.

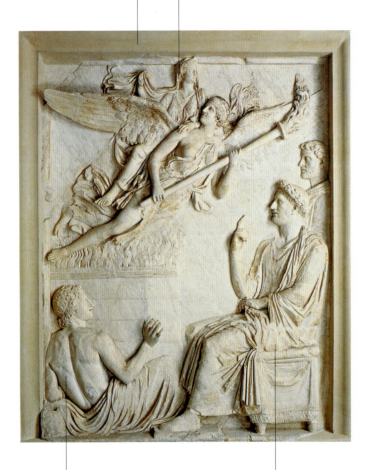

Die Figur des halb hingestreckten Jünglings ist die Personifizierung des Marsfelds, auf dem die Bestattung der Augusta stattfand.

Der Herrscher, der auf dem Thron sitzt, betrachtet versunken die Szene.

▲ Apotheose der Sabina,
Rom, Musei Capitolini,
Palazzo dei Conservatori.

»Alles, was der Augur als ungerecht, unheilvoll, gesetzeswidrig, von böser Vorbedeutung bezeichnet, soll wirkungslos werden; und wer sich nicht daran hält, soll zum Tode verurteilt werden.« (Cicero)

Auguren und Haruspices

Die Römer wagten sich an keine wichtige Unternehmung, ohne vorher den Flug der Vögel zu Rate gezogen zu haben, wobei sie genaue Regeln befolgten, was die Einrichtung des Beobachtungsraums betraf, die Beobachtung selbst und die Interpretation derselben. In Rom wurde schon in sehr alter Zeit ein Ort für das Wirken des Augurenkollegiums und die Befragung des Vogelflugs bestimmt, das *auguraculum*, ein längs der Via Sacra ausgerichteter Platz, für den einige Gebäude abgerissen wurden, die das Sichtfeld einschränkten. Während der Zeremonie grenzte der Augur sein Beobachtungsfeld ab, indem er dessen Ecken mit dem *lituus*, einem knotenlosen Krummstab, bezeichnete, und achtete dann auf den Flug, die Richtung, das Geräusch der Flügel und die Schreie der Vögel. Die Auguren übten ihre beratende Funktion im politischen und militärischen Bereich aus, und die öffentliche *haruspicina* folgte sehr genauen hierarchischen Vorgaben. Mit der Zeit wurde die Beobachtung des Vogelflugs während der Feldzüge eingestellt, beliebt blieb aber die Beobachtung des Hühnerfütterns: Mit Beginn der Militäraktion rief der Kommandant den für die Hühner Zuständigen zu sich, der das Futter streute; wenn die Tiere fraßen, war das ein positives Zeichen und man konnte das Zeichen für den Angriff geben. Neben der offiziellen *haruspicina* gab es verschiedene Arten der Beobachtung von Naturphänomenen, zu denen auch die Wettervorhersagen der Matrosen oder Bauern und die Orientierung und Fährtenlese der Jäger zählten.

▼ Relief mit Verkündung eines Orakelspruchs, aus dem Herkules-Tempel in Ostia, 1. Hälfte 1. Jh. v. Chr., Ostia Antica, Museo Ostiense.

»Ich erinnere mich an Lucius Metella – ich war ein Knabe –, der vier Jahre nach seinem 2. Konsulat zum pontifex maximus gewählt wurde und dieses Priesteramt 22 Jahre lang ausübte.« (Cicero)

Priester und Priesterkollegien

Weiterführende Stichwörter:
Opfer, Forum Romanum

Nach der Überlieferung wird Numa Pompilius als Gründer der von der etruskischen abgeleiteten römischen Religion betrachtet, die zahlreiche, sehr unterschiedliche Priesterkollegien kannte, darunter die Vestalinnen, die *pontifices*, die *flamines*, die Auguren und die Arvalbrüder. Eine fundamentale Umgestaltung und fast eine Neugründung der römischen Religion erfolgte durch Cicero, der 53 v. Chr. in das Kollegium der Auguren eintrat und im Jahr darauf eine Art Rahmengesetz erließ, das die vielfältige Welt der Priesterschaft und der religiösen Bräuche neu regelte.

In Rom konnte man im Alter zwischen 15 und 30 Jahren Priester werden, und verschieden war auch die Dauer des Amts, das aber immer nur für eine begrenzte Zeit ausgeübt wurde. Die Priesterschaft war ein unbezahltes, aber prestigeträchtiges Ehrenamt und mit anderen öffentlichen Ämtern vereinbar, so dass zur Zeit der Republik der größte Teil der Konsuln gleichzeitig auch die wichtigsten religiösen Rollen ausfüllte. Das Priestertum wurde durch staatliche Gesetze, Religionsrecht und überlieferte Doktrinen geregelt; die prägnantesten Rollen hatte die Vestalin, die 30 Jahre lang im Amt bleiben musste, und der *flamen dialis*, der sein Amt nur beim Tod seiner Gattin niederlegen konnte, da der *flamen* zur Erfüllung seiner Aufgabe notwendigerweise verheiratet sein musste.

▼ Kopf einer Vestalin, Zeit der Antoninen, Rom, Museo Palatino.

Priester und Priesterkollegien

Das Gesicht weist einige naturalistische Züge auf, die das Gesicht des Herrschers charakterisieren: Falten auf der Stirn – zur Zeit dieses Porträts musste Augustus fast 60 Jahre alt sein – und vorstehende Backenknochen, die in der späteren offiziellen Porträtkunst mehr und mehr verschwinden.

Der Kopf des Kaisers ist mit einem Ende seiner Toga bedeckt, wie es den Priestern zukam, wenn sie ein Opfer darbrachten; es ist also wahrscheinlich, dass er in der rechten Hand eine Schale hielt und in der linken den lituus, den Stab der Auguren, der aus der etruskischen Tradition stammte.

»Die Zahl und die Würde, aber auch die Vergünstigungen der Priester erhöhte er, insbesondere die der Vestalischen Jungfrauen. Und als es notwendig wurde, für eine verstorbene Priesterin eine Nachfolgerin zu bestimmen, und viele nachsuchten, ihre Töchter nicht in die Auslosung zu geben, schwor er, dass wenn eine seiner Enkelinnen das richtige Alter erreicht hätte, er sie vorschlagen würde.« (Sueton)

Die Toga war das traditionellste Kleidungsstück des römischen Bürgers; sein Gebrauch an öffentlichen Orten und während aller Feste wurde von Augustus im Rahmen seiner Politik der Restauration alter Bräuche als Pflicht eingeführt.

Als Augustus 12 v. Chr., nach dem Tod des Lepidus, pontifex maximus wurde, zog er nicht, wie es üblich war, in dessen Haus, sondern verwandelte einen Teil seiner Residenz auf dem Palatin in öffentlichen Boden.

▲ *Augustus Pontifex, aus der Via Labicana, Ende des 1. Jh. v. Chr., Rom, Palazzo Massimo.*

»Er setzte sogar einige alte Zeremonien, die nach und nach abgeschafft worden waren, wieder neu ein, wie zum Beispiel das Augurium für das Wohl des Staates, das Amt des flamen Iovis, das Luperkalienfest, die Jahrhundertspiele und das Kompitalienfest.« (Sueton, Augustus)

Priester und Priesterkollegien

Das Gesicht der Frau ist durch runde Backen gekennzeichnet, die wahrscheinlich auf die Anstrengung zurückzuführen sind, ein Blasinstrument – vielleicht eine doppelte Flöte – zu spielen, das sie in den Händen gehalten haben muss.

Die Priesterin trägt eine bodenlange Tunika und einen weiten Mantel, der auch ihren Kopf bedeckt und sie einhüllt; die beiden Enden des Mantels sind unter der Brust zum klassischen, voluminösen Isis-Knoten zusammengefasst.

Wahrscheinlich ist die Priesterin dargestellt, während sie an einer Prozession zu einem Fest teilnimmt; bei solchen Gelegenheiten waren außer den Musikern auch Spielerinnen und Tänzerinnen anwesend, die sich sonst dem Kult der Göttin widmeten.

Der aus Ägypten stammende Isis-Kult verbreitete sich in Rom seit der späten Zeit der Republik und erhielt schnell Zuspruch, vor allem durch das rettende Versprechen ewigen Lebens, das ihm Anhänger aus allen sozialen Schichten bescherte.

▲ Priesterin der Isis, aus der Via Tripoli, 2. Jh. n. Chr., Rom, Palazzo Altemps.

Das Bildnis hat eine deutliche Konnotation durch den rasierten Schädel und die Narbe eines senkrechten Schnitts; zusammen mit dem Gewand aus weißem Leinen unterschieden diese Kennzeichen die Priester der Isis von ihren Gläubigen.

Die cella *des Tempels der Isis blieb dem Klerus und den Initiierten vorbehalten, die die Mysterien der Göttin nicht an andere verraten durften. Eine lange und farbige Beschreibung der Initiationszeremonie liefert uns Apuleius, ein Schriftsteller des 2. Jh. n. Chr., der in seinem Roman* Der Goldene Esel *(oder* Metamorphoses*) erzählt, wie seine Hauptfigur Lucius in den Kult der Isis initiiert wird.*

Das Porträt des Priesters ist realistisch gehalten und zeigt uns das Gesicht eines älteren Mannes, das von zahlreichen, tiefen Falten durchzogen ist, mit kantigem Kinn, kleinen Augen und dünnen Lippen.

Nach der Legende soll Isis die verstreuten Glieder ihres Bruders und Geliebten Osiris gesucht und schließlich gefunden haben, der von dem neidischen und bösartigen Seth getötet, in eine Kiste gesperrt und in den Nil geworfen wurde. Der Göttin gelang es, den Körper ihres Liebsten wieder zusammenzusetzen und ihn zu neuem Leben zu erwecken, um von ihm ihren Sohn Horus zu empfangen.

Porträt eines Priesters der Isis, aus dem Flussbett des Tibers, Beginn des 1. Jh. v. Chr., Rom, Palazzo Massimo.

» Von den Vorschriften ... soll nichts geändert werden, was die Auswahl der Opfertiere für jeden Gott betrifft, wem erwachsene und wem Milchtiere, wem männliche und wem weibliche Tiere geopfert werden sollen.« (Cicero)

Opfer

Weiterführende Stichwörter:
Triumph, Äskulap, Auguren und Haruspices, Priester und Priesterkollegien, Votivgaben, Medizin

▼ Detail des Reliefs der *Ara Pietatis*, Zeit der Claudier, Rom, Villa Medici.

Ein Bestandteil der römischen Religion war die Opferung von Tieren, in älterer Zeit auch Menschenopfer; noch kurz vor 225 v. Chr. beschloss man, zur Besänftigung der Götter und zur Abwehr des bedrohlichen Vormarschs einer gefährlichen Schar von Galliern ein Paar Griechen und ein Paar Gallier zu opfern, die lebendig auf dem Forum Romanum begraben wurden.

Die Zeremonien, die das Opfer begleiteten, und die Auswahl des Ortes hingen von zahlreichen Faktoren ab, wie dem Anlass des Festes, der Zahl der Teilnehmer, der Jahreszeit oder den verfügbaren Ausgaben. Das ausgewählte Tier musste demselben Geschlecht angehören wie die Gottheit, der es geopfert wurde, es musste gesund sein, wohlgenährt, makellos und nie im Joch gegangen sein. Nach einer Reihe von Gunst heischenden Riten betäubte man das Opfer mit einem Axthieb und schnitt ihm die Kehle durch; sobald es ausgeblutet war, öffnete man das Tier und untersuchte seine Organe: Waren sie einwandfrei, so war das Opfer gelungen, und die Innereien konnten zubereitet werden, andernfalls war ein weiteres Opfer notwendig. Die gekochten, zerteilten und mit Wein abgekühlten Innereien wurden auf Tellern mit Fladenbrot und Salz angerichtet und als Opfergabe an die Gottheit auf dem Altar verbrannt.

Den Gläubigen war es gestattet, den Rest des Tieres aufzuessen, das gebraten und nach festen Regeln verteilt wurde, oder das übrig gebliebene Fleisch den Metzgereien und das Fell den Gerbereien zu verkaufen.

Opfer

Für die Heiligtümer konnte der Verkauf der Reste des Opfertiers eine wichtige Einnahmequelle sein.

Wer an der Opferzeremonie teilnahm, musste sich vorher der lustratio *unterziehen, der Reinigung durch Waschen oder auch nur Besprengen mit Wasser.*

Rund um den Altar versammelten sich alle, die an der Zeremonie beteiligt waren, der Zelebrant mit bedecktem Kopf, die anderen Priester und Tempeldiener, die Flötenspieler und das Publikum des Ritus. An privaten Opfern nahm die ganze Familie teil, einschließlich der Dienerschaft, zu der sich auch Gruppen von Freunden gesellen konnten.

Dem Zelebranten wurde von Helfern, Tempeldienern oder Familienmitgliedern assistiert, die neben ihm bereitstanden, um ihm die erforderlichen Gegenstände für die Zeremonie zu reichen.

Die Opferzeremonie sah eine günstig stimmende Anfangsphase vor, während der einige Gottheiten angerufen wurden, denen man Weihrauch, Wein und Fladenbrot als Gaben reichte; die Stirn des ausgewählten Opfers wurde in Wein gebadet und mit Dinkel, gemischt mit Salz, bestreut; dann wurde das Tier symbolisch mit einem Strich vom Kopf zum Schwanz gezeichnet und der Gottheit gewidmet, während ein Gebet rezitiert wurde.

▲ Relief mit Opferszene, 2. Hälfte des 3. Jh. n. Chr., Rom, Palazzo Massimo.

»*Iuppiter Tonans weihte er einen Tempel für seine Rettung, da auf dem Feldzug in Kantabrien bei einem nächtlichen Marsch ein Blitz seine Sänfte gestreift und einen Sklaven getötet hatte.*« (Sueton)

Votivgaben

Weiterführende Stichwörter:
Äskulap, Medizin

Ein zeitloser religiöser Brauch ist das *Exvoto*, die Votivgabe, die der Gottheit in der Hoffnung auf einen Gnadenbeweis oder zum Dank für die Erfüllung eines Wunsches dargebracht wird. Es gab keine Grenzen für den Wert der Gabe, von großen Tempeln, Altären und Heiligtümern bis zu preiswerten und weit verbreiteten Gegenständen aus Metall oder Terrakotta. Im antiken Rom handelte es sich überwiegend um anatomische Votivgaben, menschliche Körperteile, die fast immer von Handwerkern grob aus Ton modelliert und wahrscheinlich in Geschäften und Verkaufsständen bei den Tempeln verkauft wurden. Sie stellten Organe mit offensichtlichen Zeichen von Krankheiten dar, etwa Brüste, die durch Tumore angeschwollen und verformt waren, oder auch scheinbar gesunde Körperteile, die von Rheuma und Migräne befallen sein konnten. Oft wurden Nachbildungen weiblicher Geschlechtsteile geopfert, um einen glücklichen Ausgang der Schwangerschaft, der Geburt und der Stillzeit zu erbitten.

Zwischen dem 4. und dem 1. Jh. v. Chr. war die Gewohnheit Votivgaben darzubringen sehr verbreitet, und die Heiligtümer müssen voll davon gewesen sein, so dass es oft nötig wurde, die älteren zu entfernen, um Platz zu schaffen; ihres heiligen Charakters wegen aber durften sie nicht zerstört werden, so dass sie in eigens neben den Tempeln angelegten Gruben gesammelt wurden. In diesen Gruben fanden Archäologen daher viele Hunderte dieser Votivgaben.

▼ Votivschiff aus Ostia, Rom, Museo delle Terme.

Votivgaben

Krankheit wurde oft auf eine absichtliche oder unabsichtliche Schuld zurückgeführt, und die Votivgabe erhielt die Bedeutung, den kranken Körperteil zu ersetzen. Neben diese Ersatzgaben traten bald gnädig stimmende Gaben.

In seinem Traktat über die Medizin zählt Celsus zahlreiche Substanzen tierischer Herkunft auf, die zur Herstellung von Heilmitteln geeignet waren. So scheint Ochsengalle eine leicht abführende Wirkung zu haben, Schwalbenblut eine starke, Butter diente zur Behandlung von Magengeschwüren und Spinnweben zur Blutstillung bei Schürfwunden.

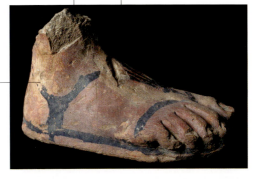

Sehr oft stellten Votivgaben nackte Füße auf Sohlen dar, manchmal ist aber auch der Schuh erkennbar. Die Gussformen, die oft direkt von menschlichen Füßen abgenommen wurden, waren zweischalig und blieben in vielen Fällen genau an der Nahtstelle gebrochen erhalten.

Der Brauch, innere Organe auf Votivgaben abzubilden, wurde mittlerweile von der katholischen Kirche verboten, aber noch in jüngerer Zeit wurden im Aostatal Gebärmütter und eine Lunge aus Silber und auf Sardinien Geschlechtsorgane dargebracht.

Im Buch der Könige wird erzählt, dass die Philister, von einer Krankheit im Rektalbereich heimgesucht, dem Gott Israels goldene Ani opferten, da sie ihn beleidigt zu haben glaubten, indem sie seine Arche entweihten.

▲ Votivgaben aus Terrakotta, aus dem Tiber, 3.–2. Jh. v. Chr., Rom, Museo delle Terme.

»Die privaten Riten sollen immer weiterleben. Die guten Verstorbenen sollen als Götter betrachtet werden; Ausgaben und Trauer für sie sollen eingeschränkt werden.« (Cicero)

Häusliche Kulte

Weiterführende Stichwörter:
Tempel und Heiligtümer

Die ältesten religiösen Bräuche waren Vorrechte des *pater familias* und eng mit der Erde und dem bäuerlichen Leben verbunden, und auch das Haus wurde dem Schutz höherer Mächte anvertraut: Der Vorratsraum wurde von den Penaten beschützt, der häusliche Herd stand unter dem Schutz der Vesta, während die Haustür durch Janus bewacht wurde; die Laren schützten generell das ganze Haus, und jede Familie hatte ihre Manen, Geister der verstorbenen Vorfahren. Laren, Manen und Penaten waren persönliche, private Götter der Familie, so wie jedes männliche Individuum seinen *genius* hatte, eine Art persönlichen Beschützer – den wir heute wohl als Schutzengel bezeichnen würden –, der über ihn wachte von der Wiege bis zur Bahre.

Innerhalb seines Hauses übte der *pater familias* die Funktionen eines Priesters aus und es war seine Aufgabe, die privaten Riten abzuhalten, die regelmäßiger Bestandteil des Lebens der Familiengemeinschaft, zu der auch die Sklaven gehörten, waren. Je nach Gelegenheit konnten diese Zeremonien sehr einfach sein und sich darauf beschränken, einige Tropfen des Getränks zu opfern, das man trinken wollte, oder auch sehr komplex, so dass sie den Gebrauch ritueller Gegenstände erforderten. Bei den einfachsten Riten assistierten die Söhne dem Vater, indem sie ihm die notwendigen Gegenstände reichten, während zu wichtigen Ereignissen Spezialisten gerufen wurden, wie z. B. Opferdiener.

▶ Tanzender Lar, Rom, Musei Capitolini.

Häusliche Kulte

Die vicomagistri – *vier für jeden* vicus, *jedes Stadtviertel – wurden jedes Jahr neu gewählt und kümmerten sich um die Organisation der Zeremonien und Opfer für den Kult der* lares compitales, *denen üblicherweise ein Schwein geopfert wurde, und den des* genius *des Kaisers, dem ein Stier zustand.*

Die Inschrift erinnert daran, dass der Altar im neunten Jahr nach Neuordnung des Kultes der Laren durch Augustus geweiht wurde.

Die vier Beamten, deren bedecktes Haupt auf ihre Funktion als opfernde Priester verweist, zelebrieren den Ritus am Altar, während neben ihnen Musiker die Zeremonie begleiten.

Zu Füßen des Altars warten zwei Opferdiener, jeder mit seinem für das Opfer vorbereiteten Tier.

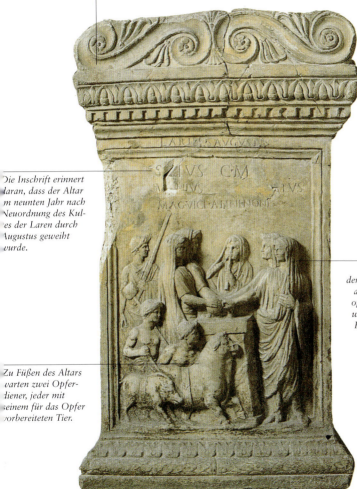

▲ Altar der *vicomagistri* des *vicus Aesculatus*, 4 v. Chr.–2 n. Chr., Rom, Musei Capitolini, Palazzo dei Conservatori.

»Warum sagt der Astrologe, dass der Stern des Jupiter oder der Venus in Konjunktion mit dem Mond ein gutes Vorzeichen für die Geburt ist, während Saturn oder Mars ungünstig sind?« (Cicero)

Folklore und Magie

Weiterführende Stichwörter:
Medizin

Die älteste römische Religion war eine Mischung aus naturreligiösen Kulten, Volksglauben und magischen Bräuchen; diese Rituale zielten vor allem auf die Beeinflussung übermenschlicher Mächte ab, die man gnädig stimmen oder sich fern halten wollte, um ihren schädlichen Einfluss zu verhindern. Magie wurde als die Kunst betrachtet, die Mächte der Natur durch spezielle Rituale zu beherrschen, ohne den Fürspruch eines höheren Wesens; für die Römer waren Aberglauben und magische Praktiken Teil ihrer normalen Beziehung mit der Gottheit, die Zeichen und Warnungen schicken konnte. Auf okkulte Künste griff man vor allem zurück, um sentimentale Probleme zu lösen, um eine begehrte Person gewogen zu stimmen, indem man ihr Liebestränke verabreichte, oder aus Hass, indem man Figuren aus Ton oder Wachs, die die verhasste Person darstellten, mit Nadeln durchbohrte und dabei Zaubersprüche murmelte, in der Hoffnung, diese tot oder verunstaltet zu sehen. Großen Zulauf hatten auch die orientalischen Astrologen, die so genannten Chaldäer, die behaupteten, die Zukunft in den Sternen und in Zahlen lesen zu können. Obwohl 139 v. Chr. ihre Vertreibung beschlossen worden war, wurden die Astrologen weiterhin von den kleinen Leuten befragt, die sich leicht von Betrügern täuschen ließen, aber auch von Gebildeten selbst Kaiser Tiberius unternahm nichts, ohne vorher seinen persönlichen Astrologen Trasillus befragt zu haben.

▼ Hermetisch schließende Gefäße aus Blei, aus der Quelle der Anna Perenna, Rom, Museo delle Terme.

Folklore und Magie

Die Betrachtung der *defixiones*, römische »Fluchtäfelchen«, belegt die zahllosen Gründe, die Menschen jeder sozialen Schicht dazu bewegten, mittels höllischer Gottheiten ihr Bedürfnis nach Rache zu befriedigen, wobei sie ihren Hass oft mit sehr kruden Worten bezeugten; leider ist es nicht immer möglich, die Zeichen und Zeichnungen richtig zu deuten.

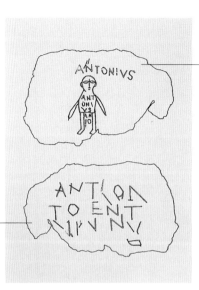

Auf dem Blatt ist grob stilisiert ein gewisser Antonius dargestellt, dessen Name mehrmals wiederholt wird, wahrscheinlich um Gewissheit zu haben, dass die Verwünschung auch fehlerfrei ihr Ziel trifft.

Zwischen Kopfansatz und Hals der Figur wurde ein Stück Knochen gefunden; dieses Merkmal wiesen auch andere, ähnliche Figuren in demselben Zusammenhang auf.

Diese anthropomorphe, männliche Figur aus einer Wachspaste wurde im Inneren eines Gefäßes aus Blei gefunden, das aus drei ineinandergestellten Zylindern bestand; die Statuette, deren Geschlecht, Finger und Zehen genau hervorgehoben sind, steckte kopfüber darin.

▲ Magische Gegenstände, aus der Quelle der Anna Perenna, Rom, Museo delle Terme.

Die Quelle der Anna Perenna, einer uralten römischen Göttin, wurde 2001 beim Bau einer Tiefgarage unter der Piazza Euclide entdeckt; die Identifizierung ist dank einer Weiheinschrift gesichert.

Alltagsleben

Ernährung und Tischsitten
Kleidung
Frisur und Kosmetik
Medizin
Schule und Bildung
Musik und Tanz
Spielzeug und Gesellschaftsspiel
Porträtkunst
Ehe
Kunst und Handwerk
Münze und Bank
Verkehr und Transportmittel
Zeitmessung und Kalender

◄ Toilette der Aphrodite, Detail,
aus der Villa della Farnesina,
ca. 19 v. Chr.,
Rom, Palazzo Altemps.

»Nimm grüne Datteln oder entkernte reife Datteln und fülle sie mit Nüssen oder Pinienkernen und Pfeffer; salze sie außen, frittiere sie in gekochtem Honig und serviere sie.« (Caelius Apicius)

Ernährung und Tischsitten

In der römischen Welt war die einzige Mahlzeit, die als solche bezeichnet werden konnte und für die der Tisch gedeckt wurde, das Abendessen, das man zwischen der achten und neunten Stunde einnahm; die anderen Mahlzeiten beschränkten sich auf ein schnelles Zusichnehmen einiger kalter Speisen. Für das Abendessen erhielten die Gäste Teller und Gläser, aber kein Besteck, da das Essen bereits in mundgerechten Stücken serviert wurde; bei Bedarf wurde aber ein Löffel verwendet. In der Mitte des Tisches standen die Servierplatten, Obstschüsseln und Schalen mit eingelegten Oliven in Salzlake; der Wein, der immer sehr stark war, wurde mit Wasser verdünnt, je nach Jahreszeit mit warmem oder kaltem, und manchmal mit Honig gemischt.

▼ *Domus Aurea*, Detail eines Freskos mit Stillleben.

Die gesamte frühe Zeit hindurch war das wichtigste Grundnahrungsmittel der Römer ein Brei aus Dinkel oder Gerste, da Brot erst im 2. Jh. v. Chr., als die ersten Bäckereien entstanden, zur Alltagsspeise wurde. Es wurden viele Hülsenfrüchte und viel Gemüse gegessen, und sehr beliebt waren Trockenfrüchte, die auch als Zutat für viele Süßspeisen dienten; mit Honig und Gewürzen eingekochte Früchte wurden als Beilage zu Fleischspeisen serviert. Fisch, frisch oder in Salzlake eingelegt, war ein sehr gebräuchliches Nahrungsmittel; das *garum*, eine Soße aus gesalzenem und fermentiertem Fisch mit Kräutern, und generell Fischkonserven gehörten zu den Grundnahrungsmitteln.

Ernährung und Tischsitten

Die Aufzucht von Schafen schien hauptsächlich der Herstellung von Wolle, Milch und Käse zu dienen.

Das Rezeptbuch des Apicius liefert uns sehr nützliche Informationen über die Essgewohnheiten der wohlhabenden Schichten; insbesondere fällt die große Vielfalt an Geflügel auf, darunter auch Pfauen, Fasane und Kraniche, für die Apicius immerhin sechs verschiedene Arten der Zubereitung vorschlägt.

»An Arbeitstagen habe ich nie anderes als Hülsenfrüchte und geräucherten Schweinefuß gegessen. Und wenn ein Gast kam … zum Abendessen, war das ein Vergnügen, aber nicht mit den Fischen, die man in der Stadt kauft, sondern mit Huhn und Zicklein; danach zierten Rosinen, Nüsse und getrocknete Feigen zum Abschluss die Tafel.« (Horaz)

Die Römer betrachteten schon im 5. Jh v. Chr. Weizen als gewöhnliches Lebensmittel. Der Historiker Dionysios von Halikarnass erzählt, dass die Römer Hirse und Dinkel, die während einer Hungersnot 492–491 v. Chr. aus Etrurien herangeschafft wurden, als ungewohnte Nahrung ansahen.

In der Zeit der Republik herrschte in Rom ein formelles Verbot, Rinder zu töten, mit dem Ziel, diese für die Arbeit in der Landwirtschaft zu erhalten. Daher wurden nur die alten und für die Arbeit auf den Feldern unbrauchbaren Tiere verzehrt.

»Es würde mir schwerfallen, wenn dir zum Essen ein Pfau serviert wird, dich daran zu hindern … ihn einem Huhn vorzuziehen, da du dich von Äußerlichkeiten verführen lässt, weil das ein seltener Vogel ist, der mit Gold aufgewogen wird und einen bunten Schwanz auffächert, was ein Schauspiel ist … Isst du etwa diese Federn, die du so preist? Und wenn er gekocht ist, behält er dann seine Großartigkeit?« (Horaz)

▲ Marmorrelief aus Ostia,
2. Jh. n. Chr.,
Ostia Antica, Museo Ostiense.

Ernährung und Tischsitten

In der Spätantike wurde, wie das Preisedikt Diokletians belegt, Fleisch zu einem preisgünstigen Lebensmittel und sogar Teil der kostenlosen Lebensmittelverteilungen.

Eine wichtige Rolle in der Ernährung der Römer spielte Gemüse, sowohl kultivierte als auch wilde Sorten.

Während des 2. Jh. v. Chr. wurde eine Reihe von Gesetzen gegen den Luxus erlassen (die leges sumptuariae*), die auch die lukullischen Ausschweifungen deutlich einschränkten.*

Das Werk des Apicius, eines Feinschmeckers, der zu Zeiten des Tiberius lebte, belegt eindrucksvoll die Vielfalt und Raffinesse der Kochkunst, die den höheren Schichten vorbehalten war.

Die Ernährungsgewohnheiten der Römer änderten sich radikal zwischen dem 3. und dem 2. Jh. v. Chr., als die große Ausdehnung des Reichs und die Eroberung reicher Gebiete zu einem außerordentlichen Angebot verschiedener Lebensmittel führten; die Folge waren unterschiedlichste Bedürfnisse und Wünsche und, in den wohlhabenden Schichten, die Einführung raffinierter und ausgesuchter Spezialitäten.

Wenn man sich die Mahlzeiten vorstellt, die bei den antiken Römern auf den Tisch kamen, darf nicht vergessen werden, dass in den europäischen Kochtöpfen jener Zeit einige der Grundbestandteile unserer heutigen Küche fehlten, wie Tomaten, Kartoffeln und Gartenbohnen.

▲ Bronzekessel,
aus der Quelle der Anna Perenna,
Rom, Museo delle Terme.

Das Mosaik besteht aus winzigen Steinchen aus Glaspaste und schmückte ein Becken im Thermalbereich eines Privathauses; in der dargestellten Szenerie lassen sich viele verschiedene Arten von Meerestieren erkennen.

Häufig verwendet wurden in der römischen Küche Oliven, sowohl ganz, als auch kleingehackt oder als Paste zermahlen. Serviert wurden sie von der Vorspeise bis zum Nachtisch.

Die Verwendung der Finger anstelle einer Gabel führte zu einem ständigen Bedürfnis, sich die Hände zu waschen: daher hielten die Sklaven Schalen bereit, aus denen sie parfümiertes Wasser auf die Hände der Eingeladenen gossen.

▲ Detail eines Mosaiks mit Meereslandschaft, aus der Nähe von San Lorenzo in Panisperna, Ende des 2./Beginn des 1. Jh. v. Chr., Rom, Musei Capitolini.

»In großen Teilen Italiens ... trägt keiner eine Toga, wenn er nicht tot ist. Sogar an Festtagen ... reicht eine weiße Tunika als Bekleidung für ein hohes Amt. Bei uns aber ist die Eleganz der Kleider alles.«
(Juvenal)

Kleidung

Weiterführende Stichwörter:
Frisur und Kosmetik, Bestattung

▼ Büste des Pupienus mit *toga contabulata*, ca. 23. n. Chr., Rom, Musei Capitolini.

Die alten Römer stellten ihre Kleider vor allem aus Wolle her, die billig war und in verschiedenen Regionen des Reichs hergestellt wurde; die besten Wollstoffe kamen aus Milet und aus dem Belgischen Gallien, das vor allem für seine schweren Stoffe berühmt war, die sich für das rauhe Klima in Nordeuropa eigneten. Nur die obersten Schichten konnten sich Kleider aus Baumwolle, Leinen oder einem hauchdünnen Stoff aus Kos leisten, der laut Plinius die Frauen nackt aussehen ließ. Schon seit dem 3. Jh. v. Chr. wurde chinesische Seide importiert, die roh in den Westen kam, um dort gefärbt, gewebt und dann durch die punischen Handelshäuser von Tyros und Berytus vertrieben zu werden. Seide war ein so wertvolles Gut, dass selbst Kaiser Aurelian seine Frau daran hinderte, sich einen Mantel aus purpurroter Seide zu kaufen, weil er zu teuer war; das Preisedikt Diokletians im Jahr 301 legte den Preis eines Kilogramms Rohseide auf ganze 4000 Goldmünzen fest.

Mit der Zeit kam es zu Fälschungen, indem alte Stoffe aufgelöst und mit einem anderen Faden neu gewebt wurden, um das Volumen zu erhöhen. Erst als zur Zeit Justinians zwei Mönche einige Seidenraupen aus China mitbrachten, wurden in Konstantinopel erste Anlagen zur Zucht der Seidenraupen und zur Seidenproduktion errichtet, um den orientalischen Märkten das Verkaufsmonopol dieses teuren Stoffes zu entreißen.

Kleidung

Die Toga der republikanischen Zeit
(...ga exigua) war kürzer und lag enger
...m Körper an; sie bestand aus einem
halbkreisförmigen Stück Wollstoff,
...essen beide Enden der geraden Seite
laciniae *genannt wurden.*

Die Statue, wahrscheinlich eine Grab-
skulptur, stellt eines der spätesten
Beispiele der Bildhauerkunst der
republikanischen Zeit dar.

...ie Toga der Kaiserzeit
...urde aus einem elip-
...enförmigen Stoffstück
...rapiert; das erhöhte
...ochmals den Ver-
...rauch an Stoff, der
...un längs der gefalteten
...Mittellinie auch 5 m
...ng sein konnte, und
...achte das Anlegen
...u einer sehr kompli-
...erten Operation.

Der rechte Arm liegt
vor der Brust in den
Falten der Toga, die
Hand hält den balteus,
die gerade Seite des
Stoffes. Die Toga
konnte je nach den
Anforderungen an die
Beweglichkeit auf
unterschiedliche Weise
drapiert werden; so
wie sie an dieser Statue
dargestellt ist, erlaubte
sie praktisch keinerlei
Bewegung mit dem
rechten Arm, der fast
an den Oberkörper
gefesselt scheint.

...n Alltagsleben war die
...oga ein sehr unbeque-
...es und umständliches
...ewand und wurde
...icht gern getragen,
...uch weil es uner-
...ässlich war, den Stoff
...akellos sauber und
...orrekt drapiert zu
...alten; Ordnung und
...Würde wurden gewisser-
...aßen als Bestandteil
...es Gewands ange-
...ehen.

Die lacinia *fällt in ordentlichen,*
parallellen Falten bis zum Fußknö-
chel herab und verbirgt zum Teil
eine auf dem Boden stehende Zista.

Toga-Statue,
...nde des 1. Jh. v. Chr.,
...om, Palazzo Altemps.

Kleidung

Die Skulptur wurde lange als Figur eines Dakers interpretiert, aufgrund ihrer Ähnlichkeit mit den Statuen jener gefangenen Daker, die das Trajans-Forum schmückten, bevor sie für die Attika des Konstantins-Bogens wiederverwendet wurden. Jüngeren Untersuchungen zufolge aber muss die Statue um mehr als ein halbes Jahrhundert zurückdatiert werden, so dass diese Identifizierung nicht mehr haltbar ist.

Die Statue aus Marmor »Giallo Antico« wurde umfassend restauriert, wobei die unbedeckten Teile aus schwarzem englischen Marmor und Teile der Beine, Arme und des Rumpfs aus »Giallo Antico« hinzugefügt wurden; auch die Mütze geht auf die Restaurierung zurück.

Der Mantel, der sehr steif bis zum Boden herabfällt, diente wahrscheinlich als Stütze der Statue und als Fläche, die an die Wand angelehnt wurde; dafür spricht auch die grob ausgeführte Rückseite des Mantels.

Die dargestellte Person trägt Kleider orientalischer Machart, eine A Hosen (bracae) und ein kurze Tunika, die unte der Brust mit einem Ban gegürtet ist; an de rechten Schulter ist e schwerer Mantel befestig

▲ Statue eines Dakers, julisch-claudische Zeit, Rom, Palazzo Altemps.

Seit der Zeit der Antoninen begannen nicht nur die Soldaten, sondern auch römische Bürger, die nach Nordeuropa gingen, Hosen zu tragen, die bequemer und für ein rauheres Klima geeigneter waren.

Dieser quinarius, *ausgegeben von Hadrian zwischen 119 und 132, liefert uns das, was die Archäologen den* terminus post quem *nennen: den »Moment, nach dem« die Bestattung erfolgte.*

Die Rückseite der Münze erscheint gegenüber der Vorderseite um 180 Grad gedreht, also kopfstehend; fast immer sind Vorder- und Rückseiten der Münzen unterschiedlich ausgerichtet; bei ihrer Beschreibung wird daher stets der Grad angegeben, um den die Achse der Rückseite von der der Vorderseite abweicht.

Zu derselben Ausstattung gehörten auch ein Ring und ein Paar einfacher Ohrringe aus Gold sowie zwei Griffel aus vergoldeter Bronze.

Der quinarius *war eine Silbermünze im Wert eines halben Denars; in Bronzemünzen war ein* quinarius *zwei Sesterzen und fünf* asses *wert.*

Kleiner Anhänger mit Münze
Hadrians, aus der Nekropole der
Via Ostiense, nahe der Basilika
San Paolo fuori le mura,
Mitte des 2. Jh. n. Chr.,
Rom, Palazzo Massimo.

Kleidung

Die Tunika bestand aus zwei zusammengenähten rechteckigen Stoffstücken, die in der Taille von einem Gürtel zusammengehalten wurden. Etwa im 3. Jh. wurden in wohlhabenden Kreisen Talare modern, fersenlange Tuniken, die reich bestickt waren. Um sich vor der Kälte zu schützen war es unerlässlich, über der Tunika einen Mantel mit einer Kapuze, die unter dem Kinn geschlossen war, zu tragen.

Im Haus trugen alle nur eine Tunika, die Frauen auch eine Art Vorfahr des Büstenhalters: eine Binde, die manchmal gefüttert war und den Busen hielt und stützte.

Die dargestellte Person ist ein ein Totengräber, der in der rechten Hand einen Spaten hält, ein für seine Arbeit unentbehrliches Werkzeug.

▲ Fresko, 2. Hälfte des 4. Jh. n. Chr., Catacomba dei Santi Pietro e Marcellino.

»Grundlos kratzt sie sie und entreißt ihr die Haarnadeln. Sie bohrt sie sich wütend in die Arme, und kämmt und verwünscht die Herrin, blutet und weint über den verhassten Haaren.« (Ovid)

Frisur und Kosmetik

Die römischen Matronen machten umfangreichen Gebrauch von kosmetischen Produkten: farbige Tonerden wurden für Make-up und Schönheitsmasken verwendet, während ein schwarzes Pulver, dem ägyptischen *khol* ähnlich, dazu diente, die Augen zu verschönern; um Haare zu färben, benutzte man Substanzen wie das aus Ägypten importierte Henna oder *sapo*, eine rote Farbe aus Ziegenfett und der Asche von Buchenscheiten, die in Germanien produziert wurde. Die parfümierten Öle und Salben waren zweifellos Luxusgüter, auch wenn der Bedarf der lokalen Märkte durch verschiedene vorstädtische Anbaugebiete zu niedrigeren Preisen gedeckt wurde und die reichen Familien ihre Güter auch für die Produktion von Parfums für den persönlichen Gebrauch nutzten.

Die Männer, die über Jahrhunderte hin lange Haare und ungepflegte Bärte getragen hatten, übernahmen im 3. Jh. v. Chr. die griechische Mode der kurzen Haare und rasierten Gesichter. Nach dem Ende der Republik wurden die männlichen Frisuren raffinierter und die Barbiere erhielten deutlich mehr Arbeit, als sie begannen, die kurzen Haare mit dem *calamistrum* zu bearbeiten, einem auf Kohlen erhitzten Eisen, mit dem man Locken legte. Ein neuer Trend kam im 2. Jh. n. Chr. auf, als sich die philohellenischen Kaiser ab Hadrian wieder Bärte stehen ließen und einige sich blond zu färben begannen – bis hin zu den Exzessen des Commodus, der sich mit Goldpuder einrieb.

Weiterführende Stichwörter: Kleidung

▼ Porträt einer julisch-claudischen Prinzessin, Zeit Neros, Rom, Palazzo Massimo.

Frisur und Kosmetik

Der Brauch, sich den Körper mit Ölen und Salben einzureiben und die Kleider ausgiebig zu parfümieren, war in der römischen Gesellschaft tief verankert und ging auf die ersten Importe von Duftstoffen aus dem Orient aus der Zeit nach dem Krieg gegen Antiochus von Syrien zurück.

Das Mädchen ist dabei, Parfum aus einem runden Töpfchen (askos) in eine winzige Amphore umzugießen.

Anders als heute erfolgt die Gewinnung von Duftessenzen durch Auflösung in Fetten, denen Zusatzstoffe hinzugefügt wurden, um die Verdunstung zu verlangsamen.

Nur die Wohlhabenderen konnten sich Kleider aus Baumwolle, Leinen oder feinstem Gewebe aus Kos leisten.

▲ Weibliche Figur beim Umfüllen eines Parfums, Detail, aus der Villa della Farnesina, ca. 19 v. Chr., Rom, Palazzo Massimo.

Schuhe für Männer und Frauen gleichermaßen waren die calcei, kurze Stiefelchen, die aus einer Sohle und vier Bändern bestanden, die um den Spann des Fußes und das Bein geschlungen wurden; zu Hause trug man bequeme Sandalen, mit denen auszugehen jedoch als unschicklich galt. Die Frauen trugen oft – nicht sehr hohe – Absätze, die durch eine einfache Verdickung der Sohle erreicht wurde.

Die erste typisch italische Frisur entstand gegen Ende der Republik, die so genannte Frisur der Octavia; sie bestand aus einer weichen, aufgestellten Locke über der Stirn und einem Zopf, der auf dem Hinterkopf zu einem Knoten gedreht war, und wurde, unabhängig vom Alter, von allen Frauen von hohem Rang getragen.

Ovid empfiehlt in seiner Ars amandi *seinen Leserinnen, sich schön zu machen und Schminke und Kosmetik dezent aufzutragen, um ihrem Liebhaber begehrenswerter zu erscheinen.*

In älterer Zeit wurden die Haare sehr einfach getragen und kaum mit Salben und Parfums behandelt.

▲ Porträt eines Mädchens, Zeit des Augustus, Rom, Palazzo Massimo.

In der Zeit der Republik galt den römischen Frauen Schönheit als Spiegel ihrer Tugenden und Talente als Hüterin des häuslichen Herds; Gesicht und Frisur sollten also diese Tugenden widerspiegeln.

175

Frisur und Kosmetik

In der Zeit der Flavier setzte sich die Mode durch, die eigenen Haare mit Haarteilen aus Löckchen zu ergänzen, die wie ein Kranz über die Stirn gelegt wurden. Die Vorliebe, die eigenen Haare so zu immer größeren Bergen von Löckchen aufzutürmen, dauerte die ganze Zeit Trajans hindurch an.

Als besonders schön galten blonde Haare, die jedoch eher einer Kurtisane als einer ehrbaren Matrone würdig erachtet wurden.

Gegen Ende des 2. Jh. n. Chr., erzählt Tertullian, trugen einige Frauen ihre Haare lockig, während andere sie in berechneter Schlichtheit offen im Wind flattern ließen; wiederum andere trugen enorme falsche Haarteile, die die Form einer Pelzmütze hatten.

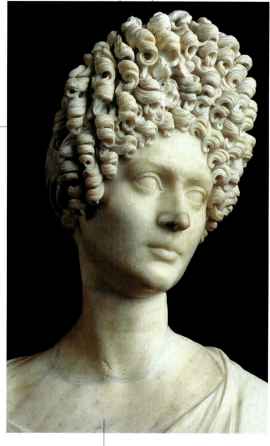

▲ Porträt aus der Zeit der Flavier, Rom, Musei Capitolini.

Schon in der frühen Kaiserzeit kam der Brauch auf, sich die Haare zu färben, um graue Haare zu verbergen; wahrscheinlich aber auch, um mit der Schönheit jener Frauen konkurrieren zu können, die aus den eroberten Provinzen nach Rom kamen.

Die Pflege der Kleidung war Dienern anvertraut, die die Aufgabe hatten, jeden Abend die zahllosen Falten der Männer- und Frauengewänder in Ordnung zu bringen.

Die Machart der Kleider war eher eintönig, jedoch unterschieden sich vor allem die Frauenkleider durch die Vielfalt ihrer Farben und deren lebhafte Kombination sowie durch die vielen Accessoires und Schmuckstücke, die die Frauen je nach ihren finanziellen Möglichkeiten trugen.

Lucilla wurde um 148 n. Chr. als Tochter Mark Aurels und Faustina der Jüngeren geboren; als 16-jährige wurde sie die Braut des Lucius Verus, des Adoptivbruders und Mitregenten ihres Vaters. Nach dem Tod ihres Gatten im Jahr 169 n. Chr. wurde sie gegen ihren Willen vom Vater wieder verheiratet. Sie intrigierte erfolglos gegen ihren Bruder Commodus, wurde nach Capri ins Exil geschickt und schließlich ermordet.

Lucilla, 2. Hälfte des 2. Jh. n. Chr., Rom, Museo delle Terme.

Die Prinzessin trägt eine unter der Brust gegürtete Tunika aus Wollstoff (stola) *und ist in einen Mantel gehüllt, der auch ihren Kopf bedeckt. Das war der einzige Schutz der römischen Frauen gegen die Kälte.*

177

Frisur und Kosmetik

Diese in der Mitte gescheitelte und stark gewellte Haarpracht ist in Wirklichkeit eine Perücke und die typische Frisur, mit der sich Iulia Domna in der ersten Zeit der Regierung ihres Mannes zeigte.

Die meisten Fraue trugen keine Perücke und kämmten sich nu

Die Gesichtszüge Iuli Domnas entspreche zwar dem allgemeine klassizistischen Ge schmack, identifiziere sie dennoch durch ihr hohen Backenknocher die Adlernase und d. großen Augen m. schweren Augenbraue als Orientalin

Die zwei kleinen Löckchen an den Wangen sind wahrscheinlich Strähnen ihres eigenen Haars, die aus der Perücke gerutscht sind oder kunstvoll arrangiert wurden.

▲ Porträt der Iulia Domna, Ende des 2. Jh. n. Chr., Rom, Palazzo Massimo.

Iulia Domna, eine Syrerin aus Emesa, war die zweite Frau des Kaisers Septimius Severus, der aus Leptis magna stammte; als intelligente und ehrgeizige Frau übte sie während der Regierungszeit ihres Mannes und ihres Sohnes Caracalla großen Einfluss auf das politische Leben aus.

Die Außenseite des Spiegels ist mit einem Relief geschmückt, das den Mythos von Phrixos und Helle, den Kindern von Athamas und Nephele, darstellt: als Ino, die zweite Frau des Vaters, die Kinder zu töten versucht, verhilft ihnen ihre Mutter zur Flucht auf einem Widder mit goldenem Fell.

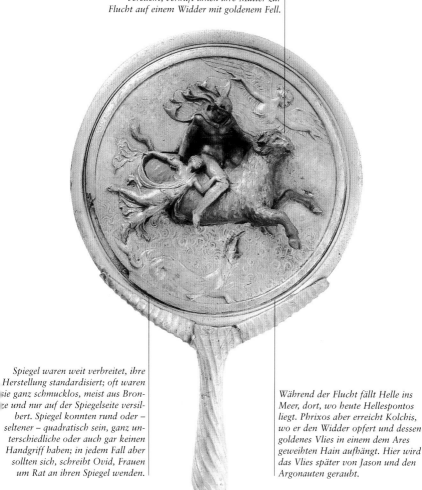

Spiegel waren weit verbreitet, ihre Herstellung standardisiert; oft waren sie ganz schmucklos, meist aus Bronze und nur auf der Spiegelseite versilbert. Spiegel konnten rund oder – seltener – quadratisch sein, ganz unterschiedliche oder auch gar keinen Handgriff haben; in jedem Fall aber sollten sich, schreibt Ovid, Frauen um Rat an ihren Spiegel wenden.

Während der Flucht fällt Helle ins Meer, dort, wo heute Hellespontos liegt. Phrixos aber erreicht Kolchis, wo er den Widder opfert und dessen goldenes Vlies in einem dem Ares geweihten Hain aufhängt. Hier wird das Vlies später von Jason und den Argonauten geraubt.

▲ Silberner Spiegel,
aus einem weiblichen Grab
auf dem Gut von Vallerano,
Zeit der Antoninen,
Rom, Palazzo Massimo.

Frisur und Kosmetik

Die römischen Frauen wandten bei der Frisur ihrer Haare viele Kunstgriffe an und schmückten sie manchmal mit Haarnetzen aus Goldfäden, die mit Reifen oder Bändern am Kopf befestigt wurden.

Den Gebrauch von goldenen Haarnetzen bezeugen einige Fresken in Pompeji und auch enkaustische Porträts auf Sarkophagen, die in der Oase von Fayyum in Ägypten gefunden wurden.

Das Netz besteht aus einer mehrfädigen Goldkordel aus mikroskopisch kleinen Metallstreifen, die zu einem Faden mit einem Durchmesser von knapp einem Zehntelmillimeter gedreht waren.

Die römischen Matronen verwandten viel Sorgfalt auf ihre Haartracht, da eine Frau nicht als elegant galt, wenn ihre Haare nicht aufwendig frisiert waren.

▲ Goldenes Haarnetz, Rom, Palazzo Massimo.

Nach Ovid »verlangt ein langes Gesicht nur nach einem Scheitel über der Stirn, die frei von Beiwerk bleiben soll. Ein rundes Gesicht erfordert, dass die Haare zu einem hochsitzenden Knoten zusammengesteckt werden und die Ohren frei bleiben. Ein anderes Gesicht bedarf der offen auf die Schultern herabfallenden Haare.«

Seit der Zeit der Severer verbreitete sich eine Frisur, bei der die Haare in der Mitte gescheitelt und hinten wellig und gebauscht zusammengesteckt wurden; daraus entwickelte sich die unter den Kaiserinnen, Prinzessinnen und Damen des 3. Jh. am meisten verbreitete »Helmfrisur«.

Bis zu ihrer Heirat trugen die Mädchen ihre Haare einfach in der Mitte gescheitelt und zu einem Pferdeschwanz gebunden oder zu Zöpfen geflochten, oft mit Ponyfransen über der Stirn.

In der Kaiserzeit waren es die Ehefrauen der Herrscher und die ranghohen Prinzessinnen, die über den Erfolg einer Frisur bestimmten; Moden verbreiteten sich vor allem über die Porträts der Kaiserinnen auf den Münzen, die in jeden Winkel des Reichs gelangten.

▲ Porträts aus der Zeit der Severer, Rom, Musei Capitolini.

Frisur und Kosmetik

Etruscilla ist auch auf Münzen mit dieser charakteristischen »Helmfrisur« dargestellt, die aus einem sehr breiten und flachen Zopf bestand, der über den Kopf gelegt wurde.

Das Diadem über der Stirn lässt die Identifizierung als Kaiserin zu; wahrscheinlich war sie die Ehefrau des Decius, der nur zwei Jahre lang von 249–251 n. Chr. regierte, in denen er gegen die Karpen und die Goten kämpfte. Als stolzer Verfechter römischer Traditionen war er der Meinung, nur durch deren Einhaltung könne die Gefahr gebannt werden.

In einem Edikt verordnete Decius der gesamten römischen Gesellschaft die Götter zu bitten, ihre Gunst wieder auf das Schicksal des Reichs zu lenken; er leitete die erste, wenn auch kurze, große Christenverfolgung ein durch den Beschluss, dass jeder, der sich weigerte, den Göttern zu opfern, mit größter Härte bestraft werden müsse.

▲ Porträt der Etruscilla, von der Via Appia Nuova, Mitte des 3. Jh. n. Chr., Rom, Palazzo Massimo.

»Ich werde nicht über die Habgier und die gefräßigen Händler in den Betten der Sterbenden klagen, den Preis für die Linderung der Schmerzen, die Anzahlung auf den Tod, die Tricks, wie den Katarakt zu mildern, aber nicht zu entfernen.« (Plinius)

Medizin

Jahrhundertelang blieb die Medizin in Rom Teil der Magie und Religion Sphäre und die Anwendung von Heilmitteln war dem *pater familias* vorbehalten. Erst nach der Eroberung der griechischen Provinzen gelangten die ersten wirklichen Ärzte in die Hauptstadt, denen es jedoch nie gelang, die alten Heilpraktiken ganz zu verdrängen. Die zentrale Verwaltung interessierte sich lange nicht für die Gesundheit des Volkes. Erst in der Kaiserzeit wurde langsam mit der Organisation einer Art Gesundheitsdienst begonnen, der sich um die ärmeren Klassen kümmerte, die nicht auf kostspielige private Betreuung zählen konnten oder auf wohltätige Vereinigungen, die mit der Verbreitung des Christentums aufkamen. Die ersten öffentlichen Ärzte Roms gab es ab dem 4. Jh., als eine Institution ähnlich dem heutigen Hausarzt geschaffen wurde: 14 *archiatri*, einer für jede Region der Stadt, behandelten die ärmeren Schichten kostenlos, stellten Krankheitsscheine aus, verfassten Unfallberichte, genehmigten Beerdigungen und wurden bei Epidemien oder Katastrophen einberufen. Die Kandidaten mussten eine Prüfung ablegen, die durch die amtsinhabenden *archiatri* abgenommen wurde. Sie erhielten ein festes Gehalt und genossen einige Privilegien.

Weiterführende Stichwörter:
Äskulap, Votivgaben, Folklore und Magie

▼ Trajans-Säule, Detail mit Szene, in der verletzten Soldaten Erste Hilfe geleistet wird.

183

Medizin

Das Relief aus vergoldeter Terrakotta stellt eine Geburtsszene dar, bei der der Gebärstuhl des Soranus von Ephesus verwendet wird, eines Arztes, der während der Regierungszeit Trajans und Hadrians lebte und Autor mehrerer Traktate war. Unter seinen erhaltenen Schriften ist eine Dissertation über die Gynäkologie in vier Büchern mit Informationen über Methodik und Instrumente.

Der Beruf der Hebamme (obstetrix) wurde fast ausschließlich von Frauen ausgeübt; ein Arzt wurde zu Geburten nur hinzugezogen, wenn es zu Komplikationen kam. Die Hebammen konnten für eine Zeugenaussage vor Gericht bestellt werden, um in Scheidungsfällen über die Dauer einer Schwangerschaft Auskunft zu geben.

Außer Allgemeinärzten gab es auch Spezialisten wie den Chirurgen für äußere Verletzungen und den Augenarzt. Nicht immer haben wir Informationen über deren Behandlungsmethoden, aber in einigen Fällen wurden in antiken Quellen wertvolle Anmerkungen überliefert.

▲ Grabplatte der Scribonia Attice, aus der Nekropole von Porto, ca. 140 n. Chr., Ostia Antica, Museo Ostiense.

In den acht Büchern seines Traktats der Medizin erklärt Celsus, ein Gelehrter des 1. Jh., mit großer Genauigkeit und Vollständigkeit, wie Augen mit Augentropfen und Medikamenten zu behandeln sind, aber auch, wie die Linse chirurgisch operiert werden soll.

Die ersten seriösen medizinischen Schulen entstanden in Rom erst mit der Ankunft des Galenos, der für eine gute Ausbildung mindestens zwei Jahre des Studiums der Logik und der Philosophie sowie weitere vier der Anatomie und der Physiopathologie für notwendig erachtete. Im Jahr 200 n. Chr. führte Septimius Severus eine Art Staatsexamen als Bedingung für die Ausübung des Arztberufs ein.

Die Kaiser hatten ihre persönlichen Ärzte, denen der Titel »Arzt des Hauses des Augustus« verliehen wurde; der berühmteste von ihnen war sicherlich Galenos von Pergamon, der Arzt Mark Aurels und ein hervorragender Pharmazeut Hersteller vor allem von Kräuterextrakten, die er auch in seinem Labor an der Via Sacra verkaufte.

Bis zum 3. Jh. n. Chr. gab es in Rom keinerlei staatliche Kontrolle der wissenschaftlichen Ausbildung der Ärzte, ebenso wenig eine Überwachung der korrekten Ausübung der Heilkunde.

Die ärmeren Schichten konnten sich nicht nur die Behandlung durch einen der teuren, berühmten Ärzte nicht leisten; sie waren oft nicht einmal in der Lage, die grundlegendsten Vorbeugemaßnahmen zu befolgen und blieben daher traditionellen Heilern ausgeliefert oder empfahlen sich der göttlichen Vorsehung.

▲ Leser mit Schriftrolle in Lesehaltung, Detail eines Sarkophags mit Figur eines Arzt-Philosophen, Ostia Antica, Museo Ostiense.

»Es soll vermieden werden, dass ein Kind, das noch nicht in der Lage ist, das Lernen zu lieben, dieses zu hassen beginnt und traumatisiert wird ... Für das Kind muss Lernen ein Spiel sein.«
(Quintilian)

Schule und Bildung

Weiterführende Stichwörter:
Vergil und Maecenas,
Kaiserforen

Die ersten Hauslehrer, vor allem Sklaven aus dem gerade eroberten Griechenland, hatten zu Beginn des 3. Jh. v. Chr. wohlhabende römische Familien; wenig später wurden die ersten Schulen gegründet. Dort unterrichtete der *gramaticus* Kinder und Jugendliche indem er ihnen die Werke der wichtigsten lateinischen Autoren und die Zwölftafelgesetze beibrachte, die junge Römer als Grundlage von Moral, Bürgertugenden und Heimatliebe auswendig lernen mussten. Die größeren Jungen hingegen nahmen Stunden bei einem Rhetor, um Theorie und Praxis der Eloquenz zu erlernen; nur die Söhne der reichsten Familien konnten es sich leisten, ihre Ausbildung mit einem Aufenthalt in Griechenland abzuschließen. Diese letzte Etappe in der Ausbildung der jungen Römer wurde üblicherweise in einer der berühmten Philosophie- oder Rhetorikschulen, etwa von Athen oder Rhodos, absolviert und ist unserer universitären Ausbildung gleichzusetzen.
Eine der öffentlichen Schulen Roms befand sich in den Säulengängen der Basilica Argentaria im Caesar-Forum; hier sind noch wertvolle Graffiti aus dem 2. Jh. sichtbar, die uns Anhaltspunkte für die die Ausrichtung der Schulen geben: lateinische und griechische Alphabete eine griechische Schreibübung, eine Übung der Deklinationen und Anmerkungen zu Vergil, dessen Anfangsverse des ersten Buches der *Aeneis* ganze sieben Mal auftauchen. Weitere Schulen befanden sich im Augustus- und im Trajans-Forum.

▼ Kleines Rechenbrett, Rom, Museo Nazionale Romano.

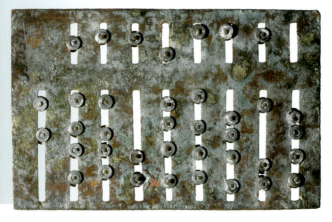

Schule und Bildung

Der Verstorbene ist von Gegenständen umgeben, die auf das Schreiben und Lesen verweisen; zu seiner Rechten steht eine Kiste, die wahrscheinlich Bücher enthielt.

Dieses Objekt ist wohl als Schreibtischgarnitur anzusehen, in dem sich der Griffel und alles andere befand, was dem Verstorbenen für seine berufliche Tätigkeit diente.

Unter den nicht realisierten Projekten Julius Caesars scheint auch der einer griechischen und lateinischen Bibliothek gewesen zu sein, deren Verantwortlicher der große Gelehrte Varro hätte werden sollen.

Ein aufgeschlagenes Buch liegt auf dem Boden, zwei weitere liegen rechts vom Verstorbenen, der selbst einen aufgeschlagenen Codex in seinen Händen hält.

Auf der linken Seite der Figur steht ein Behälter mit Papyrusrollen, obenauf liegt eine geschlossene Rolle.

◀ *Arcosolium* (Bogengrab)
in der Gruft des Trebius Iustus,
4. Jh. n. Chr.

Schule und Bildung

Bei der Auswahl der Texte, die die Kinder abschreiben mussten, bis sie sie auswendig beherrschten, wurden Sammlungen moralischer Sprüche bevorzugt, die den jungen Menschen ihr ganzes Leben lang von Nutzen sein sollten.

Die kleine Schülerin ist schreibend mit Griffel und Schreibtafel in der Hand dargestellt.

▲ Detail eines Sarkophags, 3. Jh. n. Chr., Rom, Museo Nazionale Romano.

Hauslehrer waren ein Luxus, den sich nur die wohlhabendsten Familien leisten konnten, während die weniger begüterten Schichten auf die öffentlichen (aber nicht staatlichen) Schulen angewiesen waren, die wahrscheinlich schon im 4. Jh. v. Chr. eine elementare Schulbildung anboten.

Die Oberschule im Trajans-Forum blieb mindestens bis zum Ende des 4. Jh. aktiv und zeugt so von der intellektuellen Lebendigkeit der Stadt in einer Zeit, die bereits den Untergang des Reichs markierte. Die Nähe von zwei Bibliotheken musste das Augustus- und das Trajans-Forum zu bevorzugten Orten des römischen Kulturlebens machen.

Die Lehrer verdienten nicht viel. Wenn man bedenkt, dass das Preisedikt des Diokletian das Gehalt eines Elementarschullehrers auf 50 Denare pro Schüler im Monat festsetzte, so musste dieser eine Klasse von 30 Schülern unterrichten, um das Einkommen eines Handwerkers zu erreichen.

Ein höheres Gehalt erzielten die Lehrer der Mittel- und Oberschulen, für die Diokletian eine Bezahlung von 200 bis 250 Denare pro Schüler festsetzte.

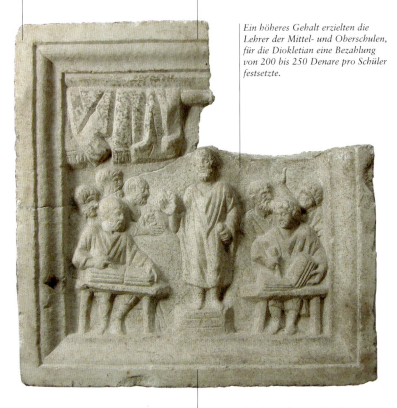

▲ Sarkophag mit Schulszene, Ostia Antica, Museo Ostiense.

Der römischen Einstellung nach sollten öffentliche Ämter nicht bezahlt werden; Augustus aber wollte durch die Entlohnung intellektueller Arbeit einer Berufssparte ihre Würde zurückgeben, die trotz ihrer Verantwortung für die Ausbildung der zukünftigen Bürger am unteren Ende der sozialen Rangordnung stand. So setzte er ein großzügiges Honorar fest, als er Verrius Flaccus die Erziehung seiner beiden Enkel anvertraute.

»In Häusern, die berühmt waren für ihre Bildung, ... erklingen jetzt Lieder ... anstelle eines Philosophen steht heute ein Sänger und anstelle des Redners ein Meister der darstellenden Künste.«
(Ammianus Marcellinus)

Musik und Tanz

Weiterführende Stichwörter:
Musen, Theater

In der Welt der Römer blieben Musik und Tanz jahrhundertelang ausschließlich auf wichtige Ereignisse wie feierliche Zeremonien oder Bestattungen beschränkt und erst im 2. Jh. v. Chr., als sich die griechische Kultur durchsetzte, wurde die Musik zu einer eigenständigen Kunstform. Bald setzte sich der Brauch durch, Musiker und Tänzerinnen bei Festessen und privaten Feiern auftreten zu lassen, und es entstanden zwei neue Kunstformen, die auf den Fertigkeiten eines Solisten beruhten, Mimos und Pantomimos. Der Tanz wurde vor allem von Frauen aufgeführt: die Syrerinnen zeichneten sich darin aus, zum Klang eines der Harfe ähnlichen Instruments zu tanzen, während die Mädchen von Kos, in das leichte Gewebe gehüllt, das auf ihrer Insel hergestellt wurde, eine Art Schleiertanz ausführten und die spanischen Tänzerinnen sich zum Klang von Klappern bewegten, der Vorläufern der Kastagnetten.
Es gab viele berühmte Schauspieler und Musiker, echte Diven der antiken Welt, aber daneben auch eine große Menge von fahrenden Künstlern, die auf Straßen und Plätzen für die kleinen Leute spielten, die sie am Ende der Vorstellung mit bescheidenen Gaben entlohnten. Unter den Adligen wiederum gab es viele, die sich mit dem Spiel der Lyra oder der Flöte die Zeit vertrieben und an Wettbewerben teilnahmen, wie es auch Nero gerne tat.

▼ Zylindrische Säulenbasis mit Tänzerinnen, Zeit des Augustus, Rom, Palazzo Altemps.

Musik und Tanz

Unter den zahlreichen Figuren, die diesen großen Sarkophag bevölkern, erscheint auch ein Hornist, der mit der linken Hand den Quersteg des Instruments hält. Dieses wurde vor allem von den Heeren in der Schlacht benutzt, tauchte aber auch bei religiösen Zeremonien und Bestattungen auf.

Das Horn war ein Blasinstrument aus Bronze, das einer stark gebogenen Trompete glich und sich durch einen Quersteg auszeichnete, damit das Instrument auf der Schulter abgestützt werden konnte und damit handlicher wurde.

Bei den Römern wurden viele Ereignisse des Gemeinschaftslebens von Gesang und Musik begleitet, wobei die Blasinstrumente die absolut wichtigste Rolle spielten, anders als in Griechenland, wo das vorherrschende Instrument die Lyra war.

▲ Sarkophag »Grande Ludovisi«, Detail, aus der Vigna Bernusconi bei der Porta Tiburtina, Mitte des 3. Jh. n. Chr., Rom, Palazzo Altemps.

Dem Horn ähnlich war die bucina, die aber im Gegensatz dazu aus Horn gefertigt war. Sie wurde ursprünglich nur für Signale innerhalb der Militärlager benutzt, später aber auch in der Schlacht.

Musik und Tanz

Zweimal im Jahr, zu den Festen des Mars (23. März) und des Vulcanus (23. Mai) wurden die Posaunen gereinigt (lustratio).

Die aus dem Tempel von Jerusalem geraubten langen Trompeten waren eine Art Posaune mit konischem Rohr aus Metall, das etwa 1 m lang war und über ein abnehmbares Mundstück aus Horn oder Bronze verfügte.

Die Posaune hatte einen spröden Ton, der angsteinflößend klang und daher dazu diente, in der Schlacht das Zeichen zum Angriff oder zum Rückzug zu geben. Die Posaunenbläser waren aber auch bei Triumphzügen und religiösen Zeremonien im Einsatz.

▲ Titus-Bogen, Detail.

Die Quellen berichten, dass in jeder Legion die Posaunenbläser eine Vereinigung bildeten, die sie von den anderen Soldaten unterschied, auch wenn sie wahrscheinlich – wie auf den Reliefs der Trajans-Säule zu sehen – dieselbe Legionärsuniform trugen.

Das erste Konzert griechischer Musik bot der Stadt Rom 167 v. Chr. der Prätor Lucius Anicius zum Anlass seines Triumphes über Illyrien.

Die kithara hatte einen Klangkörper aus Holz, der in zwei Armen nach oben auslief, wo sie durch einen hölzernen Quersteg verbunden waren; zwischen dem unteren Teil des Körpers und dem Quersteg war eine unterschiedliche Anzahl von Darm- oder Hanfsaiten gespannt.

Die kithara wurde sowohl sitzend als auch stehend gespielt, wobei man in leicht gebeugter Haltung das Instrument vor sich hielt. Die Saiten wurden mit einem Plektron angeschlagen, die Virtuosen aber spielten nur mit den Händen; wahrscheinlich hielt man mit der Linken die Saiten fest, die nicht klingen sollten und dämpfte auch sonst die Vibration, um besondere Effekte zu erzielen.

Die Saiten wurden von einem Steg gehalten und waren am Quersteg mit aufgerollten Ochsenhautschwarten befestigt, die auch als Saitenspanner zum Stimmen des Instruments dienten. Die Zahl der Saiten konnte stark variieren – spätere Exemplare hatten bis zu 18 –, aber die am häufigsten dargestellte Art der kithara hatte sieben Saiten.

▲ *Apollon kitharodos*, römische Kopie eines griechischen Originals von der Mitte des 2. Jh. v. Chr., Rom, Musei Capitolini.

Die Lyra war der kithara sehr ähnlich, unterschied sich von dieser aber durch den Klangkörper in Form eines Schildkrötenpanzers; wie bei der ersten Lyra, die Hermes erfunden hatte, bestand der in ältester Zeit aus einem echten Rückenschild, über den eine Ochsenhaut gespannt war.

193

Musik und Tanz

Obwohl Musik in Rom zunächst auf ein gewisses Misstrauen stieß, eroberte sie im Laufe der Zeit immer mehr Raum. Zwischen dem 1. und dem 2. Jh. n. Chr. entstanden die ersten christlichen Gesänge, die, ursprünglich stark durch die griechische und römische Musik beeinflusst waren, aber bald zu einer eigenständigen Form fanden.

Die tibia, die dem griechischen aulòs *entspricht, war eine doppelte Flöte, die je nach Anzahl der Löcher unterschiedlich lang sein konnte: Flöten mit vier Löchern, die etwa 15 cm lang waren, hatten einen Tonumfang von nur einer Oktave, doch mit der Erfindung von verschiebbaren Metallreifen, den Klappen der heutigen Klarinette ähnlich, brachte die* tibia *es auf eine Länge von bis zu 60 cm.*

Die Handwerker, die die Flöten herstellten, verwendeten je nach Verwendungszweck unterschiedliche Hölzer und Materialien. Buchsbaumholz zum Beispiel wurde für die Herstellung der tibiae *bevorzugt, die bei religiösen Zeremonien gespielt wurden; für das Schauspiel wurde Lotusholz gewählt, oder auch Eselsknochen oder Silber.*

Waren die zwei Röhren der Flöte gleich lang, dann hieß sie »phönizisch«; bei unterschiedlicher Länge mit asymmetrisch angeordneten Löchern handelte es sich um eine »phrygische« tibia.

▲ Stuckrelief aus der Villa della Farnesina, ca. 19 v. Chr., Rom, Palazzo Massimo.

Sehr beliebte Arten des Schauspiels waren Mimos und Pantomimos, bei denen die Schauspieler mit Rezitation und Gesang, begleitet von einem Flötenspieler, oder auch mit Gestik und Tanz kleine Szenen interpretierten.

Das Mädchen trägt ein weiches, dünnes Gewand, das unter dem nackten Busen von einem Gürtel zusammengehalten wird, und hatte wohl einen Gegenstand in der Hand, von dem nur ein Teil erhalten blieb. Wahrscheinlich handelte es sich um ein Musikinstrument, zu dessen Klang sich die Tänzerin bewegte.

Der Brauch, Musiker und Tänzer zu engagieren, um Festmahle zu beleben, geht schon auf das 2. Jh. v. Chr. zurück. Besonders geschätzt waren Schleiertänze, bei denen sich Mädchen zum Klang von Klappern und Zimbeln drehten, die dabei nur mit flatternden, dünnen koischen Gewändern bekleidet waren.

Die Stütze in Form eines knotigen Stammes belegt, dass das originale Vorbild der Skulptur wahrscheinlich eine Bronze aus hellenistischer Zeit war; beim Wechsel von Bronze zu Marmor wurde der Einsatz von Verstärkungen notwendig, um das höhere Gewicht der Statue zu tragen.

▲ Tänzerin aus Tivoli, Villa Hadriana, Zeit Hadrians, Rom, Palazzo Massimo.

»Einen Wirt, einen Metzger und ein schönes Bad, einen Barbier, Würfel und ein Schachbrett, wenige Bücher ... wenn du das, Rufus, mir besorgst, ... kannst du die Thermen Neros für dich behalten.«
(Martial)

Spielzeug und Gesellschaftsspiel

Um Kleinkinder zu vergnügen, benutzten die Römer kleine Gegenstände an einer Kette oder verschiedene Klappern, etwa einen Reifen mit beweglichen Ringen. Für die Kleinsten gab es auch tönerne Milchflaschen, überwiegend in Form von Tieren, die ein kleines Loch hatten, an dem die Kinder saugen konnten. Kaum konnten sie laufen, vergnügten sie sich mit Wettkämpfen, Kraft- und Geschicklichkeitsspielen und damit, die Erwachsenen nachzuahmen; sie bauten Miniaturhäuser, die sie mit Puppen und Tierfigürchen belebten, spannten Mäuse vor einen kleinen Karren oder fuhren selbst mit Wagen herum, die sie von Ziegen oder anderen Kindern ziehen ließen. Sehr verbreitet waren auch Kreisel, Holzreifen und verschiedene Spiele wie »Gerade-Ungerade«, »Mora«, »Kopf oder Zahl«, oder *astragalus*, eine Art Würfelspiel.

Auf die Erwachsenen übte das Glücksspiel eine so große Anziehungskraft aus, dass selbst die Kaiser – z. B. Claudius – dem Spiel geradezu verfallen waren und oft vor allem im Würfelspiel große Summen setzten, obwohl dies nur während der Saturnalien legal war. Andere Spiele, die die Römer sehr liebten, waren eine Art »Kriegsspiel«, unserem Schach ähnlich, sowie eine Art Backgammon, das vor allem ab dem 1. Jh. n. Chr. in den wohlhabenderen Schichten sehr verbreitet war.

▼ Detail eines Freskos mit ballspielenden Jungen, aus dem Columbarium an der Via Portuense, Rom, Museo Nazionale Romano.

Spielzeug und Gesellschaftsspiel

Das Spiel der zwölf Reihen zählte 36 Spielfelder, die auf drei parallele, durch Ornamente getrennte Reihen verteilt waren. Oft bestanden die Felder aus sechs Wörtern von je sechs Buchstaben, die zusammen einen sinnvollen Satz ergaben, etwa victori palma victus surgat ludere nescit, *»Dem Sieger die Palme, der Besiegte stehe auf, er kann nicht spielen«.*

Diese Reihen immergleicher Buchstaben anstelle der sinnvollen Wörter, die normalerweise auf die Bretter des Zwölfreihenspiels eingeritzt waren, dienten wahrscheinlich als Hilfe für Anfänger, um diesen zu verdeutlichen, in welche Richtung sie ihre Steine bewegen sollten; die Reihenfolge, die es einzuhalten galt, war A-B-C-D-E.

▲ Fragment einer Platte mit *tabula lusoria* und Spielwürfel, Ostia Antica, Museo Ostiense.

Die sechsseitigen Würfel, für verschiedene Brettspiele in Gebrauch, waren meist aus Bein oder Elfenbein und denen sehr ähnlich, die wir heute noch benutzen; beim Würfelspiel wurden mit einem Becher, der fritilla, *drei Würfel geworfen, von denen möglichst jeder eine andere Zahl zeigen sollte, was als bestes Ergebnis galt.*

Spielzeug und Gesellschaftsspiel

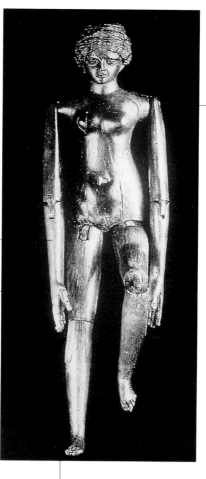

Diese Puppe wurde im Grab einer jungen Frau gefunden, die um 170 n. Chr. im Alter von etwa 20 Jahren gestorben war. Wahrscheinlich war das Spielzeug eine Erinnerung an die Kindheit des Mädchens, das es beim Wechsel in die neue Rolle als Ehefrau mitgenommen hatte. Die Puppe ist von hervorragender Qualität und zeichnet sich durch bewegliche Gelenke aus.

Sehr verbreitet waren auch Ballspiele; die Bälle konnten mit gepressten Federn, Rosshaar oder sogar Sand gefüllt sein, kleine Kinder und alte Leute spielten jedoch mit einem leichteren, aufgeblasenen Ball.

Neben den gefundenen Puppen aus Terrakotta, Bein und Elfenbein muss es auch billigere aus weniger beständigem Material gegeben haben, vor allem aus Lumpen. Das Spielzeug hatte immer die Gestalt einer jungen Frau, so dass man annimmt, das Spiel der Mädchen bestand hauptsächlich darin, sich mit der Mutter zu identifizieren oder sich das spätere Leben als verheiratete Frau auszumalen.

▲ Puppe aus Elfenbein, aus dem Grab der Crepereia Tryphaena, ca. 150–160 n. Chr., Rom, Musei Capitolini.

Weit verbreitet war das »Spiel der Nüsse«, die in einem Säckchen aufbewahrt wurden und entweder nach einem Ziel oder in einen Korb geschossen werden konnten oder dem Gerade-Ungerade-Spiel dienten. Für Martial bedeutete mit dem »Spiel der Nüsse« aufzuhören das wehmütige Ende der Ferien: »Schon wird der Knabe, traurig, weil er das »Spiel der Nüsse« zurücklassen musste, in die Schule gerufen von den Schreien des Lehrers.«

»Herausragende Persönlichkeiten unserer Stadt pflegten zu sagen ... wenn sie die Porträts der Vorfahren betrachteten, fühlten sie, wie sich die lebhafteste Begeisterung für die Tugend entzünde.« (Sallust)

Porträtkunst

Der Brauch, Totenmasken anzufertigen, hatte zusammen mit dem Einfluss der griechischen Porträtkunst große Bedeutung für die Entwicklung des römischen Porträts, das sich durch einen ausgeprägten Realismus kennzeichnete. In der Spätzeit der Republik wurden die dargestellten Personen genauestens abgebildet, jede Charakteristik der Züge wie Kahlköpfigkeit, Falten oder abstehende Ohren festgehalten. Aber die Künstler, die für die römischen Auftraggeber arbeiteten, waren Griechen, und das Ergebnis des Kompromisses zwischen Bildhauer und Auftraggeber zeigt sich in einigen Skulpturen in der Form, dass ein realistischer römischer Porträtkopf auf einem athletischen Körper in polykletischer Tradition sitzt. Die Abhängigkeit von den hellenistischen Vorbildern wird immer offensichtlicher in den Porträts der letzten Zeit der Republik: So hat etwa das Porträt des Pompejus nichts mehr von dem Naturalismus, das private Porträts zur Zeit Sullas auszeichnete, sondern erinnert eher an die dynastischen Bilder der hellenistischen Herrscher. In der Kaiserzeit wird die Distanz zwischen den realistischen Privatbildern und den offiziellen Porträts öffentlicher Personen immer deutlicher: Sas Wichtigste war nun eine klassische Formensprache, die mehr eine Botschaft übermitteln sollte, als die reale Person darstellen.

Weiterführende Stichwörter
Vorfahren

▼ Männliches Porträt aus Palestrina, 75–50 v. Chr., Rom, Palazzo Massimo.

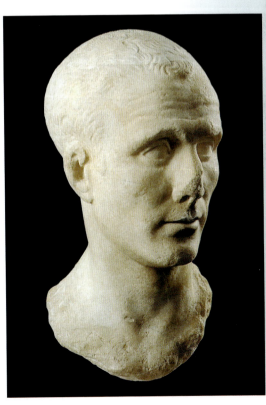

Porträtkunst

Das älteste Zeugnis für die Frisurenmode der eingeschlagenen Stirnlocke, das erhalten blieb, ist auf einem aureus, *der zwischen 40 und 30 v. Chr. ausgegeben wurde, ein Porträt der Octavia, der Schwester des Augustus. Später wurde diese Frisur von Livia übernommen, die damit auf dem größten Teil der offiziellen Porträts zu sehen ist.*

Die Haare sind sehr einfach frisiert, was den Einsatz der ornatrix *(der Frisiersklavin) nicht notwendig machte: Die glatten Haare sind nach hinten gekämmt und zu einer Reihe kleiner Zöpfchen geflochten, die im Nacken zu einem Knoten geschlungen sind; die Stirn ziert eine kissenartig eingeschlagene Haarsträhne, der* nodus.

Die tiefen Falten zu beiden Seiten der Nase und um den Mund ebenso wie die schütter erscheinenden Haare weisen deutlich auf das Alter der Frau hin.

▲ Porträt einer alten Frau,
aus Palombara Sabina,
letztes Viertel des 1. Jh. v. Chr.,
Rom, Palazzo Massimo.

Wie im Falle der Ehefrau des Quintus Volusius Saturninus gab es Haushalte, in denen Mägde ausschließliche zur Pflege der Spiegel beschäftigt wurden, die funkelnd für die Herrin bereit stehen mussten.

Neben den ornatrices *im Dienst reicher Herrinnen gab es auch Kosmetikerinnen, die für jene Frauen arbeiteten, die sich keine eigens dafür ausgebildete Sklavin leisten konnten. Die* ornatrix *musste mindestens zwei Monate Ausbildung in einem qualifizierten Studio absolvieren.*

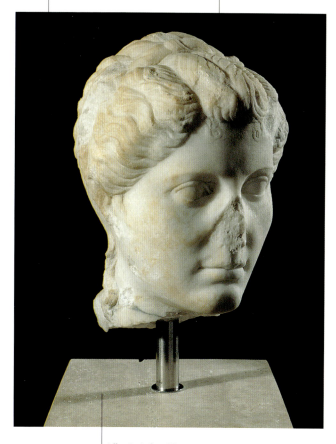

Porträt einer jungen Frau, aus rmia, Ende des 1. Jh. v. Chr., m, Palazzo Massimo.

Alle römischen Matronen von Rang verfügten über eine ornatrix, *eine Magd, die sich ausschließlich um die Schönheit ihrer Herrin kümmerte und dieser als Friseurin und Kosmetikerin diente.*
Neben der ornatrix *gab es die* cinerarii, *Sklaven, die sich um das* calamistrum *kümmerten, ein Instrument, das zum Kräuseln der Haare unentbehrlich war.*

Porträtkunst

Der ältere, bärtige Mann trägt sein Haar nach einer typischen Mode aus der Zeit der Flavier in kleinen Strähnen nach vorn frisiert. Sein Blick ist auf die Frau neben ihm gerichtet, womöglich seine Ehefrau.

Die ebenfalls schon ältere Frau trägt eine komplizierte, mehrstöckige Turmfrisur aus kleinen Löckchen, die mit Hilfe eines Instruments gedreht wurden, auch das typisch für die Zeit der Flavier, wie ein Porträt von Iulia, Tochter des Kaisers Titus, belegt.

Die Frauen auf dem Relief tragen Chiton und Mantel, während der Mann eine Tunika und eine Toga auf der linken Schulter trägt. Durch bestimmte Körperhaltungen der einzelnen Figuren stellt das Relief verwandtschaftliche Beziehungen zwischen den Personen dar.

Ganz rechts ist eine weitere Frau dargestellt, wohl eine enge Verwandte der Frau neben ihr, deren eine Hand auf ihrer Schulter liegt; sie war durch eine typische Geste von Eheleuten, die dextrarum iunctio, *mit einem Mann neben ihr verbunden, dessen Darstellung nicht erhalten ist.*

Die Frisur der dritten Person ist ganz anders: Die Haare sind in der Mitte gescheitelt, weich zu beiden Seiten des Gesichts nach hinten geführt und zu kleinen Zöpfen geflochten, die auf dem Oberkopf zu einem Knoten geschlungen sind. Ähnliche Frisuren sind von Porträts von Faustina d. Ä., der Ehefrau des Antoninus Pius, bekannt.

▲ Grabrelief,
Mitte des 2. Jh. n. Chr.,
Rom, Palazzo Altemps.

Der Kopf wurde aus verschiedenen Fragmenten wieder zusammengesetzt und Teile der Nase und des Oberkörpers einschließlich der Schultern mussten bei der Restaurierung ersetzt werden.

Die Statue stellt einen jungen Mann mit kurzen, gelockten Haaren und einem Bart dar; seine Lippen sind fleischig und seine Augen von schweren Lidern verhangen.

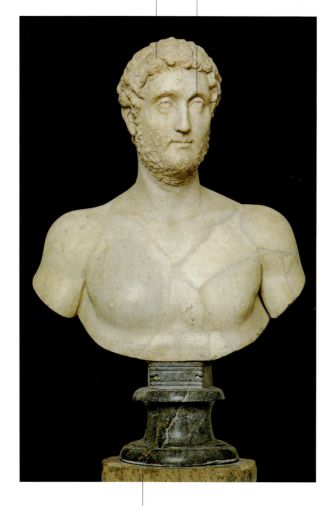

Porträt eines Bärtigen,
. 200–230 n. Chr.,
om, Palazzo Altemps.

Die Datierung des Porträts ist umstritten: obwohl einige Charakteristiken des Gesichts an die Porträts von Mark Aurel erinnern, lässt eine genauere Analyse des Werks eher auf eine Ausführung in den ersten Jahrzehnten des 3. Jh. schließen.

Porträtkunst

Während des 1. Jh. n. Chr. frisierten sich die Kaiser sehr einfach und achteten vor allem auf die Anordnung der kleinen Ponyfransen über der Stirn.

▲ Männliches Porträt,
3. Jh. n. Chr.,
Rom, Musei Capitolini.

Die erste Rasur eines Jünglings war bei den Römern Anlass für ein Fest für die ganze Familie und der Bart wurde den Göttern gewidmet.

Die Männer achteten sehr auf ihre Frisur, lockten sich die Haare und machten ausgiebig Gebrauch von Haarteilen, vor allem um Kahlköpfigkeit zu verbergen, die als inakzeptabler Makel galt.

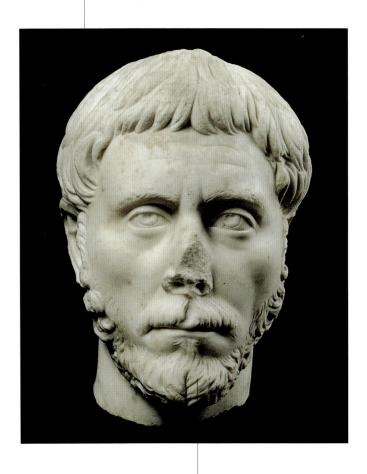

▲ Männliches Porträt, aus Ostia, ca. 250–270 n. Chr., Rom, Palazzo Massimo.

Hadrian führte das kurze Bärtchen ein, das bis in die Zeit Konstantins für die römischen Männer typisch bleiben sollte; außerdem änderte er auch radikal die Frisurenmode, indem er seine Haare gleichmäßig über den Kopf verteilte, vielleicht um seine zahlreichen Narben zu verbergen.

»Wer seine Frau ... in flagranti beim Ehebruch ertappt, begeht keine Straftat, wenn er beide tötet. Auch ein Sohn kann den Ehebruch der Mutter rächen.« (Seneca der Ältere)

Ehe

▼ Grabstele mit Ehepaar,
1. Jh. v. Chr.,
Rom, Musei Capitolini.

Der Bund der Ehe, wie ihn das Zwölftafelgesetz anerkannte, war eine »Manusehe«: die Frau gelangte, ganz wie eine Tochter, unter die Vormundschaft *(manus)* des Mannes und die Vermögensverwaltung seiner Familie; ihre Mitgift und ihre Güter gingen in den Besitz des Mannes über und eine Scheidung, die nur in besonders schwerwiegenden Fällen gewährt wurde, war sehr selten. Eine radikale Veränderung der Verhältnisse erfolgte in spätrepublikanischer Zeit, als sich die manusfreie Ehe durchsetzte. Sie wurde zur klassischen römischen Ehe und sah eine juristische und faktische Unabhängigkeit der Frau vor, die heute noch modern anmutet. Die Braut blieb dabei unter der Vormundschaft ihres Vaters, ihr Vermögen im Besitz ihrer Ursprungsfamilie; beim Tod des Vaters wurde sie voll und ganz ihre eigene Herrin und konnte auch selbst erben, so dass nicht selten Frauen aus reicher Familie in den Besitz großer Vermögen gelangten. Das römische Recht verbat zudem Geschenke zwischen den Ehepartnern und seit der frühen Kaiserzeit war die Ehefrau nicht mehr verpflichtet, generell für die Schulden ihres Mannes zu haften. Auf diese Weise ähnelten die Vermögensverhältnisse eines Ehepaars eher unserem heutigen Prinzip der Gütertrennung als dem der traditionellen Ehe, in der die Familie als finanzielle Einheit in der Hand des Familienoberhaupts betrachtet wird.

Ehe

Zwischen den beiden Eheleuten steht die symbolische Figur der concordia, *der Einheit, während zur Linken des Mannes der* genius senatus *steht; beide Allegorien sind klare Verweise auf den Senatorenrang, in den Flavius Arabianus erhoben worden war. Dieser Ritterstand war erforderlich, um überhaupt Präfekt der* annona *werden zu können.*

Der Eigentümer des großen Sarkophags war Präfekt der annona *gewesen, wie aus der komplexen Dekoration des Grabmals hervorgeht; er konnte als Flavius Arabianus identifiziert werden, der das Amt unter Aurelian leitete und in dieser Zeit auf Anordnung des Kaisers die an die städtische Plebs verteilte Brotration um eine Unze erhöhte.*

Die Frau legt ihre rechte Hand in die des Mannes und die linke auf seine Schulter; diese typische Geste stand immer für den Ehebund.

▲ Sarkophag der *annona*, Detail, aus der Via Latina, ca. 250–275 n. Chr., Rom, Palazzo Massimo.

Ehe

Der Hochzeitszeremonie folgte ein Festessen; erst gegen Abend wurde die Braut in das Haus des Bräutigams geleitet, wo ein Raub fingiert wurde und der Bräutigam die Braut zum Schein den Armen ihrer Mutter entriss.

Die junge Braut trug verschiedene Polsterungen auf dem Kopf, auf denen ein flammend orangefarbener Schleier saß, der deshalb flammeum hieß und den oberen Teil des Gesichts verdeckte. Auf dem Schleier saß ein geflochtener Kranz, zu Zeiten Caesars und Augustus' aus Majoran und Eisenkraut, später hingegen aus Myrthen und Orangenblüten.

Das Kleid der Braut entsprach genau festgelegten Regeln: eine weiße Tunika ohne Rand, die von einem Gürtel aus doppelt geknüpfter Wolle gerafft wurde, und ein safranfarbener Mantel; dazu trug sie Sandalen in derselben Farbe.

▲ Fresko aus einem Haus auf dem Esquilin, Zeit des Augustus, Vatikanstadt, Musei Vaticani.

Am Tag der Hochzeit wurde die Braut gewaschen, parfümiert, gekleidet und geschmückt. Es folgte ein Opfer, aus dem Auspizien gelesen wurden, und der Ehevertrag wurde im Beisein von Zeugen unterschrieben. Schließlich nahm die Matrone, die der Braut beistand, die rechten Hände der Brautleute und fügte sie zusammen.

Ehe

Die weibliche Figur auf der linken Seite ist verschleiert und trocknet sich mit einer Ecke ihres Mantels die Tränen ab, während sie dem Bräutigam die Hand zur verbindlichen Geste der dextrarum iunctio *reicht. Die Haltung der Frau scheint die einer Trauernden zu sein, die sich von ihrem Mann verabschiedet.*

Zwei Löcher unterhalb des oberen Rands lassen vermuten dass sich dort Klammern befanden, die den Sarkophagdeckel festhielten.

▲ Fragment eines Sarkophags, Rom, Palazzo Altemps.

Der Mann, der nackt mit Helm und Schild dargestellt ist, scheint seine Frau traurig ein letztes Mal anzusehen.

»Nachts ist die Reihe an den Bäckern, den Tag lang lässt dir keine Ruhe das ewige Hämmern der Kesselschmiede. Auf der Seite rüttelt ein müßiger Geldwechsler an seinem schmierigen Tisch.« (Martial)

Kunst und Handwerk

Während Literatur und Philosophie in römischer Zeit hohe Wertschätzung genossen und ihre Vertreter fast immer den wohlhabenden Schichten angehörten, wurden die bildenden Künste und das Handwerk jeder anderen manuellen Arbeit gleichgesetzt, also der oberen Klassen für unwürdig erachtet. Die römische Kunst erhielt so den Charakter einer kollektiven und anonymen Tätigkeit, bei der der Name des Auftraggebers wichtiger war als der des Künstlers.

Alle Werktätigen – Handwerker, Künstler und Freiberufler – konnten sich zu Vereinigungen oder Kollegien zusammenschließen, die vom Staat kontrolliert wurden, nach Kategorien unterteilt waren, und deren wichtigster Zweck darin bestand, ihren Mitgliedern über einen Pflichtbeitrag eine Bestattung zu garantieren. Mit der Zeit jedoch begannen diese Kollegien, sich auch um andere Aspekte im Leben ihrer Mitglieder zu kümmern, indem sie Erholungsangebote organisierten; die Mitgliedsbeiträge konnten auch, außer zum Bau und der Pflege des gemeinschaftlichen Grabmonuments, dazu dienen, den Familienangehörigen von Verstorbenen eine kleine Pension auszuzahlen. Die Handwerkervereinigungen wurden bald zu sehr mächtigen Organisationen, die in manchen Situationen als Ausgangspunkt von Aufruhr und Revolte angesehen wurden, so dass die Zentralmacht neue Gründungen zu verhindern suchte.

Weiterführende Stichwörter
Bestattung, Columbarium

▼ Deckelplatte eines Sarkophags, 3. Jh. n. Chr., Rom, Palazzo Rondanini.

Kunst und Handwerk

Der Marmorsteinmetz trägt eine dalmatica, *eine aus Dalmatien stammende Art der Tunika, sehr breit geschnitten und mit weiten Ärmeln; sie ist durch das Preisedikt Diokletians aus dem Jahr 301 n. Chr. gut dokumentiert, denn darin sind die verschiedenen Stoffe und Dekorationen der* dalmatica *beschrieben, die als Kleidungsstück jeder sozialen Schicht verbreitet war.*

Die Römer interessierten sich immer nur für das Kunstwerk und kaum für die Person des Künstlers. Die wenigen Informationen, die über Maler und Bildhauer bekannt sind, entstammen daher meist kuriosen Geschichten ihrer Fähigkeiten.

Im 4. Jh. setzte sich der Brauch durch, luxuriöse Räume mit farbigen Marmorintarsien in einer opus sectile *genannten Technik zu schmücken, deren erste Beispiele in Rom auf die Zeit Claudius' zurückgehen. Es ist wahrscheinlich, dass diese Technik in Ägypten entwickelt wurde und manchmal fertige Tafeln aus ägyptischen Werkstätten geliefert wurden.*

Der Handwerker ist bei der Arbeit dargestellt, vielleicht in seiner Werkstatt, und legt Intarsien auf einer großen Marmorplatte, die auf vier Böcken ruht.

Eine lustige Anekdote erzählt Plinius: Batrachos (lat. Kröte) und Sauras (lat. Eidechse), zwei Bildhauer, die kostenlos an den Tempeln im Portikus der Octavia mitgearbeitet hatten. Als ihnen die Erlaubnis verwehrt wurde, ihre Namen auf dem Werk zu hinterlassen, sollen sie das Problem einfach so gelöst haben, dass sie in die Spiralen der gewundenen Säulen eine Kröte und eine Eidechse meißelten.

▲ Platte mit Darstellung eines *marmorarius*, 2. Hälfte des 4. Jh. n. Chr., Rom, Museo delle Terme.

Im Schrank des Cornelius Atimetus sind außer Messern auch andere Werkzeuge aus Eisen ausgestellt, etwa Rundsicheln und Hippen.

Plinius an Trajan: »In Nicomedeia hat es einen Brand gegeben ... Und er breitete sich durch den Wind aus, aber auch durch ... einen Mangel an geeignetem Werkzeug. Glaubst du nicht, es wäre nützlich, ein Kollegium der Schmiede zu gründen, mit nur 150 Mitgliedern? Ich selbst werde überprüfen, dass keine anderen als Schmiede aufgenommen werden und dass sie das ihnen zugestandene Recht nicht zu anderen Zwecken nutzen.« (Plinius)

Die dargestellte Szene zeigt den Verstorbenen L. Cornelius Atimetus, in seinem Laden, neben einem zweitürigen Schrank, in dem zahlreiche eiserne Messer ordentlich aufgehängt sind, Werkzeug, das in der Küche zur Speisezubereitung verwendet wurde.

▲ Relief mit Darstellung des Ladens eines Messerhändlers, 2. Hälfte des 1. Jh. n. Chr., Vatikanstadt, Musei Vaticani.

Die Kollegien der Schmiede, die oft für Tumulte und Revolten verantwortlich gemacht wurden, waren sehr zahlreich in Nord- und Mittelitalien, der Gallia Narbonensis und in den Donauprovinzen, sehr selten in Spanien und Britannien und fehlten ganz in den unruhigen orientalischen Regionen.

213

Kunst und Handwerk

Zwei Maurer arbeiten gleichzeitig auf den Gerüsten zu beiden Seiten der Mauer und verteilen Mörtel mit der Kelle.

Die Verankerung der Gerüste in der Mauer erfolgte mit Hilfe einer Reihe von Pfählen, die in vorbereiteten Löchern steckten, die heute noch an antiken Bauten erkennbar sind, früher waren sie aber durch Verputz oder Verkleidung verdeckt.

Das Gerüst, auf dem der Maurer arbeitet, ist jenen sehr ähnlich, die heute noch auf Baustellen verwendet werden: der Unterschied besteht darin, dass es sich nicht um eine selbsttragende Struktur handelte, sondern eine, die an der Mauer befestigt werden musste.

Der Arbeiter unten im Bild rührt mit einem Kalkrührer den Mörtel an und füllt ihn dann in Eimer um, die zwei seiner Kollegen auf ihren Schultern gerade auf das Gerüst tragen.

▲ Unterirdische Grabkammer des Trebius Iustus, Detail mit Maurern bei der Arbeit, 4. Jh. n. Chr.

Die lateinischen Autoren haben ein Bild von der städtischen Plebs übermittelt, das diese als müßig darstellt und ständig nur damit beschäftigt, sich Spiele und Darbietungen im Amphitheater oder im Circus anzusehen; diese herablassende Sicht spiegelt die Verachtung wider, mit der die wohlhabenden Klassen auf die niederen Schichten der Bevölkerung blickten.

In Wirklichkeit gingen die Plebejer, hunderttausende freier Menschen ohne Vermögen, vor allem im Baugewerbe, im Handel und als Dienstleister für die wohlhabenden Schichtenden unterschiedlichsten Tätigkeiten nach, um sich ihren Lebensunterhalt zu verdienen.

Die Tunika war das wichtigste Kleidungsstück des römischen Volks. Sie wurde von allen getragen, aber nur vom Volk als einziges Kleidungsstück; die anderen trugen sie als »Unterkleid«. Die Bilder von Handwerkern, Händlern und Bauern, die erhalten sind, zeigen stets nur mit einer Tunika bekleidete Männer.

▲ Reliefplatte mit dem Laden eines Schuhmachers und Seilers, Rom, Museo Nazionale Romano.

Juno, neben deren Tempel sich das Gebäude der Münze erhob, wurde »Moneta genannt, weil sie mahnt, die Legierung oder das Gewicht des Metalls nicht zu verändern.« (Isidor von Sevilla)

Münze und Bank

Weiterführende Stichwörter
Cursus honorum,
Archiv und Staatskasse

Während der gesamten Zeit der Republik befanden sich die Münze und das *Aerarium*, die Staatskasse, mit den Kriegsbeuten auf dem Kapitol, beim Tempel der Iuno Moneta. Nach einem Brand im Jahre 80 n. Chr. verlagerte Domitian den ganzen Bereich in einen neuen Bau an den Hängen des Caelius unterhalb der heutigen Kirche San Clemente, in eine Gegend, die bereits seit einigen Jahren intensiv bebaut wurde.

Die ersten Stände von Geldwechslern gab es in Rom bereits seit dem Ende des 4. Jh. v. Chr. an der Piazza des Forum Romanum. Die Silberhändler, *argentarii* wurden sie genannt, beschränkten sich vorerst darauf, Münzen zu wechseln und deren Gewicht und Legierung zu überprüfen; schon bald nahmen sie an Versteigerungen teil und streckten ihren Kunden Geldsummen vor, für die sie auch die Eintragung der Verträge in die dafür vorgesehenen Register übernahmen. Die Berufsbilder der Bankiers vervielfältigten sich, es tauchten die Geldeintreiber auf, und die *nummularii*, die nur Wechsel und Überprüfung von Münzen vornahmen und überwiegend in den Häfen oder bei Heiligtümern arbeiteten, wo viele Ausländer anzutreffen waren. Mit Beginn der Kaiserzeit eröffneten die *argentarii* Läden, wo immer Handelstätigkeit stattfand. Einer von ihnen, Calixtus, der Ende des 2. Jh. n. Chr. seiner Arbeit bei einem öffentlichen Bad am Stadtrand nachging, war der Sklave eines kaiserlichen Freigelassenen und sollte im Jahr 217 Papst werden.

▼ Ideale Rekonstruktion der Gravierung eines Prägestocks, nach einer Zeichnung von Guido Veroi, Rom, Palazzo Massimo, Galleria dei banchieri e degli zecchieri.

Münze und Bank

Die weniger wohlhabenden argentarii gingen ihrer Arbeit im Freien nach, auf einem beweglichen Verkaufstisch, auf dem sie einen Schrein mit einer ausreichenden Menge an Geld bereitstellten; die reicheren konnten es sich leisten, die in staatlichem Besitz stehenden Läden anzumieten.

Die nummularii überprüften die Münzen auf Legierung und Echtheit und wechselten Geld, während die argentarii sich um Anlagen kümmerten. Anlageverträge schrieben vor, dass das zurückerstattete Geld dasselbe wie das angelegte sein musste, und nur in bestimmten Fällen war es gestattet, Münzen zurückzuerstatten, die nur denselben Wert wie die deponierten hatten.

▲ Seite eines Sarkophags, Mitte des 3. Jh. n. Chr., Rom, Palazzo Massimo.

Der Tisch, auf dem die Geldwechsler arbeiten, ist auf drei Seiten geschlossen und auf der Vorderseite mit Leisten und großen metallenen Nieten verstärkt. Diese sollten wohl der Sicherheit des Tisches dienen, indem sie ihn in eine Art Tresor verwandelten, trotzdem lagerte der größte Teil des Kapitals an einem besser geschützten Ort.

»Der Reiche wird ... in einer riesigen Liburne getragen und kann dabei lesen, schreiben oder, wenn er will, schlafen; denn eine Sänfte mit geschlossenen Vorhängen macht schläfrig.« (Juvenal)

Verkehr und Transportmittel

Weiterführende Stichwörter
Flotte, Städtische Straßen, Häfen, Konsular- und Landstraßen, Ostia

Schon in der Spätzeit der Republik war der Verkehr in Rom oft chaotisch aufgrund der hohen Einwohnerdichte und wegen des schlechten Zustands, in dem sich viele der oft ungepflasterten und engen Straßen befanden. 45 v. Chr. wurde ein Gesetz erlassen, das den Verkehr von Fahrzeugen in der Stadt einschränkte, indem tagsüber Wagen die Durchfahrt verboten wurde – mit Ausnahme derer, die Material für öffentliche Baustellen transportierten, der Wagen der Vestalinnen und anderer Priester bei festlichen Gelegenheiten, der Triumphwagen und der Wagen der öffentlichen Spiele; außerdem genossen dieses Privileg alle Wagen, die nachts in die Stadt kamen, und die Müllabfuhr.

Gleich außerhalb der Stadttore entstanden genehmigte Abstellplätze, auf denen man auch einen öffentlichen Droschkenkutscher finden konnte, um sich aufs Land herausfahren zu lassen. Trotz dieser Maßnahmen aber blieb die Situation scheinbar schwierig, denn viele Dichter klagten auch weiterhin, nicht schlafen zu können wegen des Lärms der Wagen und des Blökens und Muhens zum Stehen gekommener Herden.

▼ Detail des Mosaikschilds eines der Büros (*statio* 46) auf dem Forum der Korporationen in Ostia, 2. Jh. n. Chr.

Stark befahren war auch der Tiber, der von wahren Flotten von Fähren, Barkassen und Booten bevölkert wurde, die meist von Menschen oder Tieren vom Ufer aus gezogen wurden und dem Waren- und Lebensmitteltransport von den Seehäfen bis zu den städtischen Flusshäfen dienten.

Verkehr und Transportmittel

Sänften konnten Privateigentum oder gemietet sein und wurden von sechs oder acht Sklaven getragen, die kräftig und gut gekleidet sein mussten.

Ein Baldachin schützte vor Sonne und schlechtem Wetter, und Vorhänge verbargen den Passagier vor den Blicken der Menge. In manchen Fällen war das Dach auch aus Leder.

Auf den Boden der Liege wurde eine dünne Matratze gelegt.

Die hölzerne Lehne, auf die sich der Passagier stützte, hatte metallverstärkte Ränder und wurde mit Federkissen bedeckt.

An den Stangen der Sänfte befanden sich metallene Ringe, durch die die runden Tragstangen gezogen wurden, die mit Lederriemen an den Schultern der Träger befestigt wurden.

▲ Rekonstruktion einer Sänfte (Castellani-Sänfte), Rom, Musei Capitolini.

Verkehr und Transportmittel

Die Reliefs und der Entwurf der Trajans-Säule entstammen der Hand eines Künstlers, der als »Meister der Feldzüge Trajans« bezeichnet wird – eine herausragende Persönlichkeit der offiziellen römischen Kunst, in der man auch schon Apollodor von Damaskus, den Architekten des Trajans-Forums, erkennen wollte.

▲ Relief der Trajans-Säule mit Schiffen.

Wahrscheinlich ist auch das große trajanische Relief, das sich heute auf dem Konstantins-Bogen befindet, ein Werk des Künstlers, der den Bildschmuck der Säule entwarf.

»*Der Senat und das Volk von Rom dem Imperator Caesar Nerva Traianus, ... dem* pontifex maximus, *der zum siebzehnten Mal das Amt eines Tribuns bekleidete, zum sechsten Mal Imperator und zum sechsten Mal Konsul geworden ist, dem Vater des Vaterlandes. Um zu zeigen, welche Höhe der Berg hatte, der unter so vielen Mühen abgetragen wurde.*« *(Widmungsinschrift der Trajans-Säule)*

Die Szene stellt die Abreise von Trajans Heer aus Ancona zum zweiten Feldzug gegen die Daker dar (Frühjahr 105 n. Chr.).

»Caesar refomierte den Kalender, in dem … solche Unordnung herrschte, dass die Schnitterfeste nicht mehr in den Sommer fielen und die Winzerfeste nicht mehr in den Herbst.« (Sueton)

Zeitmessung und Kalender

Die Römer unterteilten den Tag unabhängig von den Jahreszeiten in zwölf gleiche Teile, so dass die Stunden des Tages zwischen 45 Minuten zur Zeit der Wintersonnenwende und 75 Minuten zu Sommersonnenwende dauerten; auch die Nacht wurde in zwölf Teile geteilt. Die Woche, die auf dem Marktrhythmus basierte, zählte neun Tage, sieben Arbeitstage sowie einen Markttag und einen Feiertag: während derer war es nicht erlaubt, eine neue Arbeit anzufangen, wohl aber eine begonnene Arbeit zu beenden, so wie es erlaubt war den Garten zu pflegen, nicht aber Bäume zu pflanzen. Ein Verstoß gegen diese Regel konnte mit einem reinigenden Opfer wieder gutgemacht werden; wer ein Schwein opferte, durfte auch säen, weinlesen und die Schafe scheren. Die Monate richteten sich nach dem Mondzyklus und wurden durch Opfer an den Iden, der Monatsmitte, und den Kalenden, dem Monatsende, unterteilt. Zur Anpassung an das Sonnenjahr wurde ein Schaltmonat von 22 oder 23 Tagen im Februar eingeführt; dennoch war gegen Ende der Zeit der Republik das offizielle Jahr dem Sonnenjahr um drei Monate voraus. So fügte Caesar als *pontifex maximus* 45 v. Chr. ein künstliches Jahr von 445 Tagen ein und passte das ägyptische Sonnenjahr den römischen Bedürfnissen an. Der julische Kalender, 1582 von Papst Gregor XIII. reformiert, ist heute noch in der gesamten Welt gültig.

▼ Sarkophag mit Jahreszeiten-Eroten, Mitte des 2.–3. Jh. n. Chr., Rom, Palazzo Altemps.

Zeitmessung und Kalender

Hier sind die dies fasti (F), die günstigen Tage, eingezeichnet.

Die Buchstaben von A bis H bezeichnen eine Woche, die nach den Markttagen berechnet wurde.

Der Buchstabe K bezeichnet die calendae jeden Monats, den ersten Tag des Mondzyklus'.

Der Buchstabe N bezeichnet die dies nefasti, die ungünstigen Tage.

Die nonae entsprechen dem ersten Viertel des zunehmenden Monds.

Der Kalender verzeichnet auch religiöse Feste und besondere Jahrestage, wie z. B. den 18. Juli, den dies ater, an dem die Römer, 390 v. Chr. am Fluss Allia in den Sabiner Bergen eine Niederlage gegen die Gallier erlitten, denen so der Weg für die Plünderung Roms frei stand.

Auf dem Marsfeld befand sich die Uhr des Augustus, eine riesige Sonnenuhr, als deren Zeiger ein Obelisk diente, »um ihm die wunderbare Aufgabe zu geben, den Schatten zu werfen, der den Stand der Sonne anzeigt, und so die Länge der Tage und die der Nächte zu bestimmen« (Plinius der Ältere). Der Obelisk befindet sich heute auf der Piazza Montecitorio.

Die Iden, idus, sind die Tage des Vollmonds.

Die Uhr des Augustus funktionierte nur etwa 30 Jahre lang. Generell hatten öffentliche Uhren in Rom nie sehr viel Glück, auch weil sie selten synchron liefen, so dass Seneca erzählt, es sei leichter »Philosophen übereinstimmen zu lassen als Uhren«.

▲ Grafische Aufarbeitung der *fasti Antiates*, aus Anzio, 84–55 v. Chr., Rom, Palazzo Massimo.

Totenkult

Bestattung
Vorfahren
Grab
Columbarium
Katakomben
Sarkophag, Urne und Relief

◄ Mausoleum der Caecilia Metella.

»Der Körper Poppaeas wurde nicht verbrannt nach römischem Brauch, sondern nach dem Brauch der barbarischen Herrscher einbalsamiert und in das Grab der Julier gelegt.« (Tacitus)

Bestattung

Weiterführende Stichwörter
Kleidung, Kunst und Handwerk, Sarkophag, Urne und Relief

Die Zeremonien, die den Toten auf seiner letzten Reise begleiten, folgten einem festen Ritual, das die antiken Quellen genau beschreiben. Der Verstorbene wurde sorgfältig gewaschen, mit duftenden Substanzen eingerieben und gut gekleidet im *atrium* oder im *vestibulum* seines Hauses aufgebahrt, wobei die Füße zum Eingang wiesen; die Leiche wurde mit Blumen und Weihrauch umgeben, die auch den Verwesungsgeruch mildern sollten.

Verwandte und Freunde versammelten sich zu einer langen Totenwache, die von Klagen begleitet wurde, die oft von eigens dafür engagierten Klagefrauen, *praeficiae*, stammten. Nach der Totenwache, die mehrere Tage dauern konnte, fand der Begräbniszug statt, dessen Ablauf vom öffentlichen oder privaten Charakter der Zeremonie bestimmt wurde, in jedem Fall wurde ein Halt auf dem Forum eingelegt, wo ein Verwandter des Toten die Totenrede hielt.

▼ Weibliche Grabskulptur, Ende des 1. Jh. v. Chr., Aquileia, Museo Archeologico.

Für den Transport der Leiche zur Begräbnisstätte beschäftigten weniger wohlhabende Familien einfache Totengräber, während sich die reicheren Familien eine aufwendige Veranstaltung leisteten, für die auch Trompeter und Flötenspieler engagiert wurden, deren Musik sich mit den Klagen der *praeficae* mischte. Trotz zahlreicher Versuche, allzu großen Prunk einzudämmen, wurden die Bestattungen in der mittleren und späten Zeit der Republik überaus prächtig und aufsehenerregend, vor allem, wenn es sich um öffentliche Feiern, wie das prunkvolle Begräbnis Sullas handelte, das Pompejus zu dessen Ehren organisierte.

Bestattung

Eine genaue Beschreibung der Bestattungszeremonien hinterließ der griechische Historiker Polybios, der als eine von 1 000 vornehmen griechischen Geiseln nach der Schlacht von Pydna 166 v. Chr. nach Rom gekommen war.

Die männliche, bärtige Figur liegt halb aufgerichtet mit nacktem Oberkörper in einen Mantel gewickelt auf dem Totenbett; im Hintergrund steht ein Pferd, das wahrscheinlich nicht nur den sozialen Rang des Verstorbenen andeuten soll, sondern auch ein deutlicher Hinweis auf die Reise ins Jenseits ist, die dem Mann bevorsteht.

Diese Szene des Abschieds von einem Verstorbenen wird von zwei Pfeilern mit gekehlten Kapitellen eingefasst.

Die weibliche Figur ist sitzend dargestellt, ihre Füße ruhen auf einem niedrigen, dreibeinigen Schemel; sie ist mit einem leichten Chiton bekleidet und trägt einen Schleier auf dem Kopf, den sie mit der linken Hand hält.

Auf der rechten Seite der Szene ist eine Nebenfigur in reduzierter Größe zu sehen: ein Mundschenk, der in der rechten Hand einen Krug und in der linken eine Opferschale hält, zwei Gegenstände, die für die rituellen Trankopfer gebraucht wurden.

Das Marmorrelief ist nach dem Vorbild der griechischen Grabmonumente aufgebaut, und die Frisur der Frau und die Art der Faltenwürfe legen die Orientierung des Künstlers an Werken aus Großgriechenland und besonders Tarent nahe.

▲ Relief mit Totenmahl, Beginn des 4. Jh. v. Chr., Rom, Palazzo Altemps.

Bestattung

Der Begräbniszeremonie folgte das Totenmahl, für das besondere Speisen zubereitet wurden. Das Gastmahl wurde üblicherweise in der Nähe des Grabmals abgehalten, und ein Teil des Essens wurde als Speise des Verstorbenen in das Grab gestellt. Neun Tage später fand ein zweites Festmahl statt.

Die Gräber wurden oft mit einem Rohr versehen, durch das der Verstorbene mit der Außenwelt in Verbindung blieb und durch das ihm seine Verwandten zu Festen und Jahrestagen weitere Speiseopfer zukommen lassen konnten.

Die christlichen Bestattungszeremonien unterschieden sich nicht sehr von den heidnischen Bräuchen, auch wenn der christliche Ritus die Verbrennung verbot. Die Tradition des Totenmahls überlebte und wurde zu einem Moment der Freude für die Christen, die den Tod als Tag der Geburt in ein neues Leben feierten.

Der Brauch der Erdbestattung verbreitete sich wieder vor allem in den wohlhabenderen Schichten um das Ende des 1. und den Beginn des 2. Jh. n. Chr., wahrscheinlich auch unter dem Einfluss jüdischer und christlicher Glaubensvorschriften.

▲ Szene eines Totenmahls, aus einem Columbarium an der Via Laurentina bei Ostia, Vatikanstadt, Musei Vaticani, Museo Gregoriano Profano.

»Das Begräbnis war beeindruckend durch die Bilder der Vorfahren ... Aeneas war zu sehen, ... die Albanerkönige und Romulus, der Gründer Roms, dann ... all die anderen Claudier.« (Tacitus)

Vorfahren

Am Begräbniszug nahmen auch die Vorfahren des Verstorbenen in Form von Wachsmasken teil, die von Schauspielern in historischen Gewändern getragen wurden. Die Bilder der Vorfahren waren ausschließlich männlich und wurden in Kassetten oder kleinen Holzschranken am geeignetsten Ort des Hauses aufbewahrt, um geehrt, während der öffentlichen Opfer ausgestellt und bei der Prozession nach dem Tod wichtiger Verwandter getragen zu werden. Da alle Nachfahren das Recht auf die Maske eines Verstorbenen hatten, wurde diese in mehreren Kopien hergestellt und weitere folgten, wenn ein neuer Hausstand gegründet wurde.

Das Recht, die Masken der Vorfahren aufzubewahren war anfangs den Patrizierfamilien vorbehalten und markierte ein Privileg, auf das man stolz war; später wurde es auch auf jene Plebejer ausgedehnt, die Zugang zum Senat hatten. Eine große Zahl davon zu besitzen, die die Rekonstruktion des ganzen Stammbaums ermöglichte, galt als Zeichen alten Adels. Überführte Straftäter konnten das Recht, Bilder der Verstorbenen aufzubewahren oder selbst zum Bildnis zu werden, verlieren. Laut Sueton und Tacitus zum Beispiel beschuldigte Nero »ohne jede Mäßigung ... den Rechtsgelehrten Cassius Longinus, in einem alten Familienwappen das Bild des C. Cassius, eines der Caesarmörder, bewahrt zu haben«.

Weiterführende Stichwörter
Porträtkunst, Grab

▼ Porträt aus Terrakotta nach einer Totenmaske, 1. Jh. v. Chr., Paris, Louvre.

229

Vorfahren

»Das Bild ist eine Wachsmaske, deren Züge und Gesichtsfarbe dem Verstorbenen sehr ähnlich sehen … Wenn sie an den Rostra ankommen, sitzen sie in einer Reihe … Es ist nicht möglich … einem edleren Schauspiel beizuwohnen: wie sollte man unbewegt bleiben beim Anblick dieser Bilder von Männern, die ihrer Tugenden wegen berühmt waren, alle zusammen, lebendig und beseelt?« (Polybios)

Der Kopf des Togatus ist ein antikes Porträt und gehörte ursprünglich nicht zu der Statue; er wurde erst bei der Restaurierung aufgesetzt, die die Familie Barberini gleich nach dem Fund der Skulptur im 17. Jh. veranlasste.

Das Porträt des Großvaters des Togatus wurde wahrscheinlich zwischen 50 und 40 v. Chr. in einem naturalistischen Stil ausgeführt, der die individuellen Züge des Gesichts betont.

Das zwischen 20 und 15 v. Chr. geschaffene Porträt des Vaters des Togatus ist bereits durch den typischen Klassizismus der Zeit des Augustus geprägt.

Aus der Grabrede des Scipio Hispanus: »Mit meinem Betragen habe ich die Tugend meines Geschlechts vermehrt; ich habe Söhne gezeugt, und ich habe versucht, den Taten meines Vaters ebenbürtig zu sein. Ich habe mir das Lob meiner Vorfahren erhalten, so dass diese stolz sein können, mich gezeugt zu haben. Die Ämter, die ich bekleidet habe, haben mein Geschlecht geadelt.«

Scipio Hispanus ist stolz darauf, Teil einer Generationenfolge zu sein, einem Ganzen anzugehören, das das Geschlecht, die Familie, die gens bildet. Die Vorfahren wurden als Richter angesehen, deren Wohlwollen notwendig ist.

▲ So genannter *Togatus Barberini*, Togastatue aus der Zeit des Augustus, Rom, Centrale Montemartini.

»Das Gesetz sagt in den Zwölf Tafeln: ›Es soll nicht begraben und nicht verbrannt werden in der Stadt‹ ... Und da es hinzufügt ›nicht verbrannt werden‹, ... ist nicht begraben, wer verbrannt wird, sondern nur, wer beerdigt wird.« (Cicero)

Grab

Die Römer waren sich sicher, dass das Leben nach dem Tod weiter ging, glaubten aber auch, dass eine angemessene Bestattung notwendig sei, damit die Seele im Jenseits ihren Frieden finde. Aus diesem Grund war der Gedanke an die letzte Ruhestätte eine Konstante der römischen Welt, und wer es sich erlauben konnte, baute noch zu Lebzeiten eine Grabstätte für sich und seine Familie. Das Gesetz schrieb ausdrücklich vor, dass nur außerhalb der Mauern und der Stadtgrenzen bestattet werden durfte in eigens organisierten Bereichen; diese Nekropolen waren parzelliert und auf Inschriften sind die jeweiligen Grabgrößen überliefert. Die Römer fürchteten sehr um die Unversehrtheit ihrer Gräber – Grabschändung war ein Verbrechen, kam aber regelmäßig vor, wie die dauernde Wiederverwendung von Sarkophagen für spätere Beisetzungen oder ihre Nutzung als Baumaterial belegen. Anlass zu großer Sorge bot auch die Möglichkeit der unbefugten Aneignung und einige Grabeigentümer verhängten Strafen über ihre Erben für den Fall, dass diese das Grab verkauften oder die Mitglieder anderer Familien dort bestatteten. Manchmal wurden auch Testamentsverfügungen hinterlassen, die garantieren sollten, dass nach dem Tod des Eigentümers das Grab weiterhin gepflegt wurde; vor allem die notwendigen Opferrituale aber sollten abgehalten werden wie Trankopfer, die in eigens in die Erde eingelassene Rohre gegossen wurden, die direkt ins Grab führten.

▼ Grabaltar des Statilius Aper, hadrianische Zeit, Rom, Musei Capitolini.

Grab

Der Obelisk zwischen den Statuen der göttlichen Zwillinge befand sich ursprünglich zusammen mit einem weiteren Obelisken, der heute vor der Apsis der Kirche Santa Maria Maggiore steht, zu beiden Seiten des Eingangs des Mausoleums des Augustus.

»Diesen Bau hatte Augustus zwischen der Via Flaminia und dem Tiberufer in seinem sechsten Konsulat errichten lassen, und bereits damals die ringsum angelegten Parks und Alleen dem Volk zur öffentlichen Benutzung freigegeben. ... ein Verzeichnis seiner Taten, das er auf erzene Tafeln geschrieben haben wollte, sollte vor seinem Mausoleum aufgestellt werden.« (Sueton)

Für den Transport der Obelisken wurden eigene Schiffe gebaut: Für den im Circus Maximus ließ Augustus ein Schiff bauen, das dann ungenutzt im Hafen von Pozzuoli liegen blieb, während das Schiff, das Caligula für den Obelisken des Circus Vaticanus (der heute auf dem Petersplatz steht) bauen ließ, später von Claudius für die Schalung seines neuen Hafens verwendet wurde.

Die Statuen der Dioskuren müssen in dieser Gegend gefunden worden sein; wahrscheinlich gehörten sie zum Bildschmuck des großen Serapis-Tempels, den Caracalla auf dem Quirinal hatte errichten lassen und von dem heute noch einige Reste in den Gärten der Colonna sichtbar sind. Seit 1589 bildet die Skulpturengruppe die Mitte der Piazza del Quirinale.

▲ Obelisk auf der Piazza del Quirinale.

Im Mausoleum des Augustus wurden alle Kaiser bis Trajan bestattet, der seine Säule als Grabmal wollte; die Herrscher von Hadrian bis Commodus fanden ihre letzte Ruhestätte im großen Mausoleum des Hadrian (der heutigen Engelsburg).

Das Castrum Caetani *war ein befestigtes Dorf mit einigen Häuser, einer dem Seligen Nikolaus geweihten Kirche und dem Palast der Herren. Beim Bau wurde das Mausoleum mit Ziegelmauerwerk erhöht und mit einem zinnenbewehrtem Gang überbaut, so dass es sich in einen gegen die Stadt Rom gerichteten Verteidigungsturm verwandelte.*

Der obere Teil trägt ein Fries mit Girlanden aus Blüten und Früchten, die mit rituellen Bändern und Stierschädeln verflochten sind; über jeder Girlande schwebt eine Trinkschale. Es handelt sich um eine Gruppe von Symbolen aus dem Bereich der Opferzeremonien, die auf Grab- und Votivaltären häufig vorkamen.

Grab der Caecilia Metella an der Via Appia.

1303 wurde das Mausoleum in den Bau des Castrum Caetani *integriert, von dem heute noch viele Reste zu sehen sind. Gut erhalten ist vor allem das Wohnhaus, das direkt an der Umfassungsmauer liegt und im Laufe der Jahrhunderte Dach und Zwischendecken verloren hat, aber mit seinen Zinnen und den zweibogigen Fenstern immer noch eindrucksvoll wirkt.*

Das Grabmal wurde zwischen 30 und 20 v. Chr. für Caecilia Metella errichtet, Tochter des Quintus Caecilius Metellus Creticus und Ehefrau des Crassus. Die einzigen Informationen, die über sie bekannt sind, finden sich in dem knappen Epigraph, das aber der Stattlichkeit und dem Prunk des Grabes nicht gerecht wird, das seit 850 bekannt ist und zum Symbol der Via Appia wurde.

233

Grab

Der große Rundbau besteht aus einer ringförmigen Galerie mit Tonnengewölbe, in deren Mitte ein Zylinder auf zwölf Säulenpaaren steht und mit einer Kuppel überwölbt ist. In einer der Nischen im Inneren befand sich der mit Putten und Weinranken geschmückte Sarkophag aus rotem Porphyr, der heute in den Vatikanischen Museen zu besichtigen ist.

Das Mausoleum – die heutige Kirche Santa Costanza – wurde an der Via Nomentana für eine Tochter Konstantins errichtet, Constantina, die Ehefrau des Constantius Gallus; der Bau des Mausoleums und vor allem seine Verbindung mit der nahen Basilika Sant'Agnese waren Teil eines umfassenderen, von der Kaiserfamilie finanzierten Projekts eines großen Basilikenkomplexes.

Ein weiterer Rundbau wurde vor den Toren Roms auf Anordnung Konstantins als Mausoleum für seine Mutter Elena errichtet, die später zur Heiligen erklärt wurde; ihre Ruinen sind heute als Tor Pignattara bekannt.

Während der Renaissance wurde das Mausoleum »Bacchustempel« genannt: In der Dekoration des Gewölbes sind bacchische Motive zu erkennen, und auf der Vorderseite des Sarkophags der Constantina, der im Inneren der Kirche gefunden wurde, sind weinlesende Eroten dargestellt.

▲ Mausoleum der Constantina.

Scipio Barbatus, Konsul im Jahr 298 v. Chr., führte Feldzüge nach ̣amnium und Lukanien, an die seine Grabinschrift erinnert; weniger glaubhaft erscheint der Bericht des Livius, der ihn als Heerführer in Etrurien erwähnt.

Die Lage des Grabes der Scipionen wird von den Quellen links der Via Appia, vor der Porta San Sebastiano angegeben. Dort wurde die Gruft bereits 1616 gesehen aber erst 1780 ausgegraben; 1926 wurden von den Originalinschriften, die von den Entdeckern entfernt worden waren und sich heute in den Vatikanischen Museen befinden, Kopien angefertigt und vor Ort angebracht.

̣as Grab der ̣cipionen wurde von ̣cipio Barbatus oder ̣essen Sohn begründet ̣nd bis zur Mitte des ̣. Jh. v. Chr. benutzt. ̣cipio Africanus wurde ̣ei seiner Villa in ̣iternum begraben. ̣päter wurde die Gruft ̣ielleicht durch Scipio ̣emilianus erweitert ̣nd blieb bis in die ̣ühe Kaiserzeit in ̣ebrauch.

Der Sarkophag, der heute in der Gruft der Scipionen steht, ist eine Kopie; das Original ist in den Vatikanischen Museen ausgestellt.

Der Sarkophag, der als einziger dekoriert ist, besteht aus einem Kasten, der oben mit einem dorischen Fries mit Metopen geschmückt ist, auf denen sich Rosetten befinden; der Deckel läuft an den Schmalseiten in zwei Polster mit Voluten aus.

̣ Grab der Scipionen, Kopie des ̣arkophags des Scipio Barbatus.

»Sorgen, Mühen, Preise und Ehren für erledigte Pflichten, geht, plagt von nun an andere Leben. Weit weg von euch ruft mich ein Gott. Am Ende dieses Lebens, gastliche Erde, leb wohl.« (Seneca)

Columbarium

Weiterführende Stichwörter
Kunst und Handwerk, Sarkophag, Urne und Relief

In der letzten Zeit der Republik entstanden neben den Nekropolen unter freiem Himmel die *columbaria*, eine billigere Art der Bestattung, die den Bedürfnissen einer Metropole mit enormen Bevölkerungszuwächsen eher entsprach. Es handelte sich um Gemeinschaftsgräber, die aus ober- oder unterirdischen Räumen bestanden und hunderte von Gräbern enthalten konnten, die sich als kleine, in regelmäßigen Reihen übereinander angeordnete Nischen an den Wänden entlangzogen. Die Leichen der Verstorbenen wurden an den dafür vorgesehenen Orten, den *ustrina*, verbrannt, ihre Asche in Urnen oder in einfachen Töpfen gesammelt und in die Nischen gestellt; diese wurden dann mit einer Platte verschlossen, die meist eine Inschrift trug und unseren heutigen Grabsteinen ähnelte. Columbarien waren oft den Verstorbenen einer einzigen Gruppe vorbehalten, etwa den Sklaven einiger großer römischer Familien oder den Mitgliedern eines Bestattungskollegiums, einer Vereinigung, die auch ärmeren Bevölkerungsschichten eine ehrenvolle Bestattung ermöglichte. Zahlreiche Columbarien sind heute noch in Rom zu sehen, andere wurden zerstört oder sind nicht mehr rekonstruierbar; ein besonders eindrucksvolles muss das Columbarium der Sklaven und Freigelassenen der Livia gewesen sein, das 1725 an der Via Appia gefunden wurde und heute nicht mehr existiert: Dort fanden die sterblichen Überreste von etwa 3 000 Dienern der Ehefrau von Augustus ihren Frieden.

▶ Verschlussplatte einer Grabnische, Columbarium der Vigna Codini.

Columbarium

Überall, wo die Tiefe der Mauer ausreichend war, wurden Grabnischen angelegt, die die ganze Grabkammer bedeckten; ihre meist oben abgerundete Form ahmte die der Einfluglöcher von Taubenschlägen nach, von denen sich der Name Columbarium ableitet.

▲ Inneres eines der Columbarien der Vigna Codini.

Die ersten Columbarien wurden um die Mitte des 1. Jh. v. Chr. in Rom erbaut und erfuhren große Verbreitung vor allem unter Augustus und Tiberius; nach der Regierungszeit von Claudius scheinen keine neuen Columbarien mehr angelegt worden sein.

237

Columbarium

Die Grabkammer wurde 1831 von Pietro Campana im Park zwischen der Via Appia und der Via Latina entdeckt, nicht weit von der Aurelianischen Stadtmauer entfernt.

▲ Columbarium des Pomponius Hylas, 1. Jh. n. Chr.

Das kleine, etwa 12 m² große Columbarium hat eine komplexe architektonische Form und ist sehr prunkvoll mit Stuck, Malereien und einer großen, von Muscheln eingerahmten Mosaiktafel aus Glaspaste geschmückt.

So sammelten wir später seine Gebeine ... und setzten sie an geeigneter Stätte bei. Dort werden wir uns mit der Gnade Gottes in Jubel und Freude versammeln und den Geburtstag seines Zeugnisses feiern.« (Martyrium Polycarpi)

Katakomben

Die ersten christlichen Gemeinden bestatteten ihre Toten in den Nekropolen unter freiem Himmel, neben den Gräbern der Gläubigen anderer Religionen. Erst im Laufe des 2. Jh. begannen die Katakomben zu entstehen, die typischen unterirdischen Friedhöfe, die der Legende nach auch als Zuflucht während der Christenverfolgungen gedient haben. Tatsächlich waren die großen Verfolgungsaktionen gegen die Christen nicht so zahlreich und beschränkten sich vor allem auf die Zeit zwischen Mitte und Ende des 3. Jh.; andererseits hätten sich auch schwerlich Tausende von Gläubige retten können, indem sie sich in ein Labyrinth aus finsteren und luftlosen Gängen pferchten.

Der Bau der ersten Katakombensysteme erfolgte nach Grundstücksschenkungen durch Privatleute, die ihre Besitzümer der Gemeinde zur Verfügung stellten und so den weniger begüterten Glaubensbrüdern zu einer ehrenvolle Bestattung verhelfen wollten.

In einigen Friedhöfen waren die Abschnitte rund um die Gräber der Märtyrer besonders gut ausgebaut, da alle Gläubigen danach strebten, neben diesen begraben zu werden; diese heiligen Orte wurden auch dann weiterhin besucht, als im Laufe des 5. Jh. die Bestattung in Katakomben aufgegeben wurde.

Weiterführende Stichwörter
Christentum

▼ Krypta der Päpste in den Katakomben von San Callisto.

Katakomben

Der Ausdruck ad catacumbas *(bei den Höhlen) gab der Gegend ihren Namen, die zwischen der 2. und 3. Meile der Via Appia zwischen der Basilika San Sebastiano und dem Circus des Maxentius lag, wo sich durch den Abbau von Puzzolanerde das Erdreich abgesenkt hatte.*

▲ Katakomben der Domitilla, Grabkammer des Orpheus-Freskos.

Die Gräber, meist übereinanderliegende Grabnischen, wurden mit Marmorplatten, Ziegeln oder Tuffsteinen geschlossen, mit Kalk versiegelt und verputzt; in den Putz wurde manchmal der Name des Verstorbenen geritzt.

Die Friedhöfe erstreckten sich über mehrere Stockwerke und über ein dichtes und verwirrendes Netz von Gängen, die durch wenige Lichtschächte schwach erhellt wurden; den Rest der spärlichen Beleuchtung mussten Öllampen liefern.

Katakomben von San Sebastiano.

Die Meinung, dass diese Friedhöfe den Gläubigen während der Christenverfolgungen als Zufluchtsort gedient hätten, entstand durch Legendenbildung in moderner Zeit.

»Nur der Schatten deines Sohnes ist dahingegangen..., doch er selbst ist ewig und ... frei von Lasten. ... Knochen, Nerven und Haut ... Gesicht und Hände ... sind nur Ketten für den Geist.« (Seneca)

Sarkophag, Urne und Relief

Weiterführende Stichwörter
Bestattung

Bis zum 2. Jh. n. Chr. war der Brauch der Einäscherung vorherrschend. Die niederen Schichten bedienten sich der billigeren direkten Einäscherung: Dabei wurde der Scheiterhaufen über dem Grab errichtet und die Überreste wurden zusammen mit der verkohlten Totenbahre in der Erde bestattet; Beigaben wurden auf dem Scheiterhaufen mitverbrannt oder neben den beigesetzten Resten angeordnet. Weiter verbreitet war es jedoch, den Leichnam in einem eigenen Krematorium zu verbrennen, das sich innerhalb der Begräbnisstätte befand und oft sehr aufwendig gestaltet war, mit hohen Pyramiden aus Brennholz, geschmückt mit Drapierungen und Girlanden. Der gesamte Katafalk wurde mit Parfum und Duftstoffen besprengt, zu Ehren des Verstorbenen und um den Gestank zu überdecken, der bei der Verbrennung entstand; das belegen Tausende Glasfläschchen, die bei den Grabbeigaben gefunden wurden. Am Ende der Zeremonie wurden die verkohlten Reste in einer Urne aus Stein oder Marmor, Glas, Terrakotta oder Holz, gesammelt und beerdigt oder in den Grabnischen einer Gruft bestattet. Zwischen dem 2. und Mitte des 3. Jh. wurde die Einäscherung langsam durch den Brauch der Körperbestattung abgelöst. Die Verstorbenen wurden nun in Särge oder zum Teil reich dekorierte Sarkophage gelegt; die ärmeren Leute wurden nur in ein Grabtuch gewickelt.

▼ Urne des Tiberius Claudius Melito, Arzt des Germanicus, 1. Hälfte des 1. Jh. n. Chr., Rom, Museo delle Terme.

Sarkophag, Urne und Relief

Der offenbar junge Verstorbene ist in einen weiten Mantel gewickelt, sein Kopf liegt auf einem Kissen.

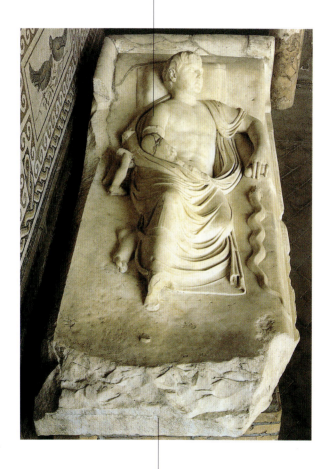

▲ Deckel eines Klinen-Sarkophags, Beginn des 1. Jh. n. Chr., Rom, Museo Nazionale Romano.

Diese geschnitzten Sarkophagdeckel, die einen Diwan, eine Kline, darstellten, stammten ursprünglich aus Griechenland.

Sarkophag, Urne und Relief

In der oberen Reihe sind nur siegende Römer dargestellt, größtenteils zu Pferde und von einem Hornisten begleitet, der wohl gerade den Sieg verkündet.

Das Zentrum bildet der siegreiche General auf seinem Pferd, der mit dem ausgestreckten rechten Arm und der geöffneten Hand die typische Geste des Imperators zeigt und ein Siegelkreuz auf der Stirn trägt; hier liegt der Ursprung der Komposition mit ihren drei Bildebenen.

Die mittlere Reihe tritt am deutlichsten hervor und enthält die eigentliche Kampfszene zwischen den Legionären und dem barbarischen Heer: in dem Durcheinander von Körpern und Waffen behalten jedoch stets die Römer die Oberhand.

Der Sarkophag ist aus einem riesigen Marmorblock aus Prokonnesos geschnitten und stellt eine komplexe Schlachtenszene dar; der Kommandant war vielleicht der Sohn des Decius, der 251 n. Chr. zusammen mit seinem Vater starb.

In der unteren Reihe hat der Künstler das unterlegene, zu Boden geworfene Heer dargestellt, eine Masse aus Menschen- und Pferdekörpern; die Soldaten sind durch ihre Kleidung und Haartracht als Angehörige eines gotischen Volkes zu erkennen.

Die Produktion monumentaler Sarkophage mit Reliefschmuck entwickelte sich zwischen dem 2. und 4. Jh. bei den römischen Steinmetzen, in Athen und in den Werkstätten des Orients; die Motive variieren von sehr einfachen bis komplexen Erzählungen in italischer Tradition, die neben Schlachten und mythischen Ereignissen auch die großen biblischen Themen beinhalteten.

Die Inschrift auf dem Deckel erzählt trotz ihrer Kürze (de Via Sacra aurivetrix), dass die verstorbene Sellia Epyre längs der Via Sacra eine Schneiderwerkstatt besessen hatte, wo sie goldverzierte Kleider nähte.

Die luxuriösen Gewänder, die Sellia Epyre für ihre reichen Kunden kreierte, waren aus kostbaren Stoffen genäht, die aus dem Orient nach Rom importiert wurden.

Die Einäscherung war die in der in der 1. Hälfte des 1. Jh. n. Chr. fast ausschließlich gebräuchliche Bestattungsart. Ein Beispiel für den langsamen Übergang zur Körperbestattung stellt ein in der Emilia gefundener doppelter Sarkophag dar, der sowohl die sterblichen Überreste eines Mannes enthielt als auch die Urne seiner eingeäscherten Frau.

Obwohl die Webkunst immer eine hochgeschätzte Tugend war, wurden viele Stoffe in spezialisierten Betrieben »industriell«, also in Serie hergestellt und von den Bekleidungsgeschäften und Schneidereien eingekauft.

◀ Schlachtensarkophag »Grande Ludovisi«, aus der Vigna Bernusconi bei der Porta Tiburtina, Mitte des 3. Jh. n. Chr., Rom, Palazzo Altemps.

▲ Urne der Sellia Epyre, 1. Hälfte des 1. Jh. n. Chr., Rom, Museo delle Terme.

Sarkophag, Urne und Relief

Der äußere Ring des als Rahmen dienenden Schilds ist mit einem Zopf, einem Eierstab und einem dicken Perlenkranz verziert.

Die medaillonartigen Porträts zeigten manchmal nur Köpfe, zumeist aber Büsten wie im Fall dieser beiden Männer aus Ostia.

Imagines clipeatae *sind von einem Rundschild* (clipeus) *eingerahmte Porträts, eine Art der Darstellung, die in der Malerei Griechenlands entwickelt wurde.*

Die imagines clipeatae *konnten gemalt, in Metall getrieben oder in Marmor gehauen sein; sie stellten ehrenwerte Menschen dar, aber auch Gottheiten.*

▲ *Imagines clipeatae*, aus den Mithras-Thermen in Ostia, ca. 100–110 n. Chr., Ostia Antica, Museo Ostiense.

Anteros, dessen Gesicht leicht seiner Frau zugewandt ist, trägt eine Helmfrisur, wie sie zur Zeit des Augustus üblich war, und hat ein mageres, altes Gesicht.

Die Inschrift am oberen Rand des Reliefs – A(ulus) Pinarius A(uli) l(ibertus) Anteros Oppia (muliebris) l(iberta) Myrsine – klärt uns über den sozialen Status des verstorbenen Ehepaars auf: die beiden waren Freigelassene, die es wahrscheinlich zu bescheidenem Wohlstand gebracht hatten.

Die Porträts der beiden Verstorbenen sind als Büsten in das Relief eingefügt; frühere Reliefs aus republikanischer Zeit stellten die Personen fast bis zur Körpermitte herab dar.

Myrsine hat sehr ausgeprägte Züge, große Ohren und ein breites Gesicht; ihre Haare sind im Nacken zusammengefasst, wobei zwei Strähnen auf die Schultern herabfallen, nach der für ihre Zeit typischen »Frisur der Octavia«.

▲ Grabrelief von Anteros und Myrsine, aus der Gegend um Santa Maria Sopra Minerva, letztes Viertel des 1. Jh. v. Chr., Rom, Palazzo Altemps.

Sarkophag, Urne und Relief

Die Frau trägt eine Variante der »Frisur der Octavia« sowie eine Tunika, die ihre Unterarme frei lässt, und Mantel, den sie mit der linken Hand vor der Brust hält.

Die Person rechts trägt einen Schleier, der von einem dicken Stoffring gehalten wird, ihr Gesicht ist von ondulierten Locken umrahmt. Sie ist vielleicht die Mutter der Ehefrau oder ihre Herrin oder aber die Besitzerin des Paars vor dessen manumissio, der Freilassung aus der Sklaverei; tatsächlich sind viele solcher Reliefs bekannt, deren Auftraggeber Freigelassene waren.

Die beiden Personen links sind deutlich als Eheleute dargestellt, einerseits durch die vertraute Geste der dextrarum iunctio, andererseits durch die Gesichter, die einander zugewandt sind.

Das Relief ist aus Marmor aus Luni; diese Sorte wird heute als Carrara-Marmor immer noch in den Brüchen gewonnen, die unter Caesar eröffnet und seit der Zeit des Augustus intensiv genutzt wurden; unter Tiberius gelangten die Brüche schließlich in kaiserlichen Besitz.

Der ältere Mann mit Helmfrisur ist mit einer Tunika und einer Toga bekleidet, die er an der linken Schulter festhält.

▲ Grabrelief, ca. 40–30 v. Chr., Rom, Palazzo Altemps.

Die Inschrift besagt, dass Lucius Aufidius Aprilis seine Tätigkeit als corinthiarius *beim Theater des Balbus ausübte, das 13 v. Chr. während eines Tiberhochwassers eingeweiht wurde.*

Der corinthiarius *war ein Handwerker, der Gegenstände aus Bronze und Edelmetallen fertigte; dieser enstammte der Familie der Aufidier und arbeitete auch als Goldschmied. Seine Werkstatt muss sich südlich der* Crypta Balbi *befunden haben, zum Tiber hin, wo vielleicht eine Reihe von zur Straße offenen Werkstätten bestand.*

Der große, 140 cm hohe Marmoraltar wurde 1965 in der Nähe eines Mausoleums längs der Via Flaminia entdeckt.

In den restaurierten Gebäuden, die seit dem Mittelalter auf den Grundmauern der Crypta Balbi *entstanden, befindet sich heute ein Museum der Spätantike in Rom.*

Dem Theater des Balbus angegliedert war ein Portikus, der durch ein Fragment der Forma Urbis bekannt ist, die Crypta Balbi; *diese war seit 1981 Gegenstand sorgfältiger archäologischer Untersuchungen, die etwa 20 Jahre dauerten.*

Der üppig geschmückte und exzellent gearbeitete Altar illustriert deutlich die gehobene soziale Stellung und den Reichtum des Verstorbenen.

▲ Grabaltar des L. Aufidius Aprilis, von der Via Flaminia, ca. 60–80 n. Chr., Rom, Museo Nazionale Romano, Museo della Crypta Balbi.

Das Theater, in dessen Nähe Aufidius Aprilis arbeitete, war von Lucius Cornelius Balbus erbaut worden mit dem Erlös der Beute nach dem Triumph über das libysche Volk der Garamanten 19 v. Chr. Reste des Theaters sind noch im Inneren des Häuserblocks sichtbar, der die Palazzi Caetani und Mattei umfasst.

Sarkophag, Urne und Relief

Die weibliche Figur trägt ein Kleid und einen weiten Mantel; sie ist ganz in üppige Faltenwürfe gehüllt, die sie mit der linken Hand gerafft hält.

In der linken Hand trägt die Frau einen kleinen Blumenstrauß mit Ähren und Mohnblumen, Attribute des Kults der Ceres, deren Priesterin die Verstorbene gewesen sein könnte.

▲ Weibliche Grabskulptur, aus der Via Latina bei der Porta Furba, Rom, Museo delle Terme.

Es handelt sich um eine Kopie eines hellenistischen Originals von ca. 160 v. Chr., entstanden zur Zeit Hadrians.

Auf der Stele steht einerseits noch die Widmung an die Manen, erkennbar in den Buchstaben D M, Diis Manibus, der aber bereits die christliche Formel ιχθύς σωτήρ zur Seite gestellt ist, »Fisch der Lebenden«, bekräftigt durch das Bild zweier sich gegenüber stehender Fische mit einem Anker in der Mitte.

◀ Grabstele der Licinia Amias, aus der Nähe der Vatikanischen Nekropole, Beginn des 3. Jh. n. Chr., Rom, Museo delle Terme.

Die Formel »Fisch der Lebenden« leitet sich davon ab, dass das griechische Wort für Fisch, IXΘΥΣ, das Akronym des Ausdrucks »Jesus Christus Sohn Gottes, des Retters« ist (Ἰησοῦς Χριστός Θεοῦ Υἱός Σωτήρ). Die Lebenden sind die in der Taufe wiedergeborenen und zu neuem Leben erwachten Christen.

Stadt

Stadt
Basilika
Tempel und Heiligtümer
Domus
Villa
Garten
Insula
Thermen
Theater
Amphitheater
Circus
Märkte und Lagerhäuser
Städtische Straßen
Wasser und Aquädukte
Brücken
Mauern und Tore
Häfen
Konsularstraßen und Landstraßen

◀ Ansicht des Forum Romanum,
mit dem Tempel der Dioskuren
im Vordergrund.

»Wenn du dich von den Spielen im Circus losreißen kannst, kannst du in ... ein wunderbares Haus kaufen für das Geld, das du hier in einem Jahr für ein finsteres Loch ausgibst.« (Juvenal)

Stadt

»Selbst Procida würde ich der Subura vorziehen. Hat man je einen Ort gesehen, egal wie ärmlich und verlassen, der nicht ... den tausend Gefahren dieser furchtbaren Stadt vorzuziehen wäre? ... Viel kostet eine miserable Unterkunft, viel kostet es, die Bäuche der Diener zu füllen, und ebenso viel eine einfache kleine Mahlzeit ... Im kühlen Praeneste, in Volsinii inmitten seiner schattigen Hügel, im einfachen Gabii oder auf der steilen Anhöhe von Tibur, wer fürchtet oder fürchtete dort je Einstürze? Aber wir leben in einer Stadt, die sich zum großen Teil auf Stützen hält; denn so geht der Verwalter gegen die Schäden vor und fordert, wenn er einen klaffenden alten Riss gestopft hat, alle auf, ruhig zu schlafen, während der Zusammenbruch droht. Lieber dort leben, wo es keine Brände und nächtlichen Schrecken gibt. Schon schreit Ucalegon nach Wasser, schon bringt er seine Lumpen in Sicherheit, schon dringt Rauch aus dem dritten Stockwerk und du weißt es nicht; denn wenn ganz unten schon der Schrecken regiert, wird als Letzter brennen, wer zum Schutz vor dem Regen nur die Dachziegel hat ... Doch die Gefahren der Nacht sind viele: ... Dachziegel, die dir den Kopf einschlagen, Töpfe, die aus den Fenstern herausfliegen ... Leichtsinnig bist du ... wenn du abends zum Essen ausgehst, ohne dein Testament gemacht zu haben: dir droht der Tod so oft, wie sich ein Fenster über dir öffnet. Bete also ..., sie mögen sich damit begnügen, den Inhalt ihrer Nachttöpfe über dir auszuschütten.« (Juvenal)

▼ Italo Gismondi, Modell Roms zur Zeit Konstantins, Detail mit Circus Maximus, Palatin und Kolosseum, 1937, Rom, Museo della Civiltà Romana.

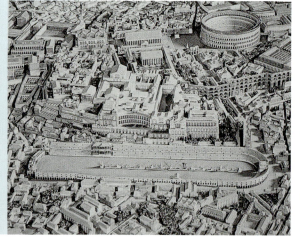

»Als er Ädil war, schmückte er nicht nur das Komitium, sondern auch das Forum und die Basiliken mit provisorischen Portiken, um dort einen Teil der vielen Kunstwerke auszustellen, die er besaß.«
(Sueton)

Basilika

Die Basilika war ein weiter, überdachter Raum, der den juristischen, politischen und wirtschaftlichen Geschäften des Forums dienen sollte und auch all die Läden aufnahm, die normalerweise unter freiem Himmel auf dem Platz standen. Das Innere des Gebäudes wurde durch regelmäßige Säulenreihen, die auch das Dach stützten, in Schiffe eingeteilt; das Mittelschiff war im Allgemeinen höher als die anderen, so dass durch seitliche, große Fenster Licht in den Raum gelangen konnte. Die erste Basilika wurde bereits Ende des 3. Jh. v. Chr. auf dem Forum errichtet und wenige Jahrzehnte später kaufte M. Porcius Cato ein Grundstück zwischen dem Kapitol und der *Curia*, um dort die Basilica Porcia zu errichten. Das rechteckige Gebäude, das heute nicht mehr existiert, war von Säulengängen und Galerien umgeben und diente Händlern gleichermaßen als Geschäftssitz und als Wandelhalle. In kurzer Zeit entstanden am Forum weitere drei Basiliken, von denen zwei keine Spuren hinterlassen haben; bis in unsere Zeit erhalten blieben hingegen die Reste der Basilica Fulvia-Aemilia, die zur Kaiserzeit restauriert worden war. Fast anderthalb Jahrhunderte später begann Caesar mit den Bauarbeiten für die Basilica Iulia, ein neues und noch größeres Gebäude auf dem Grundstück zwischen den beiden wichtigsten Straßen, die vom Tiber zum Forum führten; erst 50 Jahre später sollte es von Augustus vollendet werden.

Weiterführende Stichwörter
Caesar, Forum Romanum

▼ Die Basilica Iulia, vom Kapitol aus gesehen.

255

»Es ist die Mühe wert, ... die Tempel zu besichtigen ... die unsere Vorfahren, sehr devote Männer, erbauen ließen ... sie verschönten die Heiligtümer noch mit ihrer Frömmigkeit.« (Sallust)

Tempel und Heiligtümer

Das älteste von den Römern erbaute Heiligtum war der Altar, auf dem der Gottheit Opfer dargebracht wurden. Die Altäre, einfache Quader aus Stein, aber auch reich verzierte Monumente, erhoben sich überall: vor Tempeln, in Privathäusern, an zahlreichen öffentlichen Stellen und an Straßenkreuzungen. Bereits komplexer waren die *aediculae*, kleine Gebäude, die meist in die Mauern von Tempeln eingelassen waren, um die Bilder von Gottheiten oder Heroen aufzunehmen. *Aediculae* konnten auch eigenständige Bauten sein, eine Art Miniaturtempel, wie die an den Wegkreuzungen, die den *lares compitales*, den Schutzgöttern der Kreuzungen geweiht waren; in die Kategorie der *aediculae* fielen auch jene Nischen der Privathäuser, die den Hauslaren geweiht waren. Der Begriff Tempel hingegen bezeichnete ein begrenztes, rituell eingeweihtes Grundstück, auf dem ein Gebäude errichtet wurde, das einer oder mehreren Gottheiten geweiht war. Es gab viele Gründe, ein Gelübde für den Bau eines Tempels abzulegen: von der Hoffnung, von einer Naturgewalt verschont zu werden, bis zum Wunsch nach Frieden in Zeiten innerer Kämpfe. Die Tempel wurden fast immer von Konsuln geweiht und konnten auf öffentliche Kosten, aber auch aus dem Erlös einer Kriegsbeute errichtet; die Kosten für Pflege und Verwaltung fielen immer zu Lasten des Staates. Der Tag, an dem der Tempel geweiht wurde, war fortan der Festtag der Gottheit.

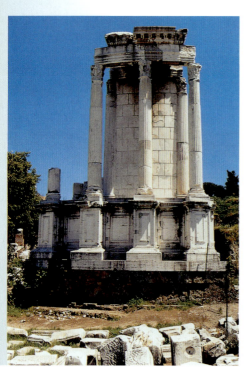

▼ Der Vesta-Tempel auf dem Forum Romanum.

Tempel und Heiligtümer

Im Hintergrund ragt der mächtige Tempel der höchsten Gottheit des römischen Pantheons auf, so wie er nach seinem Umbau in domitianischer Zeit ausgesehen haben muss.

Der Imperator Marcus Aurelius opfert mit bedecktem Haupt, wie es den Zelebranten vorgeschrieben war, Iuppiter Capitolinus auf einem Altar vor dem Eingang zu dessen Tempel.

Ein Opferdiener bringt den Stier, während ein Musiker vor dem Altar spielt.

▲ Relieftafel für ein zu Ehren Mark Aurels erbautes Denkmal, aus der Kirche Santi Luca e Martina, 176–180 n. Chr., Rom, Musei Capitolini, Palazzo dei Conservatori.

Das Relief ist Teil einer Serie von drei Tafeln, die symbolisch die Milde (Clementia: Mark Aurel empfängt zu Pferde die besiegten Barbaren), den Erfolg (Victoria: der Imperator auf dem Triumphwagen) und die Demut des Kaisers (Pietas Augusti: das Opfer vor dem Tempel) darstellen.

Domus

»*Dein Haus hat einen so großen Eingang, dass eine Kutsche hindurchfahren kann; du schläfst in einem versteckten Raum, ungestört von geschwätzigen Zungen, und hast das Licht des Tages, wann du willst.*« (Martial)

Weiterführende Stichwörter
Villa, Garten, Insula, Villa Hadriana

▼ Mosaikboden der *domus* der Piazza dei Cinquecento, 1. Hälfte des 2. Jh. n. Chr., Rom, Palazzo Massimo.

Während der frühen Zeit der Republik bestanden die römischen Häuser aus einem Eingangsflur, der in einen zentralen Hof mündete, das *atrium*, in dem Regenwasser in einem Becken aufgefangen und in eine Zisterne geleitet wurde; um das *atrium* herum lagen die Zimmer *(cubicula)* und ein Hauptraum *(tablinum)*. Im Laufe des 2. Jh. v. Chr. wurde dieses Modell nach griechischem Vorbild um einen zweiten zentralen Bereich erweitert: dort lagen um einen von Säulen umgebenen Innenhof *(peristylium)* verschiedene Repräsentationsräume, Speisesäle, Wohn- und Empfangsräume. Die hellenistischen Einflüsse schlugen sich deutlich nieder in der Architektur der Privathäuser der vermögenden Schichten, so dass die reichen, aristokratischen Häuser jener Zeit mitunter Residenzen der hellenistischen Herrscher an Größe übertrafen. Auch in der Dekoration der *domus* wurde Luxus zum Maßstab, so dass Mosaikböden häufiger wurden als die einfachen Terrazzoböden, und die Wände mit Fresken, Stuck und Marmor bedeckt waren.
Durch diese Veränderungen fand der Begriff *domus* fast nur noch für die luxuriösen Residenzen der Adligen Verwendung, die mit Privatthermen ausgestattet, mit Marmor verkleidet und voller Kustwerke waren; davon gab es nach Zählungen im 4. Jh. n. Chr. noch 1790.

Domus

Die Funktionsweise der Latrinen war immer dieselbe: an drei Seiten eines Raums verlief ein Kanal, der mit gemauerten oder marmornen Sitzen in regelmäßigen Abständen überbaut war und fließendes Wasser enthielt, das dann in die nächste Kloake geleitet wurde.

Zur Toilettenanlage gehörte auch eine kleine Rinne mit Wasser vor dem Fuß der Sitze, in die wahrscheinlich die mit einem Handgriff versehenen Schwämme getaucht wurden, die zur Reinigung benutzt wurden, von denen Seneca und Martial erzählen.

Den Leitungsrohren (fistulae) *wurden verschiedene Namen eingeprägt: der des Konzessionsträgers für die Benutzung der Leitungen bzw. des versorgten Ortes oder des Fabrikanten oder auch des Beamten, der für die Konzession verantwortlich war. Es gibt keine Fundstücke mit dem Name des Aquädukts, aus dem jeweils das Wasser bezogen wurde.*

Das Blei für die Rohre wurde auf einer glatten Oberfläche geradegezogen und dann über einen Holzzylinder mit dem gewünschten Durchmesser gerollt; die größte Länge eines Leitungssegments betrug zehn römische Fuß (2,95 m), um Inspektionen und Reparaturen zu erleichtern.

▲ Latrine in der Nähe der Thermen des Forums von Ostia.

▲ *Fistula* aus Blei, von der Piazza del Gesù, Rom, Antiquarium Comunale.

Domus

Die wichtigste Quelle zur Architektur der römischen Privathäuser bietet Vitruv, der Militäringenieur Caesars: sein Werk De architectura, *das er Ende des 1. Jh. v. Chr. fertig stellte und Augustus widmete, ist ein regelrechtes Handbuch mit konkreten Ratschlägen für Architekten und Handwerker.*

Das Traktat Vitruvs behandelt die verschiedenen Bautechniken, die Raumaufteilung und die Funktion der einzelnen Räume und liefert einen umfassenden Überblick über die Residenzen der herrschenden Klasse in der späten Zeit der Republik.

▲ *Oecus corinthius der Casa Bellezza auf dem Aventin, 1. Jh. v. Chr.*

Durch eine vergleichende Analyse von Vitruvs Werk einerseits, den Untersuchungen der luxuriösen Häuser verschütteter Städte am Vesuv und der insulae *von Ostia andererseits konnten viele offene Fragen zum Baubestand der Hauptstadt des römischen Reichs geklärt werden.*

Der lineare Stil mit weißen Wänden, die mit leichten aediculae *und nur angedeuteten Motiven verziert waren, verbreitete sich seit der Mitte des 2. Jh. und wird im Laufe des 3. Jh. zu einem charakteristischen Element der Grabmalerei, vor allem in den Katakomben.*

Das Zimmer erhielt im Laufe der Zeit mindestens drei verschiedene Dekorationen, deren übereinanderliegende Spuren heute noch erkennbar sind. Die älteste Schicht hatte einen ockergelben Hintergrund mit Feldern, die in lebhaften Farben gestreift waren.

▲ *Domus* der Piazza dei Cinquecento, Detail des Freskos eines der Räume, Ende des 2./Beginn des 3. Jh., Rom, Palazzo Massimo.

Die jüngste Schicht ist fast vollständig verschwunden, vermutlich wegen der geringen Haltbarkeit der verwendeten Technik: ein trockener Farbauftrag, wahrscheinlich auf einem einfachen Kalkanstrich.

Vom weißen Hintergrund hebt sich ein leichtes und elegantes architektonisches Motiv ab, in das Blumen und kleine menschliche Figuren eingefügt sind.

»Hohe königliche Vestibüle, Atrien und Säulenhöfe ... luxuriös und beeindruckend; außerdem Bibliotheken, Pinakotheken und Basiliken, deren Großartigkeit mit der der öffentlichen Gebäude wetteifern kann.« (Vitruv)

Villa

Weiterführende Stichwörter
Garten, Villa Hadriana

Zur Zeit der Republik bezeichneten die Römer mit dem Begriff *villa* ein Wohnhaus auf dem Land, zu dem fast immer ein landwirtschaftlicher Betrieb gehörte *(villa rustica)* und das nach Varro, der 37 v. Chr. ein Werk über die Landwirtschaft schrieb, die Produktivität mit dem Vergnügen verbinden sollte. Diese großen Villen bestanden aus zwei getrennten Bereichen, den Räumen für die Bediensteten und die Produktion *(pars rustica)* und den luxuriösen Räumen des Besitzers *(pars urbana)*, die dessen Wohnhaus in der Stadt in nichts nachstehen sollten. Das ideale Landhaus sollte denn auch nicht weit von Rom entfernt liegen und soviel Bequemlichkeit bieten, dass sein Besitzer sich zu häufigen Besuchen aufraffen konnte.

In der letzten Zeit der Republik tauchten die ersten Luxusvillen auf, die ganz dem Vergnügen und dem Nichtstun gewidmet waren, wie zum Beispiel die vielen großen Villen, die seit dem 2. Jh. v. Chr. in der Gegend des Vesuvs entstanden; diese Residenzen, die keinerlei Landwirtschaft mehr betrieben, wurden immer prunkvoller, um den angesehenen Persönlichkeiten Roms Rückzug und Entspannung zu garantieren. In der Umgebung Roms, aber auch unmittelbar in der Vorstadt entstanden bald die ersten großen Villen, die in kürzester Zeit die Stadthäuser an Luxus weit übertrafen, mit Peristylien, Gärten, Nymphäen mit spektakulären Fontänen, Wasserbecken und riesigen Thermenanlagen, voller Statuen und mit prächtigen Wand- und Bodendekorationen.

▼ Villa Hadriana, Mosaikboden eines der *hospitalia*, der Gästezimmer.

Villa

Für den Bau von Wandheizungen wurden tubuli, *hohle Ziegelsteine, benutzt. Im Inneren der Wand verlief eine Schicht von Hohlziegeln, durch deren Zwischenräume die warme Luft geleitet wurde.*

Über diese Hohlziegel wurde dann eine dicke Schicht von Putz gelegt, der die Wand schützen und für den Auftrag der Malereien vorbereiten sollte. Auch die Böden verfügten oft über Heizungssysteme; dabei wurden die Hohlräume durch aufeinandergestapelte Ziegel hergestellt, die den Fußboden trugen.

Die Beheizung von Räumen durch warme Luft wurde Anfang des 1. Jh. v. Chr. eingeführt und bewirkte eine deutliche Verbesserung der hygienischen Zustände in den Bädern, da es nun möglich war, eine konstante Raumtemperatur zu halten.

▲ Heizungsanlage in einem Raum der Villa der Quintilier.

Beheizte Räume fanden sich in allen Thermenanlagen und in den Privatbädern herrschaftlicher Häuser, die oft auch über andere geheizte Räume verfügten. So wohnten die Priesterinnen der Vesta, im oberen Stockwerk des Hauses der Vestalinnen auf dem Forum Romanum in komfortablen, mit Öfen ausgestatteten Räumen und verfügten über zahlreiche beheizte Bäder.

Gut sichtbar ist die solide Vorbereitung des Bodens, auf dem dann die Marmorplatten oder Mosaike verlegt wurden.

Villa

Domitian baute sich eine grandiose Residenz am Westufer des Albaner Sees, indem er eine Reihe von Terrassen am Hügel anlegte. Die Villa umfasste außer dem eigentlichen Wohnhaus auch eine Pferderennbahn und ein Theater.

»Wohin ich mich auch wende, sehe ich die Zeichen meines Alters. Ich war in meine Villa außerhalb der Stadt gefahren und beklagte mich über die Ausgaben für das bereits im Verfall begriffene Haus. Der Verwalter antwortete mir, dass ... die Villa bereits alt sei. Diese Villa habe ich gebaut: was soll aus mir werden, wenn die Steine, die mein Alter haben, schon so zerbröckelt sind?« (Seneca)

Die Reste der Villa Domitians – deren Kryptoportikus noch heute begehbar ist – wurden Teil des Parks jener Villa, die seit 1597 die Sommerresidenz der Päpste ist.

▲ Nymphäum der Villa Domitians in Castel Gandolfo.

Nach rechts und nach links blickend, bat ich derweil alle Götter, sie möchten mich in den Gärten ringsum einen schönen blühenden Rosenstrauch finden lassen.« (Apuleius)

Garten

Laut Cicero gehörte der erste Garten *(hortus)*, der zu Beginn des 2. Jh. v. Chr. in Rom angelegt wurde, Sulpicius Galba: ein Park auf dem Ausläufer des Aventins, in dem der Dichter Ennius gern zu spazieren pflegte. Die Mode, einen herrlichen Garten zu besitzen, verbreitete sich rasch und sehr bald wollten fast alle der wohlhabenden Familien der Spätzeit der Republik außer ihren luxuriösen Stadthäusern auch einen *hortus* ihr Eigen nennen. Am Ende der Republik und zu Beginn der Kaiserzeit war das Stadtzentrum Roms von einem Gürtel großer, baumbestandener Parks umgeben, die mit Tempelchen, Statuen und Wasserspielen ausgestattet waren.

Neben den *horti* der Aristokratie entstanden auch öffentliche Gärten, meist große, eingezäunte Areale, die von kilometerlangen Säulengängen umgeben waren und sich erst der Großzügigkeit von Privatleuten, dann den Kaisern verdankten.

Eine wichtige Rolle spielte in den römischen Gärten das Wasser, das in Fontänen emporschoss und aus Brunnen und Nymphäen sprudelte. Wahrscheinlich war Agrippa der erste, der einen Garten anlegte mit einem See als Mittelpunkt: ein fünfeinhalb Hektar großer Teich, der die gesamte Gegend zwischen dem Pantheon und der heutigen Piazza Navona einnahm und in dem man schwimmen konnte.

Weiterführende Stichwörter
Vergil und Maecenas, Villa, Villa Hadriana

▼ Brunnen in Form eines Kraters mit Hochzeit von Paris und Helena, vom Esquilin, 1. Jh. n. Chr., Rom, Centrale Montemartini

265

Garten

Nymphäen waren monumentale Brunnenanlagen, die sich durch eine großzügige Architektur mit Nischen und Exedren und reiche Dekoration auszeichneten. In den Parks der prunkvollen Villen wohlhabender Römer sollten Nymphäen den Parkbesuchern durch komplizierte Wasserspiele Vergnügen bereiten.

Brunnen und Nymphäen sind typische Elemente der römischen Kultur und Plinius d. Ä. erzählt, dass allein Agrippa in Rom ungefähr 500 Brunnen erbauen und mit 300 Bronze- und Marmorstatuen und 400 Säulen schmücken ließ. Noch zwischen dem 4. und 5. Jh. n. Chr. gab es in Rom 1200 Brunnen und 15 städtische Nymphäen.

Die große Villa gehörte, wie durch die Namen auf den Wasserleitungen ersichtlich, den Brüdern Sextus Quintilius Condianus und Sextus Quintilius Valerius Maximus, die beide im Jahr 151 n. Chr. Konsuln waren. Die Anlage lag an der V. Meile der Via Appia, während sich an der III. Meile die luxuriöse Villa des Herodes Atticus befand.

182–183 n. Chr. ließ Commodus die beiden Brüder aufgrund der wahrscheinlich falschen Beschuldigung, sie hätten sich an einer Verschwörung gegen den Kaiser beteiligt, ermorden; mit ihrem Tod gingen all ihre Besitztümer in das kaiserliche Vermögen über, so wie es systematisch mit den Gütern aller tatsächlich oder vermeintlich ausgeschalteten politischen Gegner geschah.

▲ Nymphäum der Villa der Quintilier.

1863 wurde in der Villa der Livia ad gallinas albas (»bei den weißen Hühnern«), an der Via Flaminia, ein unterirdischer Raum entdeckt, der auf allen vier Seiten mit Fresken ausgemalt war, die einen üppigen Garten darstellen.

Überall in diesem Garten fliegen, sitzen und picken Vögel verschiedener Arten; auf der marmornen Balustrade steht ein kleiner Metallkäfig mit einem Vögelchen.

Die Villa verdankt ihren Namen einem Wunder, das am Tag von Livias Hochzeit mit Augustus geschah: ein Adler ließ der Braut ein weißes Huhn in den Schoß fallen, das im Schnabel einen früchtetragenden Lorbeerzweig hielt. Rund um die Villa wurde ein Wald aus Lorbeerbäumen angelegt und deren Zweige bei den Triumphzügen verwendet.

Bemerkenswert ist die Vielfalt der dargestellten Pflanzen und Bäume, die überreich Blüten und Früchte tragen; dabei wurde aber auf den Ablauf der Jahreszeiten wenig Rücksicht genommen, so dass Chrysanthemen blühen, während der Pfirsichbaum voller Früchte steht.

▲ Fresko aus der Villa der Livia in Prima Porta, 30–20 v. Chr., Rom, Palazzo Massimo.

Der Garten wird durch eine doppelte Balustrade begrenzt, die erste im Vordergrund aus Schilfrohr oder Zweigen geflochten, die zweite weiter hinten aus reliefgeschmücktem Marmor. Der geflochtene Zaun steht in der Mitte der Schmalseiten offen, wo die Marmorbalustrade sich zu Exedren erweitert.

Garten

Vitruv empfahl schon um die Mitte des 1. Jh. v. Chr. einflussreichen Persönlichkeiten, bei der Planung ihrer Residenzen, neben königlichen Hallen, Atrien und Säulenhöfen auch die Anlage anmutiger Wäldchen und Gärten nicht zu vergessen, die zu angenehmen Spaziergängen einladen.

In der Villa Hadrian wurden in verschiedenen Teilen des Garten zahlreiche Blumentöpfe gefunden; längs des canopus, des großen Wasserbeckens wurde ein Beet m einer Reihe umgedrehter, halber Amphore zu Tage gefördert, d die Gärtner der Vill als Hilfsmittel für d Aussaat neuer Zier pflanzen verwendeter

Der Garten, der i der Zeit der Republi kaum mehr als ei Gemüsegarten wa wurde in der Kaiser zeit zum fixen Bestand teil jeder Luxusvill mit architektonische Regeln, die die Art de Pflanzen und dere Anordnung im Ver hältnis zu den einze nen Gebäudeteile vorschrieben

Blumentöpfe hatten normalerweise drei solche Löcher in gleichmäßigen Abständen, durch die sich die Wurzeln der Pflanze ausbreiten sollten; diese wurde also mit dem Topf, in dem sie großgezogen worden war in die Erde gesetzt.

▲ Blumentöpfe aus der Villa Hadriana, ca. 125–135 n. Chr., Tivoli, Villa Hadriana, Magazine.

Die Statue in der Mitte des Brunnens war wahrscheinlich Teil einer Fontäne oder eines Wasserspiels.

Ein Zaun aus Rohrgeflecht grenzt einen Teil des dargestellten Gartens ab, dahinter öffnet sich ein üppiger Park.

Der auf dem Fresko dargestellte Garten ist mit einem marmornen Brunnen geschmückt, der dem auf dem Esquilin gefundenen sehr ähnlich sieht (siehe S. 265).

▲ Fresko mit Brunnen,
aus der Villa della Farnesina,
ca. 19 v. Chr.,
Rom, Palazzo Massimo.

Detaillierte Gartendarstellungen wurden auf die Mauern wirklicher Gärten, aber auch auf die Wände von Speisezimmern und Wohnräumen gemalt, um durch den fingierten Ausblick auf Pergolen, Wäldchen und Sträucher hinter Zäunen und Balustraden die Illusion von Größe zu erzeugen.

269

Garten

Die halb hingestreckte Gottheit hält in der rechten Hand ein Füllhorn, ein traditionelles Attribut der Flussgötter, das auf die Fruchtbarkeit verweist, die die Fülle ihrer Wasser über die Erde bringt. Diese Statue des Tibers wurde 1954 zusammen mit einer zweiten Skulptur entdeckt, die die Personifizierung des Nils darstellt.

Das Ruder, das der Tiber in seiner linken Hand hält, weist auf die Schiffbarkeit seines Laufs hin. Die Statuen der beiden Flussgötter Tiber und Nil standen wohl – vielleicht zusammen mit einer Darstellung des Oceanus – zu beiden Seiten des Ablaufkanals des canopus, des großen Wasserbeckens im Garten der Villa Hadriana.

Das Detail der kauernden, die Zwillinge säugenden Wölfin ermöglichte die Bestimmung der Statue als eine Personifizierung des Tibers.

▲ Tiber, aus der Villa Hadriana,
Zeit Hadrians, Tivoli,
Villa Hadriana, *Antiquarium.*

Die Statuen der Flussgötter, die in den Gärten der Villa Hadriana aufgestellt waren, stellten sehr wahrscheinlich vereinfachte und verkleinerte Kopien der Kolossalstatuen aus der Zeit Domitians dar, die das Iseum Campense, *den Isis-Tempel auf dem Marsfeld, zierten und sich heute im Louvre (Tiber) und in den Vatikanischen Museen (Nil) befinden.*

Garten

Das Heiligtum, das Elagabal auf der Ostseite des Palatins auf einer künstlichen Terrasse errichtete, umfasste auch einen von einem großen Säulengang umgebenen Garten; in dessen Mitte stand der Tempel, der dem Sonnengott Heliogabalus geweiht war, mit dem sich der Kaiser identifizierte. Er hatte die Absicht, die in den orientalischen Provinzen verbreitete Vergöttlichung des noch lebenden Kaisers auch in Rom einzuführen.

Der Tempel des Elagaba war das letzte Gebäude, das auf dem Palatin errichtet wurde, der bereits seit Jahrhunderten über und über bebaut war. Dort wollte der Kaiser alle Gegenstände zusammenführen, die den Römern besonders heilig waren: den Kultstein der Kybele, das Feuer der Vesta und auch das Palladium, das Bild der Minerva, welches Aeneas aus dem Brand Trojas gerettet hatte.

Zu den größten und berühmtesten Gärten Roms zählten die Horti Sallustiani, *die sich auf einem weiten Gelände zwischen der Porta Salaria und der Porta Pinciana erstreckten; im Jahr 20 n. Chr. wurde der Park Teil der kaiserlichen Besitzungen und zum bevorzugten Rückzugsort vieler Kaiser.*

Unter den Bauwerken der Horti Sallustiani *befand sich auch ein Circus, der so groß war, dass die Spiele dort abgehalten werden konnten, wenn die Überschwemmungen den Circus Maximus unbrauchbar machten.*

▲ Stützmauern der Terrassen der Vigna Barberini auf dem Palatin.

»Viele Kranke hier sterben an Schlafmangel (der Grund der Krankheit selbst liegt im unverdaulichen Essen ...), denn welches Mietshaus erlaubt einem zu schlafen? Nur in den großen Villen schläft man gut in dieser Stadt.« (Juvenal)

Insula

Zur Zeit der Wende von republikanischer zur Kaiserzeit erfuhr das traditionelle römische Haus zahlreiche Änderungen, die die Veränderungen in der Gesellschaft widerspiegelten; beim Wohnungsbau für das Volk wurde das Ziel größtmöglicher Ausnutzung des verfügbaren Platzes zu möglichst niedrigen Kosten vorrangig und führte zur Entwicklung eines neuen Wohnmodells für die Kaiserzeit, der *insula*. Das alte republikanische Modell des Einfamilien-*domus* mit der Regenwassersammlung im *impluvium* verlor infolge der Aquädukte mehr und mehr an Bedeutung, und die neue, billigere Art zu Wohnen verbreitete sich rasch.

Die großen Gebäudekomplexe in Ostia bieten ein gutes Beispiel für die neue Bauweise: Die Häuser, die vier oder fünf Stockwerke hoch waren, enthielten unabhängige Wohneinheiten, die über Treppen erreichbar und mit breiten Außengängen oder Loggien verbunden waren. Der Platz im Inneren der Wohnungen, die durch große Fenster Luft und Licht erhielten, wurde mit Hilfe von Zwischenwänden und Hängeböden maximal ausgenutzt, und im Erdgeschoss lag zur Straße hin eine Reihe von Werkstätten, von denen die meisten mit einer kleinen Wohnung für den Besitzer ausgestattet waren. Die bescheideneren *insulae* bestanden aus einem langen, schmalen Bau zwischen parallelen Straßen, während die »besseren« Häuserblöcke über einen Innenhof mit Brunnen und Blumenbeeten verfügten.

Weiterführende Stichwörter
Domus, Städtische Straßen, Ostia

► Kleines Modell eines herrschaftlichen Hauses mit Portikus und einer *insula* in Ostia, Rom, Museo della Civiltà Romana.

273

Insula

Das Haus war mit schmalen Balkonen im ersten Stock verziert, die zum Teil noch an der Fassade erkennbar sind. Die Dicke der Mauern im Erdgeschoss (ca. 1 m) lässt vermuten, dass das Gebäude sehr viele Stockwerke hatte.

Das »Haus der Diana« verdankt seinen Namen einem kleinen Terrakottarelief, das in die Westwand eingemauert war und die Göttin beim Jagen zeigt.

Die zulässige Höhe der Gebäude wurde in der Zeit Trajans von 21 auf 18 m herabgesetzt; diese Vorschrift wurde aber durch illegale Aufstockungen unterlaufen, die oft unbemerkt blieben, weil sie leicht nach hinten versetzt waren.

Die Via di Diana erhielt ihren Namen von der Casa di Diana, einer sehr gut erhaltenen insula *aus dem 2. Jh. n. Chr., die in den Jahren des Ersten Weltkriegs von Guido Calza ausgegraben wurde. Auf der anderen Seite der Straße befand sich ein* thermopolium, *eine Art Gaststätte, von der noch der Tresen für den Ausschank zu sehen ist.*

Die ersten mehrstöckigen Wohnhäuser waren die folgerichtige Reaktion auf die immer höheren Grundstückspreise, die vor allem den Bau preiswerten Wohnraums erschwerten, und auf die Notwendigkeit, im Zentrum der bereits riesigen Stadt, in der es keine öffentlichen Verkehrsmittel gab, die Wohndichte erhöhen zu müssen.

▲ Via di Diana, Ostia.

»Nun sagt man, die Bäder seien voller Ungeziefer, wenn sie nicht den ganzen Tag durch riesengroße Fenster Sonne erhielten; wenn man nicht beim Waschen gleichzeitig noch braun werde.« (Seneca)

Thermen

Alle gingen in die Thermen: Männer und Frauen, Junge und Alte, Arme und Reiche; letztere gehörten sogar, obwohl sie über Privatbäder verfügen konnten, zu den eifrigsten Besuchern der öffentlichen Anlagen, die sie in Begleitung ihrer Sklaven und Klienten besuchten und von denen sie mit Duftölen eingerieben und massiert wurden. Sogar der Kaiser und dessen Familie besuchten die öffentlichen Thermen und mischten sich unter die Menge. Je nach Gewohnheit und körperlicher Verfassung konnte das Bad eine einfache Hygienemaßnahme oder auch raffinierter Luxus sein. Seit dem 2. Jh. v. Chr. hatten die Frauen Zutritt zu den öffentlichen Bädern, in anderen Räumen als die Männer oder zu verschiedenen Zeiten; einige kaiserliche Anordnungen, die unter Hadrian, Mark Aurel und Severus Alexander gegen die gemischte Nutzung der Bäder erlassen wurden, lassen jedoch vermuten, dass es sich dabei um eine Gewohnheit der römischen Gesellschaft handelte. Der Eintritt zu den Bädern kostete sehr wenig oder war kostenlos, und über das reibungslose Funktionieren der Bäder wachten die Ädilen, die für die Überwachung der Hygiene, der Temperaturen und der Rechtmäßigkeit der Lieferverträge verantwortlich waren. In jeder Anlage gab es außer dem Leiter oder Besitzer auch Pförtner, Garderobenangestellte, Heizungsleute, Masseure sowie Kosmetiker(innen).

Weiterführende Stichwörter
Cursus honorum, Diokletians-Thermen, Caracalla Thermen

▼ Mittlerer Raum des *frigidarium* der Villa der Quintilier.

Thermen

Das caldarium *verfügte über riesige, verglaste Bogenfenster mit Ausblick über das Tal, die wahrscheinlich auf inzwischen zerstörte Metallgitter aufgebracht waren.*

Die Wände des caldarium *waren ganz mit Marmorplatten verkleidet, die Mitte des 19. Jh. noch vorhanden waren. Die Decke bestand wahrscheinlich aus einem Kreuzgewölbe mit einem Mosaik aus blauen, hellblauen und wassergrünen Glassteinen; dies belegen Reste von Putzschichten aus der Zeit vor der Plünderung.*

Im großen Warmwasserbecken, zu dem der Weg durch einen geheizten und mit Schieferplatten ausgelegten Vorraum führte, reichte das Wasser bis zur höchsten Treppenstufe.

Auf den Öffnungen der drei Öfen (praefurnia) *saßen große Bronzekessel, die das Wasser im Becken erwärmten. Aus dem* hypokaust, *einem unterirdischen Raum, in dem Fichtenholz verbrannte, stieg warme Luft auf, die unter dem Boden hindurch- und in die Zwischenräume der Wände geleitet wurde.*

▲ Thermen der Villa der Quintilier, *caldarium*.

Bereitstellung und Verteilung von Wasser wurde in Rom durch den Staat garantiert, während sie in den anderen Städten der jeweiligen Verwaltung oblag; nach dem Gebrauch wurde das Wasser für die Reinigung der Latrinen wiederverwendet oder, wie im Fall der Caracalla-Thermen, für den Betrieb großer Mühlen neu eingespeist und schließlich in die Abwasserkanäle geleitet.

Die große Wanne, die 1979 während der Ausgrabungen im Bereich des heutigen Senatsgebäudes gefunden und 1987 an ihrem jetzigen Standort aufgestellt wurde, stammt aus den Thermen Neros und besteht aus einem einzigen Block roten Granits mit einem Durchmesser von 5,50 m.

Zu den Thermen Neros, so wie sie in der Zeit der Severer restauriert wurden, gehörten auch die zwei Säulen, die sich heute in der linken Ecke der Vorhalle des Pantheons befinden; hier wurden sie 1666 unter Papst Alexander VI. anstelle der stark beschädigten Originalsäulen aufgestellt.

Reste der Thermen Neros sind unter dem Palazzo Madama, dem heutigen Senatssitz, und in den Kellergeschossen der umliegenden Gebäude sichtbar; eindrucksvolle Reste finden sich noch auf der Piazza Rondanini, deren Form vermutlich auf den einstigen Turnsaal zurückgeht.

Vielleicht bezieht sich Seneca auf die Thermen Neros, wenn er ausruft: »Wie viele Statuen! Wie viele Säulen, die keinerlei stützende Funktion haben, sondern nur den Sinn, zu schmücken und Reichtum zur Schau zu stellen! Was für ein Überfluss an Wasser stürzt mit Getöse die Treppen herab! Wir sind so anspruchsvoll, dass wir die Füße nur noch auf Edelsteine zu setzen wissen.«

▲ Brunnen in der Via degli Staderari.

Thermen

Diesem Mosaik kommt außerordentliche Bedeutung zu, da es die einzige erhaltene antike Darstellung des Grundrisses einer Thermenanlage is; es muss sich um ein Gebäude mittlerer Größe gehandelt haben – eine Längsseite maß etwa 24 m –, wahrscheinlich ein öffentliches Bad, das von Privatleuten betrieben wurde.

Die öffentlichen Thermen erfüllten ein Grundbedürfnis, da sich nur die Reichen private Bäder leisten konnten, während weniger begüterte Schichten in ihren Häusern mit einer engen Kammer neben der Küche auskommen mussten.

Man durchlief die Thermen je nach Belieben in unterschiedlicher Reihenfolge: nach einer gängigen Abfolge begann man mit dem Verwahren der Kleider in den Umkleideräumen, um sich dann einzuölen und Gymnastikübungen im Turnsaal zu absolvieren, schwitzte reichlich im Türkischen Bad (laconicum), stieg dann ins Warmwasserbecken (caldarium) und in die kleinen Becken mit lauwarmem Wasser (tepidarium); die letzten Etappen bildeten das frigidarium, ein großer, nicht geheizter und prunkvoll dekorierter Raum, und das Hallenbad (natatio).

▲ Mosaik aus einem Gebäude in der Nähe der Via Marsala, mit dem maßstabsgetreuen Plan einer Thermenanlage.

Die ersten öffentlichen Thermen wurden von Agrippa erbaut, der als Ädil den Besuch der Bäder für alle kostenlos machte. Seneca erzählt, dass später bei der Eröffnung jedes neuen Bades das vorangegangene, auch wenn es gerade erst eröffnet worden war, sofort alt und überflüssig wirkte.

Die beiden Ringer wurden in der schola des Trajan gefunden, einem großen Gebäude, das als Sitz des Kollegiums der fabri navales, der Schiffshandwerker, bestimmt werden konnte. Skulpturen, die Athleten verschiedener Disziplinen beim Sport zeigten, waren als Raumschmuck in den Thermen sehr verbreitet.

Die Figurengruppe ist unvollständig – durch die fehlende rechte Hand des unterliegenden Ringers kann nicht gesagt werden, ob dieser den Arm hebt, um seinen Fall zu dämpfen, was auf einen Ringkampf hinweisen würde, oder ob er in einem letzten Verteidigungsversuch zum Schlag ausholt, was auf einen pánkration schließen ließe.

Der Allkampf oder pánkration war eine Kombination aus Ringen und Boxen; dabei umwickelten die Athleten ihre Hände mit Handschuhen.

Der junge Ringer hebt seinen Gegner an, um ihn endgültig zu Boden zu werfen. Die Gruppe ist von außerordentlicher künstlerischer Qualität und wurde vor kurzem einer gründlichen Restaurierung unterzogen.

▲ Ringer, aus der *schola* des Trajan in Ostia, Zeit Hadrians, Ostia Antica, Museo Ostiense.

Thermen

Kopf und Oberkörper wurden sehr stark überarbeitet, so dass nach diesen und vielen anderen Eingriffe in moderner Zeit die Skulptur keine Datierung mehr zulässt.

Die Arme und das rechte Bein wurden bei der Restaurierung ergänzt. Die Statue befand sich in der Sammlung Altemps und fand dort als »ein Lysippos« Erwähnung, wahrscheinlich, weil dem großen griechischen Bildhauer die Perfektionierung dieser Art von Statuen mit einem aufgestützten Bein zugeschrieben wird.

Sueton erzählt, dass Augustus »seine Gesundheit mit großer Umsicht schützte, vor allem, indem er selten ein Bad nahm; er ließ sich dafür häufiger salben oder schwitzte am Feuer, um sich dann mit lauwarmem oder von der Sonne erwärmtem Wasser begießen zu lassen«.

Das Motiv der Figur, die ein Bein auf einer Erhebung abstützt, ist in der griechischen Kunst sehr verbreitet, in der Vasenmalerei ebenso wie in der Plastik.

▲ Ausruhender Athlet, Rom, Palazzo Altemps.

»Nichts übertrifft den Irrsinn eines Volks, das es wagte, auf so unzuverlässigen und unsicheren Sitzen sitzenzubleiben ... auf nur zwei Angelpunkte gestützt, als führe es auf zwei Schiffen dahin.« (Plinius)

Theater

Die größten Erfolge unter allen Theateraufführungen erzielten zweifellos die Komödien, insbesondere die aus Kampanien stammenden *atellanae*, die Ende des 4. Jh. v. Chr. in Rom eingeführt worden waren.

Die ältesten lateinischen Tragödien, die von den griechischen hergeleitet waren und ähnliche Themen behandelten, gehen auf das 3. Jh. v. Chr. zurück, während erst im 1. Jh. v. Chr. der *mimos* auftauchte, derbe kleine Szenen, in denen auch Frauen mitspielten und die manchmal mit einer Ausziehnummer endeten.

Zur Zeit der Republik war der Bau fester Theater lange verboten, so dass die Aufführungen in beweglichen Bauten stattfanden, die vielleicht unseren heutigen Zirkussen ähnelten. Große Bewunderung muss das Theater bzw. Amphitheater des Scribonius Curio ausgelöst haben, der 53 v. Chr. zur Erinnerung an seinen Vater zwei große Theater aus Holz erbauen ließ, die auf je eine drehbare Achse montiert waren. Die beiden Bauten blieben morgens getrennt und zeigten gleichzeitig verschiedene Aufführungen, während sie für den Nachmittag zueinandergedreht wurden, bis sie sich zu einem Amphitheater vereinigen ließen, in dem Gladiatorenspiele abgehalten wurden. Nach dem, was Plinius erzählt, war es sogar möglich, die beiden Halbkreise in Bewegung zu setzen, während die Zuschauer auf ihren Plätzen saßen.

Das erste feste Theater der Stadt errichtete Pompejus in seinem riesigen Komplex auf dem Marsfeld, dessen Rundung des Zuschauerraums in der Stadt heute noch sichtbar ist.

Weiterführende Stichwörter
Pompejus, Musen, Musik und Tanz

▼ Komische Maske, als architektonisches Element verwendet, Rom, Museo delle Terme.

281

Theater

Das Theater des Pompejus hat bis heute Spuren in der Stadt hinterlassen: Am Rund der Häuserfronten in der Via di Grotta Pinta lässt sich die Form eines Teils des Zuschauerraums ablesen, während in der Via del Biscione die Außenfront des Theaters gut erkennbar ist.

Der Palazzo Righetti wurde genau auf den Fundamenten des Tempels der Venus Victrix erbaut. In den Kellern verschiedener Gebäude in der Gegend finden sich noch Mauerreste aus opus reticulatum, die zum Theater gehörten – und zu den ältesten Beispielen dieser Bautechnik in Rom.

Der Theaterkomplex, den Pompejus zwischen 61 und 52 v. Chr. auf seinen Grundstücken auf dem Marsfeld erbauen ließ, umfasste außer dem eigentlichen Theaterbau – dem ersten gemauerten Theater Roms – auch die Curia und einem riesigen, baumbestandenen Portikus, der mit Statuen und Brunnen geschmückt war.

Cicero erzählt in einigen Briefen, dass die Einweihung des Theaters, das bis zu 17 000 Zuschauer fassen konnte, mit prunkvollen Spielen gefeiert wurde. Möglicherweise wurde das Theater 55 v. Chr. eingeweiht, wohingegen der Venus-Tempel, der sich oberhalb des Zuschauerraums befand, erst 52 v. Chr., während des 6. Konsulats des Pompejus, geweiht wurde.

▲ Ansicht der Häuserfront in der Via di Grotta Pinta.

Der Grundgedanke ist die Idee vom unsterblichen Wesen des Menschen, der wie ein Schauspieler durch das Leben geht in Erwartung eines Jenseits, aus dem er sich durch seine Liebe mitteilen können wird.

Der Sarkophag wurde mit Hilfe einer Art »Album« mit Szenen (immerhin 184 verschiedene) aus dem künstlerisch-kulturellen Kosmos der orientalischen Provinzen hergestellt; in dieser Vorlagensammlung sind all die weltanschaulichen Ideen zusammengefasst, deren Symbole sich noch während des gesamten 3. Jh. n. Chr. auf Sarkophagen wiederfinden.

Der große, 1955 entdeckte Sarkophag aus parischem Marmor ist das Werk griechischer Bildhauer aus Kleinasien und wurde wahrscheinlich in einer römischen Werkstatt hergestellt.

Die Seitenwände des Sarkophags sind in zwei Bänder unterteilt: auf dem oberen sind die Arbeiten des Herkules dargestellt, auf dem unteren Szenen aus dem Leben in der Unterwelt sowie eine ländliche und eine Opferszene.

▲ Sarkophag mit Arbeiten des Herkules, Velletri, Museo Civico.

Theater

Die Masken sind Teil eines Frieses, in dem sie sich mit Landschaften abwechseln, die mit raschem Pinselstrich gemalt sind.

Die Masken unterschieden sich vor allem durch ihre Haarfarbe, die auch das Alter anzeigte; die hellen Haare waren ein Erkennungszeichen der weiblichen Masken.

Die Personifizierung des Prologs war üblicherweise eine Figur mit Maske, Tunika, griechischem Mantel (pallium) und Olivenzweig, die auf die Bühne trat und dem Publikum die Einführung in das Werk rezitierte.

▲ Fresko aus dem Wandelgang G
der Villa della Farnesina,
ca. 19 v. Chr.,
Rom, Palazzo Massimo.

Papposilenus ist das Ergebnis
einer Vermischung des Satyrs aus
den griechischen Dramen mit
Pappus, dem lächerlichen Alten
der italischen atellanae.

Das Gesicht des Schau-
spielers ist von einer Maske
verdeckt, erkennbar an der
unbeweglichen Mund-
öffnung, hinter der die
echten Lippen und Zähne
zu sehen sind; der Gesichts-
ausdruck ist finster, die
Stirn von tiefen Falten gezeichnet und die Nase
stumpf; charakteristisch
sind die spitzen Ohren.

Der Schauspieler trägt in
einer Rolle als Pappo-
silenus, Vater der Satyrn
und Erzieher des Dionysos,
in Gewand aus Schaffell,
das bis zu den Knien reicht;
über seine linke Schulter
und um die Hüften schlingt
sich ein kurzer Mantel.

Das Satyrspiel, gegen Ende
des 6. Jh. v. Chr. eingeführt,
wurde in Athen von einem
Chor als Satyrn verkleideter
Tänzer während der großen
Dionysien dargeboten und
folgte in scherzhaftem Ton
dem typischen Schema der
Tragödie. In Rom wurde das
Satyrspiel ab dem 3. Jh. v. Chr.
eingeführt und vermischte
sich dort mit den atellanae,
italischen Farcen mit
feststehenden Rollen.

Die Beine des Papposilenus
stecken in einer Art Strumpf-
hose, wohl aus Ziegenfell.

▲ Schauspielerstatuette,
aus der Nähe der Villa di Torre Astura,
2. Jh. v. Chr.,
Rom, Palazzo Massimo.

Theater

Die Außenfassade des Zuschauerraums war ganz aus Travertin und zählte ursprünglich 42 Bögen und drei Stockwerke, bei einer Gesamthöhe von fast 33 m. Auf den Stufen des Theaters fanden zwischen 15 000 und 20 000 Zuschauer Platz.

Im Mittelalter wurde das Gebäude von der Familie Savelli zu einer Festung, später von der Familie Orsini zu einem Wohnhaus umgebaut. Die aktuelle Gestaltung geht auf den Umbau durch Baldassarre Peruzzi zurück.

Der Bau des Theaters des Marcellus wurde am selben Ort, an dem früher die provisorischen Theater standen, von Caesar begonnen und von Augustus fertiggestellt. Das Gebäude wurde 13 oder 11 v. Chr. dem Neffen des Augustus gewidmet, den dieser ursprünglich zu seinem Nachfolger erkoren hatte und der zehn Jahre zuvor jung verstorben war.

Die Ränge lagen auf einem komplizierten System aus halbkreisförmigen und radialen Stützmauern auf; nach außen hin zeigte die Fassade mehrere Reihen von Arkaden, die als Eingänge fungierten und halbkreisförmige Wandelgänge auf mehreren Ebenen bildeten.

Das wichtigste Kennzeichen des römischen Theaters war seine Bauweise ganz aus Mauerwerk; es konnte im Gegensatz zu den griechischen Theatern also überall gebaut werden, unabhängig von der Form des umliegenden Geländes.

▲ Theater des Marcellus.

Mitte des 2. Jh. v. Chr. wurde
wahrscheinlich ein mit dem
Tempel der Magna Mater
verbundenes steinernes
Theater erbaut, das jedoch
wenig später auf Anordnung
der Senatoren abgerissen
werden musste; bis heute
konnten keine Reste davon
gefunden werden.

Das feste Theater tauchte in
Rom erst spät auf, weil die
Aristokratie den Theateraufführungen ablehnend gegen-
überstand; möglicherweise
aber gab es bereitsAnfang des
2. Jh. v. Chr. ein provisorisches
Proszeniumstheater.

Theateraufführungen fanden
meist tagsüber statt. Die Schauspieler betraten die schmale,
aber lange Bühne durch drei
Türen; erst in der Zeit des
Augustus wurde der Vorhang
eingeführt. Dieser bestand aus
Teppichen, die aus Pergamon
importiert wurden; sie konnten
zum Öffnen in dem Graben vor
der Bühne abgesenkt werden.

Die Bühne war mit Theater-
maschinen ausgestattet, die immer
komplexer wurden: sich drehende
Plattformen, Treppen, Gruben
und Falltüren, um Verschwinden
zu simulieren, Flaschenzüge für
das Einschweben geflügelter
Wesen und alles, was Fantasie
und Geschicklichkeit sonst noch
aufzubieten vermochten.

▲ Schauspielerstatuette,
2. Jh. n. Chr.,
Rom, Palazzo Massimo.

Theater

Die Szenen der Komödien und Tragödien spielten generell alle im Freien; um den Zuschauern mitzuteilen, was in geschlossenen Räumen geschah, gab es die Figur des Erzählers, der sich an das Publikum wandte.

Über die römische Tragödie ist wenig bekannt, da nur Fragmente erhalten blieben; sehr wahrscheinlich stützte sie sich auf die große Tradition der griechischen Tragödie und übernahm in abgewandelter Form die hochberühmten Dramen von Euripides, Sophokles und Aischylos.

▲ Terrakottaplatte von der Grabaedicula des P. Numitorius Hilarius mit Darstellung einer Tragödienaufführung, Rom, Museo Nazionale Romano.

»Frauen erlaubte er den Besuch von Gladiatorenkämpfen, die sie einst mitten unter den Männern mitverfolgen durften, nur unter der Bedingung, dass sie von den oberen Sitzreihen zuschauten.«
(Sueton)

Amphitheater

Im Amphitheater wurden sowohl Kämpfe zwischen Menschen als auch Inszenierungen von Jagden, Kämpfe wilder Tiere oder gewaltlose Vorführungen mit dressierten Tieren gezeigt. Der Erfolg dieser Darbietungen war garantiert durch die Aufregung der Zuschauer beim Anblick exotischer Tiere oder beim plötzlichen Wechsel der Szenenbilder und Naturimitationen, aus denen wilde Tiere und Jäger hervorbrachen.

Die Gladiatorenspiele wurden in Rom vom Kaiser ausgerichtet und endeten fast immer mit dem Tod des Unterlegenen, während in den Städten der Provinz der Besiegte meist mit dem Leben davonkam, weil es Jahre dauerte, einen guten Schwertkämpfer auszubilden, und der Impresario der Spiele, der fast immer auch der Besitzer der Kämpfer war, diese nicht gerne opferte. Bei Kämpfen zwischen zum Tode Verurteilten hingegen waren keine Überlebenden vorgesehen, und der Letzte, der am Leben blieb, wurde von einem Gladiator getötet, der frisch in die Arena stieg.

Diskussionen um die Fortführung der blutrünstigen Spektakel im Amphitheater wurden mit der Verbreitung des Christentums schon im 3. Jh. geführt, aber erst im Jahr 365 verbot Theodosius, dass Christen zum Tod in der Arena verurteilt wurden. Aber noch zu Beginn des 5. Jh. wurde ein Mönch, Telemachos, von der Menge gelyncht, weil er versuchte, die Kämpfe abzubrechen; die Gladiatorenspiele wurden jedoch wenig später eingestellt, später gab es im Amphitheater nur Jagdinszenierungen.

Weiterführende Stichwörter
Kolosseum

▼ Relief mit Gladiatorenspielen, unten Sieger und Besiegter, aus der Via Arenula, Ende 3./Beginn 4. Jh. n. Chr., Rom, Museo delle Terme.

Amphitheater

Mit dem Begriff Jagd (venatio) wurden Aufführungen unterschiedlicher Art bezeichnet, die normalerweise morgens stattfanden: Kämpfe zwischen wilden Tieren, inszenierte Jagdpartien, Vorführungen exotischer Tiere und Kunststücke mit dressierten Tieren; aber auch Kämpfe zwischen Gladiatoren und Tieren und Exekutionen der Todesstrafe ad bestias, *durch wilde Tiere.*

Ein Bediensteter hält einen Käfig geöffnet, während andere ein Tier (einen Bären?) hineinzutreiben versuchen; zwischen den Bäumen ist ein Netz gespannt, um zu verhindern, dass die beinahe gefangenen Tiere fliehen können.

Die ersten Verbote der venationes *erfolgten 469 n. Chr. unter Leo I. und Anthemius, aber noch zwei Jahrhunderte später bemühte sich Justinian II. um ihre Abschaffung. Andererseits zeigt ein Aquarell von Bartolomeo Pinelli (1781–1835), dass noch im 19. Jh. im Mausoleum des Augustus, das in eine Arena umgebaut worden war, Spiele mit Stieren ähnlich den spanischen Stierkämpfen stattfanden.*

▲ Mosaik mit Jagdszenen, aus der Nähe der Kirche Santa Bibiana, Beginn des 4. Jh., Rom, Centrale Montemartini.

Der älteste Bericht einer venatio *stammt aus dem Jahr 252 v. Chr.: Die Hauptattraktion waren seltsame Tiere, die als »lukanische Ochsen« bezeichnet wurden und denen die Römer wenige Jahre vorher zum ersten Mal begegnet waren; die Tiere waren in Sizilien gefangen worden, wo man sie vom karthagischen Heer erbeutet hatte, in dem der Einsatz dieser Tiere, besser bekannt als Elefanten, ganz üblich war.*

Der Mann auf dem Pferd, dessen erhobene Hand vermutlich eine Lanze nach dem fliehenden Wildschwein schleuderte, könnte die Hauptfigur der Erzählung sein; er unterscheidet sich von den anderen durch seine Kleidung und durch die Detailgenauigkeit, mit der sein Gesicht mit dem kurzen Bärtchen wiedergegeben ist.

Das Mosaik reiht Szenen der Jagd auf Bären, Gazellen und andere Tiere aneinander, die für die venationes *im Amphitheater bestimmt waren; ganz rechts die Szene einer Wildschweinjagd.*

Amphitheater

325 n. Chr. erließ Konstantin ein Edikt, das seine Missbilligung der grausamen Spektakel im Amphitheater zum Ausdruck brachte, aber nicht deren Abschaffung verfügte.

Die zunehmende Schwierigkeit Gladiatoren zu finden, führte im 4. Jh. dazu, dass diese unter den Soldaten angeworben wurden, bis ein kaiserliches Edikt 357 n. Chr. dieser Praxis ein Ende bereitete. Gegen Ende desselben Jahrhunderts mussten Arcadius und Honorius dagegen einschreiten, dass sich Senatoren der Gladiatoren als Leibwächter bedienten.

Es gibt keine sicheren Angaben darüber, wann die Gladiatorenspiele eingestellt wurden, aber zwei Edikte der Jahre 414 und 417 n. Chr. erlaubten bei Gefahr die Löwen zu töten, so dass zum ersten Mal der Wert eines Menschenlebens über den des Spektakels gestellt wurde.

Auf dem Boden liegt ein sterbender Gladiator, während ein anderer, mit Kurzschwert und Schild bewaffnet, den Angriff der Tiere erwartet.

Ein mit einer langen Lanze bewaffneter Bediensteter lässt einen Löwen in die Arena.

▲ Platte aus Kampanien,
Mitte des 1. Jh. n. Chr.,
Rom, Museo Nazionale Romano.

»Während der Aufführungen machte das Hochwasser des Tibers den Circus Maximus unbenutzbar und löste eine Panik aus, so als ob die Götter ... alle Versuche, ihren Zorn zu besänftigen, missbilligten.« (Livius)

Circus

Im Circus, dem größten Gebäude, das in der römischen Welt für Spiele gebaut wurde, fanden die populären Wagenrennen statt. Die Bahn war in der Längsachse durch einen Mittelstreifen *(spina)* zweigeteilt, an dessen Enden zwei Spitzsäulen standen, die *metae*, an denen die Wagen kehrtmachten; das Rennen dauerte sieben Runden, die auf dem Mittelstreifen angezeigt wurden. Die von Pferden gezogenen Wagen waren sehr leicht, und es waren außerordentliche Fähigkeiten des *auriga* vonnöten, um sie nicht kippen zu lassen; allerdings stellten die spektakulären Stürze für das Publikum eine echte Attraktion dar. Rund um den Circus siedelten sich Kneipen, Kioske und Läden an, und während die Zuschauer auf den Rängen bis zu hundert Rennen am Tag sahen, gingen draußen Diebe, Prostituierte, fliegende Händler und jede Art von Müßiggängern ihren Geschäften nach.

Die ältesten Circusbauten Roms gehen noch auf die Zeit der etruskischen Könige zurück, der wichtigste aber entstand zwischen Palatin und Aventin 329 v. Chr. mit dem Bau der Startboxen für die Wagen und des Mittelstreifens; 174 v. Chr. wurden auf der *spina* sieben Eier aufgestellt, die die Runden anzeigten, 33 v. Chr. ließ Augustus sieben Bronzedelphine dazustellen. Der Circus Maximus blieb die ganze Spätantike lang in Betrieb; die letzten Rennen veranstaltete 549 der ostgotische König Totila.

▼ Mosaik-Emblem mit Darstellung eines *auriga*, aus der Villa di Baccano, Beginn des 3. Jh., Rom, Palazzo Massimo.

Circus

Augustus schmückte den Mittelstreifen der Rennbahn mit dem Obelisken Ramses' II., der heute auf der Piazza del Popolo steht, und Constantius II. fügte 357 n. Chr. den Obelisken des Thutmosis III. hinzu, heute auf der Piazza di San Giovanni in Laterano.

Pferde und Wagenlenker waren in Mannschaften eingeteilt, die sich durch ihre Farben unterschieden und die bei ihren Anhängern fanatische Begeisterung auslösten; mit der Zeit nahmen sie den Charakter regelrechter Parteien an und übten auch tatsächlich großen politischen Einfluss aus.

▲ Circus Maximus.

Die aurigae *wurden regelrecht vergöttert und konnten riesige Vermögen anhäufen: Bekannt ist die Geschichte des Diokles, der aus Portugal stammte und im 2. Jh. n. Chr. ganze 24 Jahre lang für die Mannschaft der Roten fuhr; er gewann 3 000 Rennen mit der zweispännigen* biga *und 1 462 mit der* quadriga *und hatte am Ende seiner Karriere die fabelhafte Summe von 35 Millionen Sesterzen verdient.*

Nach den Schätzungen des Dionysios von Halikarnass fasste der Circus Maximus zur Zeit des Augustus 150 000 Zuschauer, und Plinius errechnete, dass er nach dem vollständigen Wiederaufbau unter Nero nach dem verheerenden Brand von 64 n. Chr. ein Fassungsvermögen von gar 250 000 Zuschauern erreichte.

Circus

Diptychen bestanden aus zwei durch Scharniere verbundene Schalen aus Holz, Elfenbein oder anderen wertvollen Materialien, deren mit Wachs bestrichene Innenseite beschrieben werden konnte und deren Außenseite meist reich dekoriert war. Im 4. Jh. n. Chr. wurden sie zu beliebten Geschenken, bis 348 ein Gesetz verfügte, dass nur Konsuln bei ihrem Amtsantritt damit beschenkt werden durften.

Der für die Spiele zuständige Beamte, wahrscheinlich ein Mitglied der Familie Lampadii, nimmt als Zuschauer an einem Rennen von quadrigae *im Circus Maximus teil.*

Die Geschicklichkeit des auriga *bestand darin, die Kurven um die* metae *so eng wie möglich zu nehmen, um Abstand zu gewinnen; im Rennen war alles erlaubt, um den Gegner zu behindern und ihn gegen die Außenmauer zu drängen, wo sein Wagen zerschellte.*

Auf der Bahn verfolgen vier Wagenlenker einander um die Mittellinie herum, auf der deutlich der Obelisk und die zwei metae *erkennbar sind.*

▲ Diptychon der Lampadii,
1. Hälfte des 5. Jh. n. Chr.,
Brescia, Museo di Santa Giulia.

»Der Wanderhändler hatte uns ganz Rom geraubt und man sah die Schwellen nicht mehr ... alle waren zugestellt. Du, Germanicus, hast jetzt angeordnet, die Gassen freizuräumen.« (Martial)

Märkte und Lagerhäuser

Für den Vertrieb von Lebensmitteln, handwerklichen Produkten und Töpferware gab es öffentliche Märkte, geführt und überwacht von Beamten, die auf den reibungslosen Betrieb und auf die Einhaltung der geltenden Gesetze achteten. Auf die Wochenmärkte hingegen begaben sich die Bauern, um Gemüse, Obst und andere Waren zu verkaufen oder um einzukaufen, was sie nicht selbst produzieren konnten. In verschiedenen Teilen der Stadt konnten Brot, Hülsenfrüchte, Gemüse und andere Lebensmittel in privaten Geschäften gekauft werden, während unter den Arkaden von Plätzen und Straßen oder unter eigenen Zelten Wanderhändler ihre Stände aufschlugen, am liebsten an stark belebten Orten wie den Eingängen der Thermen oder des Amphitheaters. Sehr zahlreich waren auch öffentliche Speiselokale, manchmal richtige Restaurants mit einem oder zwei Speisezimmern im Inneren, jedenfalls mit einem Marmortresen, in den große Behälter für die Speisen und Getränke eingelassen waren. Die Brot- und Süßwarenbäckereien übernahmen im Allgemeinen alles vom Mahlen des Getreides bis zum Großhandel und Einzelverkauf.
Um die Lager- und Verteilungsprobleme zu lösen, entstanden bereits Ende des 2. Jh. v. Chr. die ersten großen Lagerhäuser, die *horrea*, wie der *Porticus Aemilia*, ein 30 000 Quadratmeter großes Gebäude, das in *opus caementitium* errichtet war, einer nie zuvor in Rom verwendeten Bauweise. Die Lagerhäuser, deren Verwaltung direkt von den Beamten der *annona* kontrolliert wurde, lagen fast alle hinter dem Flusshafen.

Weiterführende Stichwörter
Annona, Flotte, Häfen, Trajans-Forum und Märkte, Forum Boarium und Forum Holitorium, Ostia

▼ Tempel des Hercules Victor auf dem Forum Holitorium.

Märkte und Lagerhäuser

Auf dem Verkaufstisch und auf den treppenartigen Regalen des Stands werden Feldfrüchte und Gemüse zu Sträußen gebunden oder in Weidenkörben dargeboten.

Cicero meinte, man solle den Geschäftsleuten misstrauen und »die als schamlos verurteilen, die von den Großhändlern kaufen und gleich wieder verkaufen; sie würden nichts verdienen, wenn sie nicht viel lügen würden«. Im Großhandel hingegen schienen ihm die Gewinne durch die langen Wartezeiten gerechtfertigt.

Der aufgebockte Verkaufstisch scheint eine provisorische bewegliche Lösung zu sein

Der große Korb unter dem Tisch diente wahrscheinlich dem Transport der Ware und es ist anzunehmen, dass darin auch Gemüse aufbewahrt wurde, das keinen Platz auf dem Tisch hatte.

▲ Obst- und Gemüsestand, aus Ostia, Ostia Antica, Museo Ostiense.

Eine Marmortafel mit Inschrift (Horrea Epagathiana et Epaphroditiana) auf dem Architrav des Haupteingangs erklärt eindeutig – es ist der einzige derartige Fall in Ostia –, dass das Gebäude als Lagerhaus für Konsumgüter diente.

Der Haupteingang der Lagerstätte befindet sich auf der Nordseite des Gebäudes, das Tor ist mit zwei Säulen aus Ziegelmauerwerk, mit Kapitellen und Architrav geschmückt.

Im Inneren des Gebäudes befindet sich ein quadratischer Hof, der von einem Säulengang umgeben und mit schwarzweißem Mosaik ausgelegt ist und um den sich verschiedene Räume gruppieren; ein größerer Raum kann als Büro gedeutet werden. Zwei Treppen führten in das Obergeschoss, dessen Grundriss dem des Erdgeschosses entsprochen haben muss.

Die beiden Besitzer – Epagathus und Epaphroditus – waren zwei Freigelassene, die ihr Geschäft um die Mitte des 2. Jh. n. Chr. betrieben. Es ist nicht festzustellen, welche Waren in diesem Magazin gelagert wurden, aber die Zahl der Sicherheitsvorkehrungen – unter anderem waren viele Türen mit Holzbalken gesichert – lässt vermuten, dass es sich um Produkte von gewissem Wert handelte.

▲ Eingang der *Horrea Epagathiana* in Ostia.

Märkte und Lagerhäuser

Der Monte Testaccio ist ein künstlicher Hügel, der durch die Scherben von Tausenden Amphoren entstand, die leer in Stücke geschlagen und dann ordentlich aufgehäuft wurden, abwechselnd mit Schichten von Kalk; das alles geschah unter der Aufsicht dafür zuständiger Beamter, die sich auch um den Bau der notwendigen Stützmauern kümmerten.

Bei den Amphoren des Monte Testaccio handelt es sich ausschließlich um oleariae *– Ölbehälter, die nicht wiederverwendet werden konnten, da die darin enthaltenen Ölreste schnell verdarben; sie kamen aus Baetica (Südspanien) und, in geringerem Maße, aus der nordafrikanischen Provinz Byzacena.*

Die Schutthalde, die seit der Zeit des Augustus etwa 270 Jahre lang in Betrieb blieb, ist heute eine wertvolle Quelle von Informationen; durch die Untersuchung der Siegel und Inschriften auf den Amphoren beispielsweise können die Namen von Produzenten und Händlern gewonnen werden, die Füllmenge der Behälter, Bestätigungen der Steuerüberprüfung und vieles mehr.

▲ Monte Testaccio.

»Jeder ... soll das Straßenstück auf der ganzen Gebäudelänge ... gut gepflastert halten, mit Steinwürfeln ohne Zwischenräume, nach den Anweisungen des Ädils.« (Lex Iulia municipalis)

Städtische Straßen

Das Straßennetz des alten Roms war gekennzeichnet durch zahlreiche Steigungen, die als *clivi* bezeichnet wurden, zwischen denen die ebenen Straßen, die *vici*, lagen; die Kreuzung zwischen dem Clivus Argentarius, dem Clivus Capitolinus, der Via Sacra und dem *Vicus Iugarius* wurde als zentraler Knotenpunkt der Straßen Roms und als Ausgangspunkt aller wichtigen Straßen des römischen Reichs betrachtet. Die Instandhaltung der Straßen im Umkreis von 1 000 Schritten von der geschlossenen Bebauung war Aufgabe der Ädilen, die Kosten dafür aber trugen die Besitzer der angrenzenden Gebäude; wenn die Straße an ein öffentliches Grundstück grenzte, trug die Kosten die Staatskasse.

Erst mit der Ausdehnung der Bebauung auf das Marsfeld und nach Trastevere und vor allem mit dem Wiederaufbau nach dem Brand des Jahres 64 n. Chr. wurde eine Vereinheitlichung des Straßennetzes im Rahmen von Bauleitplänen erreicht. Die Straßen mussten ausreichend breit sein und ihre Pflasterung leicht konvex, um das Abfließen des Regenwassers zu erleichtern; sie waren oft von Gehsteigen gesäumt, und vor den Eingängen von Wohnhäusern und öffentlichen Gebäuden markierten ovale Trittsteine auf der Fahrbahn einen Fußgängerübergang.

Weiterführende Stichwörter
Verkehr und Transportmittel, Insula

▼ Via Biberatica.

Städtische Straßen

Die Straße, die zwischen den Kirchen San Gregorio al Celio und Santi Giovanni e Paolo entlangführt und heute Clivo di Scauro heißt, folgt demselben Verlauf wie die antike Straße, die wahrscheinlich auch schon diesen Namen trug; zumindest seit dem 8. Jh. n. Chr. existierte ein clivus Scauri.

Die mittelalterlichen Bögen, die die Straße überwölben, stützen sich auf Mauern aus der Kaiserzeit, die bis in große Höhe erhalten sind und beim Bau der Kirchen mitgenutzt wurden.

Die Römer mischten sich gern ins öffentliche Treiben auf ihren Straßen und Händler bevölkerten Gehsteige und Arkaden so chaotisch, dass Domitian ein Edikt erließ, das die eigenmächtige Aneignung öffentlichen Grunds verbot; nun endlich, erzählt Martial, »bleiben Barbiere, Wirte, Totengräber und Köche jeder vor seiner Schwelle. Jetzt ist Rom Rom: vorher war es ein einziger Laden«.

▲ Clivo di Scauro.

Die Reinigung der Straßen war eine öffentliche Dienstleistung von grundlegender Bedeutung für die Gesundheit der Römer; die zentrale Verwaltung kümmerte sich darum, den Müll aufzusammeln und ins Abwasser zu leiten, aber es war unmöglich zu verhindern, dass nachts Abfälle aus den Häusern auf die Straße geworfen wurden – wie es im Übrigen bis ins Jahr 1870 üblich war.

Sehr oft leitete sich der Name einer Straße von ihrer kommerziellen Nutzung ab, so auch im Falle des clivus Argentarius, *der Straße der Bankiers. Der Name Via Biberatica hingegen ist erst im Mittelalter nachgewiesen, erinnert aber an die Verbreitung von Wirtshäusern und Weinhandlungen in der Straße bereits zu römischer Zeit.*

In den Gastwirtschaften konnte man natürlich essen, aber es war auch möglich, schon fertige Speisen zum Mitnehmen, Feuer oder warmes Wasser zu kaufen.

»Ich spazierte friedlich längs der Via Sacra, wie es mein Brauch ist, ganz versunken in ich weiß nicht mehr welche Gedanken. Da stürzt mir einer entgegen, den ich nur dem Namen nach kenne, ergreift meine Hand und sagt: »Wie geht's, mein Bester?« (Horaz)

▲ Via Sacra auf dem Forum Romanum.

Die Speiselokale und Wirtshäuser müssen sehr gut besucht gewesen sein, aber auch die einfachen Schenken, die nur aus einem oder wenigen Räumen bestanden, zur Straße hin offen waren und einen Tresen zur Bedienung der Gäste hatten. Das waren meist sehr schmutzige und ungemütliche Räume, aber in den Hinterzimmern war es immer möglich, sich im Glücksspiel zu versuchen.

303

Städtische Straßen

Das etwa 5 m lange Fries muss die Basis einer ganzen Altarseite oder einer kolossalen Figurengruppe geschmückt haben.

Die Opferdiener führen die Tiere – einen Stier, einen Ochsen und eine Kuh – zum Opfer; einige tragen die für das Ritual benötigten Gegenstände, ein Messer, eine Axt und den malleus, *das Schlachtbeil, während andere die Tiere antreiben.*

Der Zug wird von zwei Togaträgern angeführt, wahrscheinlich zwei vicomagistri, *die im selben Jahr ihr Amt angetreten haben, hinter denen drei Liktoren sichtbar sind; ebenfalls im Hintergrund zwei Diener mit Tunika und drei Posaunenbläser.*

Weiter hinten folgt eine zweite Prozession von Figuren in Toga und mit Lorbeerkränzen auf dem Kopf, die von Musikern begleitet werden; im Vordergrund, besonders stark aus dem Relief hervortretend, stehn vier weitere Personen in Beamtengewändern.

▲ Basis der *vicomagistri*,
aus dem Palazzo della Cancelleria,
Zeit des Tiberius,
Vatikanstadt, Musei Vaticani.

»Als sich das Volk über Mangel an Wein beklagte, gab er zurück: Agrippa hat durch den Bau mehrerer Wasserleitungen dafür gesorgt, ... dass kein Mensch Durst zu leiden braucht.« (Sueton)

Wasser und Aquädukte

Die Wasserversorgung Roms war so fortschrittlich, dass es erst den modernen Industriestaaten gelang, sie zu übertreffen: Während der Kaiserzeit hatten die elf Aquädukte, die die Stadt versorgten, eine Kapazität von circa einer Million Kubikmeter Wasser pro Tag, etwa 1 000 Liter pro Einwohner, eine Menge, die erst im 20. Jh. wieder erreicht wurde. Fließendes Wasser wurde nur öffentlichen Gebäuden und den wohlhabendsten Privathaushalten zugestanden; um Missbrauch und Beschwerden zu verhindern, trugen die Bleirohre der Zuleitung *(fistulae)* den Namen des Hausbesitzers eingeprägt. Die Bewohner der Mietshäuser hingegen mussten ihr Wasser von einem der öffentlichen Brunnen holen, von denen es im 4. Jh. n. Chr. über 1 300 gab.

Die Wasserkonzessionen an Private wurden durch sehr genaue Vorschriften geregelt: Das Wasser konnte nicht direkt vom Aquädukt abgeleitet werden, erst war der Anschluss an einen Verteiler mittels eines kurzen Bronzerohrs, des *calix*, notwendig, an den dann die *fistula* angebracht wurde; die zuständigen Beamten kontrollierten, dass die Wassermenge der genehmigten Menge entsprach und sich die Verbindungsrohre in der richtigen Position befanden, senkrecht zur Wand. Dieses System sollte Betrug verhindern, da Bronzerohre im Gegensatz zu Bleirohren nicht geweitet werden konnten, um die Menge des gezapften Wassers zu erhöhen. Der kleinste *calix* brachte mit einem Durchmesser von 2,13 Zentimetern einen Durchfluss von mehr als 40 Kubikmetern Wasser pro Tag.

▼ Ein Teil der *Aqua Claudia* im römischen Hinterland.

Wasser und Aquädukte

Der Überlieferung nach sollen den Bau der Cloaca Maxima *schon die Tarquinier geplant haben. Das entspräche der Zeit der Stadtentwicklung, die der Verfestigung der Stadtstruktur in den Jahren zwischen dem 7. und 6. Jh. v. Chr. folgte.*

In der Nähe des Janus-Bogens auf dem Forum Boarium kann heute noch ein gut erhaltener Teil der Cloaca Maxima *besichtigt werden.*

Beim Heiligtum der Venus Cloacina soll der Überlieferung nach ein junges Mädchen namens Virginia von ihrem Vater getötet worden sein, um sie den Nach-stellungen eines der decemviri, *Appius Claudius, zu entziehen; dieses Ereignis sei der Auslöser eines Volksaufstands gewesen, der zur Abschaffung der Decemviren führte.*

Die Cloaca Maxima *mündete bei den Stufen der Basilica Fulvia Aemilia ins Forum, an jener Stelle, an der sich das Heiligtum der Venus Cloacina befand; auf diesem eingezäunten Areal standen die beiden Kultstatuen der Gottheit, eine als Venus und eine als Cloacina.*

▲ *Cloaca Maxima.*

Die Reliefs, die auf die Zeit Domitians datierbar sind, wurden wahrscheinlich von Severus Alexander für den Bau eines riesigen Brunnens wiederverwendet, der auf dem Wasserturm der Aqua Iulia thronte. Das Monument findet in der Spätantike als Nymfeum Alexandri Erwähnung.

Der größte Teil des Wassers diente zur Versorgung der öffentlichen Brunnen, deren Abwässer wiederum dazu benutzt wurden, die Kloaken zu reinigen; heute noch kommt das Wasser für die unzähligen römischen Brunnen aus denselben antiken Leitungen.

Zur Zeit der Republik war das Wasser ein ausschließlich öffentliches Gut; erst seit der Zeit des Augustus gab es die Möglichkeit, dass Private vom Kaiser eine persönliche Wasserkonzession mit einem befristeten Vertrag erhielten; diese endete mit dem Tod des Konzessionärs oder dem Verkauf der Immobilie, für die die Konzession galt.

▲ Eines der beiden Reliefs der »Trofei di Mario« auf der Piazza del Campidoglio.

Die beiden großen Reliefs mit Darstellungen von Waffentrophäen waren auf den imposanten Ziegelmauern angebracht, die sich an der nördlichen Ecke der Piazza Vittorio Emanuele erheben, und wurden 1590 zu ihrem heutigen Standort auf das Kapitol gebracht.

»Der Pons Sublicius hätte dem Feind eine Bresche geboten, wenn Horatius Cocles ... sie nicht aufgefordert hätte, ihn mit Eisen, Feuer und jedem anderen Mittel zu zerstören.« (Livius)

Brücken

Weiterführende Stichwörter
Städtische Straßen, Mauern und Tore, Konsularstraßen und Landstraßen

Als sie ihr umfangreiches Straßennetz anlegten, bauten die Römer etwa 2 000 Brücken. Diese oft erstaunlichen technischen Meisterwerke stellen den größten Teil dessen dar, was sich von den römischen Straßen bis in heutige Zeit erhalten hat. Dass sie so viele Jahrhunderte überdauerten, verdankten sie neben dem großen Können der römischen Ingenieure den Instandhaltungs- und Restaurierungsarbeiten, die das ganze Mittelalter und die Neuzeit hindurch geleistet wurden: Unter Wasser Fundamente zu legen bereitete lange solche Schwierigkeiten, dass in Rom keine neue Brücke mehr gebaut wurde bis ins Jahr 1886, als man eine nach der italienischen Königin Margherita benannte Brücke errichtete.

In der Zeit der Republik gab es nur vier Brücken. Die älteste, nicht erhaltene, war der *Pons Sublicius*, der aus Holzbalken ohne Eisenverbindungen gebaut war, um im Falle einer Gefahr leicht zerstört werden zu können, wohingegen der *pons Aemilius*, die erste steinerne Brücke, erbaut 179 v. Chr., heute noch als Ponte Rotto im Tiber steht. 62 v. Chr. wurden der pons Fabricius und wenige Jahre später der *Pons Cestius* errichtet, um die Tiberinsel mit den beiden Ufern zu verbinden. In der Kaiserzeit wurden weitere fünf Brücken gebaut, darunter die Brücke Neros, von der nur wenige Spuren neben dem heutigen Ponte Vittorio Emanuele blieben; die Brücke wurde vermutlich noch vor dem 6. Jh. abgerissen, wohl weil sie zu einem Schwachpunkt des Verteidigungssystems geworden war.

▼ Ponte Milvio.

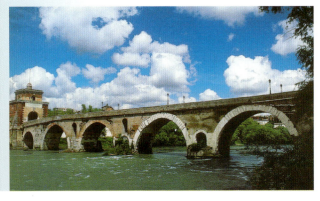

308

Brücken

Außer den städtischen gab es noch die Brücken an den Landstraßen, wie den Pons Nomentanus, der wahrscheinlich zwischen Ende des 2. und Beginn des 1. Jh. v. Chr. über den Tiberzufluss Anio, heute Aniene, gebaut wurde und erst, als die Gefahren einer Invasion näher rückten, mit einem doppelten Tor und Wachposten geschützt wurde.

Um die Pfeiler zu setzen, die die Brücke tragen sollten, wurden wasserdichte Senkkästen aus mit Ketten verbundenen Eichenstämmen ins Wasser gelassen und fest am Boden verankert; das Innere dieser Caissons wurde vom Wasser entleert und mit Steinblöcken oder Beton gefüllt. Die Bögen der Brücke wurden mit Hilfe hölzerner Rüstbögen gebaut.

Beim Brückenbau erreichte die römische Ingenieurskunst ein bemerkenswertes Niveau; große Vorteile bot vor allem die Anwendung von Bögen mit radial angeordneten Quadern, was den Bau immer größerer Brücken zuließ, ohne auf den Verlauf des Geländes Rücksicht nehmen zu müssen.

Der Pons Salarius, ein sehr alter Holzbau, der den Sabinern den Weg an die Tibermündung verkürzte, wurde zur Verteidigung gegen die Barbaren befestigt, aber dennoch 547 n. Chr. von Totila zerstört und 20 Jahre später von Narses wieder aufgebaut.

Um die Brücken vor Beschädigungen durch Schwemmgut und Hochwasser zu schützen, wurden verschiedene Maßnahmen ergriffen: die Öffnung kleinerer Bögen in den Brückenpfeilern oder der Bau von Strebepfeilern.

▲ Ponte Nomentano.

Brücken

Der heutige Ponte Sisto wurde um 1470 im Auftrag von Papst Sixtus IV. erbaut, dabei fanden vielleicht die Fundamente der antiken Brücke des Agrippa Verwendung.

Die Via dei Pettinari führt heute noch genau auf die Brücke zu und folgt exakt dem Verlauf der antiken Straße.

Nach einigen Quellen ließ Agrippa eine Holzbrücke erbauen – und 12 v. Chr., im Jahr seines Todes, restaurieren –, die den Weg nach Trastevere auf die andere Tiberseite freimachte. Anderen Quellen zufolge soll die Brücke von Antoninus Pius neu erbaut worden sein.

▲ Ponte Sisto.

»Als die Feindseligkeiten eingestellt wurden, ... musste man neue [Schulden] eingehen, um eine Steuer zu bezahlen für den Bau einer Mauer aus Quaderblöcken, für die die Zensoren den Auftrag vergaben.« (Livius)

Mauern und Tore

Der Überlieferung nach war die älteste Stadtmauer Roms das Werk des Servius Tullius, doch der mächtige Mauerring, der heute als »Servianische Stadtmauer« bekannt ist, geht auf die Zeit unmittelbar nach der Besetzung durch die Gallier zurück; drei Jahrhunderte lang wurde sie mehrmals restauriert, dann mehr und mehr vernachlässigt und geriet in der Zeit des Augustus schließlich in Vergessenheit. Fast 300 Jahre lang blieb Rom ohne Befestigung, bis Aurelian im Jahr 271 n. Chr. einen Verteidigungsring für angebracht hielt. Die Anlage wurde in wenigen Jahren errichtet, wobei bestehende Gebäude in den Mauerring eingeschlossen wurden; beim Tod des Kaisers muss der größte Teil schon fertig gewesen sein, seinem Nachfolger Probus blieb die Vollendung. Die Befestigung wurde von Maxentius, Arcadius und Honorius restauriert und verstärkt, die 401–402 n. Chr. die Höhe der Mauer verdoppelten, den Wehrgang durch eine überdachte Galerie ersetzten und das Mausoleum Hadrians in den Mauerring einschlossen, das zu einem befestigten Vorposten auf dem rechten Tiberufer wurde.

In Aurelians Mauer hatten die wichtigsten Tore zwei nebeneinanderliegende Torbögen und wurden von zwei halbrunden Türmen flankiert, während die zweitrangigen Tore einfach in die Mitte eines Mauerabschnitts zwischen zwei quadratische Türme eingefügt waren. Arcadius und Honorius schlossen viele der Doppeltore und bauten die Türme zu wehrhaften Festungen aus.

▼ Ein Stück der Servianischen Stadtmauer bei der Stazione Termini.

Mauern und Tore

Die Bronzestatuen des Gaius Cestius, die heute in den Kapitolinischem Museen aufbewahrt werden, wurden mit dem Geld aus dem Verkauf einiger Teppiche aus Pergamon finanziert, die wegen eines 18 v. Chr. erlassenen Luxusgesetzes nicht in das Grab des Verstorbenen beigegeben werden durften.

Eine Inschrift auf der Ostseite der Pyramide des Gaius Cestius erklärt, dass das Bauwerk in weniger als 330 Tagen errichtet wurde, ganz so, wie es das Testament des Verstorbenen verfügte. Zwei weitere Inschriften erinnern an einige der Erben des Cestius, darunter Agrippa, der Schwiegersohn des Augustus.

Die Grabstätte des Gaius Cestius, der vielleicht auch mit der ältesten Brücke Roms, dem Pons Cestius, *in Zusammenhang steht, ist zwischen 18 und 12 v. Chr., dem Todesjahr Agrippas, errichtet worden.*

Viele Jahrhunderte lang blieb Rom ohne Befestigungsgürtel, da es von keiner Gefahr bedroht war. Eine Stadtgrenze gab es jedoch trotzdem – eine heilige und unverletzliche Grenzlinie, das pomerium, das per Gesetz ausnahmslos niemand bewaffnet passieren durfte.

▲ Aurelianische Stadtmauer und Cestius-Pyramide.

Der Straßenabschnitt, der heute Via di Porta San Sebastiano heißt und von der Porta San Sebastiano zur Porta Capena führt, entspricht dem städtischen Teil der Via Appia, der bei der Erweiterung des pomerium *in die Stadt miteinbezogen wurde.*

Von außen kommend sind an der linken Seite des Torbogens die Figur eines Engels und eine Inschrift zu sehen, die in mittelalterlichem Latein an die Schlacht erinnert, die die Römer 1327 vor diesem Tor siegreich gegen den König von Neapel, Robert von Anjou, schlugen.

Die Porta San Sebastiano – oder Porta Appia – ist das größte Tor des gesamten Mauerrings und das am besten erhaltene, an dem insgesamt fünf verschiedene Bauphasen abzulesen sind.

▲ Aurelianische Stadtmauer und Porta San Sebastiano.

Das Tor, das ursprünglich nach dem Namen der Straße, die es überwölbte, Porta Appia hieß, wurde durch eine Flügeltür und durch ein Gitter geschlossen, das sich aus dem Obergeschoss herabsenken ließ.

Mauern und Tore

Zwei Bögen des Aquädukts der Aqua Claudia, *die die Via Praenestina und Via Labicana überspannten, wurden in die Stadtmauer miteinbezogen und zu Toren umfunktioniert. Unter Honorius wurde eine Bastion mit zwei seitlichen Toren erbaut, die 1838 abgerissen wurde; die Inschriften auf der Attika sind die Originalinschriften aus der Zeit des Claudius.*

Das umlaufende Fries, das nach derselben Erzähltechnik wie die Friese auf den Triumphdenkmälern gestaltet ist, stellt alle Arbeitsschritte der Brotherstellung dar, vom Wiegen des Korns bis zum Mahlen, Sieben, der Teigherstellung und dem Backen; in allen Arbeitsphasen ist eine Figur mit Toga erkennbar, wahrscheinlich Eurysaces.

Gleich außerhalb des Tors befindet sich ein monumentales Grabmal, das zwischen 40 und 30 v. Chr. errichtet wurde und dessen Trapezform auf den Umstand zurückzuführen ist, dass bereits bestehende, ältere Grabmäler den vorhandenen Raum beschränkten.

Die Inschrift auf dem Grabmonument erzählt, dass Marcus Virgilius Eurysaces Besitzer eines Bäckereibetriebs war, der auch öffentliche Aufträge annahm und deshalb mit Beamten oder Priestern zusammenarbeitete. Auch die Urne seiner Frau, die in der Form eines Backtrogs gestaltet ist, weist auf sein Handwerk hin.

▲ Porta Maggiore und Grab des Eurysaces.

Ostia ist eine Stadt ohne Hafen durch die Massen, die der Tiber dort ablädt ... Die Schiffe müssen auf offener See ankern ... eine große Zahl von Ruderbooten lädt die Waren ein und aus.« (Strabon)

Häfen

Seit ältesten Zeiten gab es in der Gegend des Forum Boarium eine Anlegestelle, einen Ort, wo Boote an Land gezogen werden konnten, und hier wurden schon im 6. Jh. v. Chr. die ersten richtigen Hafenanlagen gebaut. 193 v. Chr., als die Anlage den Ansprüchen des Handelsaufkommens nicht mehr genügte, wurde etwas weiter flussabwärts mit dem Bau eines neuen Flusshafens begonnen, dessen Wasserzugang mit Treppen und Rampen versehen war, die das Abladen der Waren erleichterten, und der mit dem *emporium* einen großen Marktplatz erhielt.

Der Seehafen an der Tibermündung, in dem die großen Handelsschiffe ankerten, bevor deren Waren auf kleinere Schiffe umgeladen wurden, die sie dann nach Rom brachten, blieb lange Zeit ungeschützt, der Weg in den Fluss hinein wegen Schuttablagerungen schlecht passierbar. In der ersten Hälfte des 1. Jh. n. Chr. wurde es daher notwendig einen besser funktionierenden Hafen anzulegen, und so wurde unter Claudius etwas weiter nördlich ein neues Becken ausgehoben, das mit zwei halbrund in das Meer hinausragenden Molen und einem großen Leuchtturm ausgestattet wurde; auch dieser Hafen aber erwies sich bald als ungeeignet, da er aufgrund seiner Lage leicht versandete und den Schiffen, die dort vor Anker lagen, bei Sturm zu wenig Sicherheit bot. Erst unter Trajan wurde das Problem schließlich durch den Bau eines zweiten Beckens gelöst, das geschützter lag und mit dem Hafen des Claudius durch einen Kanal verbunden war.

Weiterführende Stichwörter
Trajan und Apollodor, Märkte und Magazine, Forum Boarium und Forum Holitorium, Ostia

▼ Trajans-Hafen in Portus (Porto).

Häfen

Der Tempel des Portunus ist ein Indiz für die Existenz des antiken Tiberhafens, der im Laufe des 2. Jh. v. Chr. zugunsten des weiter flussabwärts gelegenen neuen Hafens aufgelassen wurde; bis in die Kaiserzeit aber war er zumindest als Anlegestelle für die kleine Flussschifffahrt aus dem Sabiner Hinterland in Gebrauch.

In der Zeit Trajans muss die alte Hafengegend mit Lagerhäusern und Magazinen bebaut gewesen sein, wahrscheinlich Neubauten der Horrea Aemiliana, *der Lagerhäuser der* annona, *die 142 v. Chr. von Scipio Aemilianus erbaut worden waren; Reste dieser Gebäude wurden in den Jahren 1936–37 bei den Bauarbeiten für das neue Meldeamt gefunden.*

Der Tempel des Portunus, auch als Tempel der Fortuna Virilis bekannt, erhebt sich auf einem Sockel, der bei der Befestigung der Tiberufer zu Beginn des 2. Jh. v. Chr. angelegt wurde; bei Ausgrabungen 1947 wurden auch Spuren einer noch älteren Bauphase aus dem 4. oder 3. Jh. v. Chr. gefunden.

▲ Tempel des Portunus auf dem Forum Boarium.

Schifffahrtsszene mit zwei Booten auf einem dicht mit Fischen bevölkerten Meer.

Die ersten Studien über die Bauweise der römischen Schiffe wurden zu Beginn der 1930er Jahre angestellt, als beim Austrocknen des Nemi-Sees zwei riesige, prunkvoll dekorierte Schiffe mit flachem Kiel auftauchten, die in der Zeit Caligulas für Vergnügungsfahrten auf dem See benutzt worden waren.

Die beiden Schiffe wurden im Zweiten Weltkrieg zerstört, so dass Konstruktionsdetails, die zur Zeit der Ausgrabung nicht beachtet wurden, nicht mehr nachgeprüft werden können.

Die ersten archäologischen Untersuchungen unter Wasser fanden aber erst in den 1950er Jahren statt, als der Einsatz von Atemgeräten üblich wurde; seither konnte durch die Bergung zahlreicher Wracks und die ständige Entdeckung weiterer Schiffe, auch in großen Tiefen, enormes Wissen erworben werden.

▲ Fresko vom Lungotevere di Pietra Papa, ca. 125–150 n. Chr., Rom, Palazzo Massimo.

Häfen

Die größte Beschränkung des Seehandels bildeten lange Zeit die Häfen, deren Becken oft so flach waren, dass große Schiffe gar nicht einfahren konnten und auf Reede ankern mussten, was zeitraubende Umladungen auf kleinere Schiffe erforderlich machte.

Das Relief stellt eine Szene in einem belebten Hafen dar, die von den drei großen Hauptfiguren Libero, Libera und Venus beherrscht wird und eine Metapher für Reise und Ankunft in der Welt der Toten darstellt.

Die Lastschiffe, die den Hafen von Ostia anliefen, waren durch die Versumpfung der Tibermündung gezwungen, auf offener See zu ankern, was verheerende Folgen haben konnte, wie im Jahr 62 n. Chr., als während eines Seesturms allein 200 Schiffe zerstört wurden.

Rom verfügte bis in die Zeit Trajans über keinen der Größe der Stadt entsprechenden Hafen, so dass die Schiffe der alexandrinischen Flotte, die die Hauptstadt mit Korn versorgten, den Hafen von Pozzuoli anlaufen mussten, der mit riesigen Lagerhäusern für die Waren ausgerüstet war.

▲ Vorderseite eines Sarkophags, Vatikanstadt, Musei Vaticani.

Der dreistöckige Leuchtturm weist darauf hin, dass sich die Szene unmittelbar vor der Hafeneinfahrt von Portus (Porto) abspielt.

Beim Bau der Schiffe wurden entweder Kiel und Spanten mit der Schiffshaut verkleidet, oder auch umgekehrt die Schiffshaut direkt am Kiel befestigt und dann das Skelett der Spanten eingebaut. Die Planken konnten durch Steckverbindungen, deren Federn mit Holzdübeln fixiert wurden, oder Nähte zusammengehalten werden.

Besonderes Augenmerk wurde auf die Abdichtung der Schiffe gelegt, die man mit dünnen Bleiplatten verkleidete, die mit kleinen Nägeln befestigt und dann vollständig mit Pech bestrichen wurden.

Das Relief zeigt eine Unfallszene auf stürmischer See, eine Kollision und die Versuche, den ins Meer gestürzten Mann zu retten.

▲ Abguss der Vorderseite eines Sarkophags, Rom, Museo della Civiltà Romana.

Häfen

Die Münze zeigt den Hafen von Ostia aus der Vogelperspektive und feiert die Fertigstellung der im Jahr 42 n. Chr. von Claudius begonnenen Hafenanlage.

Die halb hingestreckte Figur de Tibers verweist auf die enge Be ziehung zwischen dem Seehafe von Ostia und der Flussschiff fahrt, die Rom erst vom Meer au erreichbar machte

Durch kürzlich erfolgte Ausgrabungen ist bekannt, dass die Lagerhäuser von Portus (Porto) zu Beginn des 6. Jh. verlassen wurden; die Hafenanlagen blieben aber bis Ende des 9. Jh. in Betrieb.

Die jüngsten Grabungen ermöglichten die Identifizierung der statio marmorum, *des Terminals am südlichen Ufer des Kanals von Fiumicino, an dem der Marmor angeliefert wurde.*

▲ Sesterz des Nero (Vorderseite), 64–67 n. Chr., Rom, Palazzo Massimo, Medaillensammlung.

▲ Porto, Portikus aus der Zeit des Claudius.

An der statio marmorum *wurden zahlreiche halb behauene Marmorfragmente verschiedenster Herkunft gefunden, von denen einige mit Bleiplomben versehen sind, die über die Leitung der Steinbrüche und über die Kontrolle der Zentralmacht über den Marmorhandel, Aufschluss geben.*

»Als er die Steine geglättet und gerade geschnitten hatte, ließ er sie ohne Kalk zusammenfügen ... Trotz der Zeit und der vielen Wagen ... ist ihre Geschlossenheit unversehrt.« (Prokopios)

Konsularstraßen und Landstraßen

In antiker Zeit war Rom mit den nächstgelegenen Städten durch einfache Feldwege verbunden, die sich in einem Umkreis von etwa 20 Meilen in alle Richtungen verzweigten und erst nach und nach zu wirklichen Straßen wurden. Die älteste dieser Achsen, die Via Salaria, verband die Sabiner Berge mit den Salinen an der Tibermündung, wo sich die Hirten aus dem Hinterland mit dem lebenswichtigen und nirgends sonst erhältlichen Salz versorgten. Die erste gepflasterte Straße war die Via Appia, die 312 v. Chr. durch den Zensor Appius Claudius Caecus eröffnet wurde und bereits in jener sorgfältigen Technik ausgeführt war, die den römischen Straßen ihre Langlebigkeit verliehen hat.

Juristisch und verwaltungstechnisch wurden die außerstädtischen Straßen in private *(viae privatae)*, militärische *(viae militares)* und öffentliche unterteilt, letztere wiederum in Haupt- *(viae publicae)* und Nebenstraßen *(viae vicinales)*. Die große finanzielle Belastung, die der Aufbau des Straßennetzes bedeutete, wurde erst von der Staatskasse allein, dann auch vom Fiskus getragen. Einige Inschriften haben die hohen Wartungskosten überliefert: die Instandsetzung eines 20 Meilen langen Straßenstücks in einer unzugänglichen Gegend des Apennins kostete 82 v. Chr. gut 150 000 Sesterzen, eine enorme Summe, wenn wir sie mit den drei Sesterzen vergleichen, die ein Arbeiter in Rom im 1. Jh. v. Chr. verdiente.

Weiterführende Stichwörter
Brücken, Via Appia

▼ Via Appia.

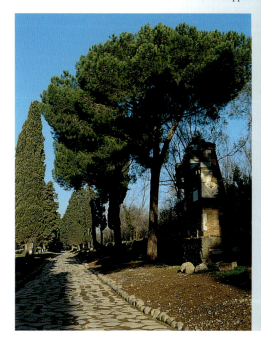

Zentren und Denkmäler

Forum Romanum
Kaiserforen
Trajans-Forum und -Märkte
Kolosseum
Konstantins-Bogen
Domus Aurea
Palatin
Caelius
Kapitol
Forum Boarium und Forum Holitorium
Ara Pacis
Heiligtümer am Largo Argentina
Pantheon
Diokletians-Thermen
Caracalla-Thermen
Via Appia
Villa Hadriana
Ostia

◄ Kolosseum.

»Ein Teil der Schiffe aus Antium wurde abgeschleppt ... ein Teil wurde den Flammen übergeben, und man beschloss, ihre Schiffschnäbel als Schmuck einer Tribüne auf dem Forum zu verwenden, der so der Name Rostra zufiel.« *(Livius)*

Forum Romanum

Lage
Am Fuß des Palatins, zwischen dem Kapitol und dem Tal des Kolosseums

Zeittafel
Als Nekropole genutzt vom 9. bis ins 6. Jh. v. Chr.; erste Gebäude Ende des 6./ Beginn des 5. Jh. v. Chr.; letztes Bauwerk der Antike ist die Phokas-Säule aus dem Jahr 608 n. Chr.

Funktion
Zentrum des politischen und religiösen Lebens während der Zeit der Republik; symbolischer Mittelpunkt des Staates in der Kaiserzeit

Das Gebiet, in dem später das Forum Romanum entstand, war eine sumpfige Gegend, die vom Velabrum, einem kleinen Wasserlauf, der sich in den Tiber ergoss, durchquert und das schon im 11. Jh. v. Chr. von den Bewohnern der umliegenden Hügel als Friedhof genutzt wurde. Ende des 7. Jh. v. Chr. wurde die *Cloaca Maxima* gebaut, der Bach kanalisiert und das ganze Areal trockengelegt, das dabei mit einem ersten Belag aus gestampfter Erde versehen wurde. In kürzester Zeit wurde das Forum zum Zentrum des politischen und wirtschaftlichen, aber auch des religiösen Lebens der Stadt: Es entstanden die ersten Läden, die ältesten römischen Kulte wurden hier zelebriert, und noch im 6. Jh. v. Chr. wurde ein Gebäude für die Versammlungen der Bürger, Senatoren und Magistrate erbaut. Mit der fortschreitenden Bebauung und Monumentalisierung des Platzes wurde der ursprüngliche Belag durch ein Pflaster ersetzt, das im Laufe der Jahrhunderte mehrmals restauriert wurde; die heute sichtbaren Steinplatten gehen auf das Jahr 9 v. Chr. zurück, als der Prätor L. Naevius Surdinus das Pflaster nach einer Reihe von Bränden erneuern ließ.

Das Forum Romanum wurde über ein Jahrtausend lang genutzt, bis es im Mittelalter vernachlässigt wurde und zu einer Kuhweide verkam, dem *campo vaccino*. Damals waren viele Denkmäler noch fast vollständig erhalten; ihre Zerstörung erfolgte in der Renaissance, als das Forum als Steinbruch diente.

▶ Denar des Octavian mit der *Curia Iulia*, London British Museum.

Forum Romanum

Augenzeugen wie Pirro Ligorio erzählen, dass die Zerstörung der Denkmäler ungeheuer schnell vor sich ging und noch fast vollständige Gebäude in wenigen Wochen abgerissen wurden. Auch Raffael und Michelangelo äußerten ihr Unverständnis; sehr bald waren die sichtbaren Überreste bis auf wenige verschwunden und die Gegend wurde wieder als Kuhweide genutzt.

Die vom Tempel der Dioskuren übrig gebliebenen Säulen.

Zu Beginn des 16. Jh. beschloss Papst Julius II. das Forum Romanum als Steinbruch zu nutzen, um wiederverwendbares Material – oft zu Kalk zerrieben – für die zahllosen Neubauten zu gewinnen, die seine Idee einer radikalen Stadterneuerung vorsah.

▲ Forum Romanum.

Forum Romanum

Die Phokas-Säule wird als letztes Baudenkmal betrachtet, das 608 durch den byzantinischen Exarch Smaragdus auf dem Forum errichtet wurde: eine Säule mit hohem, kannelierten Schaft, die von einem korinthischen Kapitell abgeschlossen wird und auf einer Basis steht, die die Inschrift trägt.

Während des 4. und 5. Jh. n. Chr. bemühte sich die Zentralverwaltung noch, Funktion und Würde dieses repräsentativen Ortes zu erhalten.

Die Curia Iulia, *die nach Caesars Willen die frühere* Curia Hostilia *ersetzte, grenzte direkt an das Caesar-Forum.*

Die Bronzetüren der Curia *sind eine Replik; die Originaltüren aus der Zeit Diokletians wurden im 17. Jh. in den Lateran gebracht und verschließen dort immer noch das mittlere Portal der Kirche San Giovanni in Laterano.*

Die Phokas-Säule ist wohl nur eine Umarbeitung eines bestehenden Bauwerks aus der Zeit Diokletians, das um die Inschrift, eine Statue und die Stufen rund um die Basis ergänzt wurde.

▲ Forum Romanum.

Dieses riesige Bauwerk wurde genau an der Stelle errichtet, an der vorher ein Gewürzlager aus der Zeit der Flavier stand, die Horrea Piperataria; *heute ist nur mehr das nördliche Schiff erhalten; eine der acht Säulen aus Prokonnesos-Marmor, die das Mittelschiff trugen, ist aber auf der Piazza Santa Maria Maggiore zu sehen, wo sie 1613 von Papst Paul V. aufgestellt wurde.*

Im späteren 4. Jh. n. Chr. wurde eine mit rechteckigen Nischen geschmückte Apsis an der Nordseite der Basilika und gegenüber ein neuer Eingang an der Via Sacra mit einer Portikus aus Porphyrsäulen und einer Treppe errichtet.

In der westlichen Apsis befand sich die Statue Konstantins, der den Bau vollendet hatte; hier wurde 1487 der kolossale Akrolith des Kaisers gefunden, der heute im Hof des Palazzo dei Conservatori aufbewahrt wird (siehe S. 50).

Die Maxentius-Basilika war wohl Sitz der Gerichtsbarkeit des Stadtpräfekten, und es ist wahrscheinlich, dass in der neuen Apsis die Richter Platz nahmen. In diesem Fall könnte der Umbau damit zusammenhängen, dass 384 n. Chr. die Anhörungen öffentlich wurden.

▲ Maxentius-Basilika.

Forum Romanum

Die Curia Iulia.

Die einzige erhaltene Basilika aus republikanischer Zeit, ist die Basilica Fulvia-Aemilia, die 179 v. Chr. von den Zensoren Marcus Aemilius Lepidus und Marcus Fulvius Nobilior erbaut wurde; ihre heutige Gestalt geht auf zahlreiche Restaurierungen in der Kaiserzeit zurück.

Der Tempel der Dioskuren.

Der Tempel des Saturn.

Der Tempel des Antoninus und der Faustina.

Die Basilica Iulia, mit deren Bau Caesar 54 v. Chr. begann, wurde fast ein halbes Jahrhundert später von Augustus vollendet; ihre heutige Gestalt erhielt sie von einer Restaurierung durch Diokletian.

Die Phokas-Säule.

Neben dem Rundtempel der Vesta, in seiner heutigen Gestalt ein von Iulia Domna, der Frau des Septimius Severus, veranlasster Wiederaufbau aus dem Jahr 191 n. Chr., erhob sich das Haus der Vestalinnen, das sich um einen von Säulengängen umgebenen Innenhof mit Wasserbecken und Fontänen gruppierte; hier standen wahrscheinlich ursprünglich die vielen Statuen von Vestalinnen, die erhalten sind.

▲ Forum Romanum.

»*Der Grund für die Errichtung war die große Anzahl von Menschen und Prozessen, die noch ein drittes Forum zu benötigen schienen, da zwei nicht mehr ausreichten.«* (Sueton)

Kaiserforen

Am Ende der Republik, als Rom zur Hauptstadt eines Reichs geworden war, das sich von Gallien bis nach Syrien erstreckte, und über eine halbe Million Einwohner zählte, konnte das alte Forum Romanum seine Funktion als Verwaltungs- und Repräsentationszentrum des Staates nur noch unzureichend erfüllen. Julius Caesar begann daher mit dem Bau der ersten Anlage außerhalb des alten Platzes, die eigentlich eine bloße Erweiterung darstellen sollte. In ungefähr anderthalb Jahrhunderten entstand der neue Komplex der Kaiserforen, ein gigantisches, einheitliches Areal, das aus der harmonischen Verbindung von fünf nacheinander errichteten, monumentalen, mit Säulengängen umgebenen Plätzen entstand. Dieser städtebauliche Eingriff betraf eine Fläche von etwa neun Hektar, die sich zum Großteil in Privatbesitz befand und bereits mit Gebäuden bebaut war; diese mussten aufgekauft und abgerissen werden, wofür allein die Kosten astronomisch gewesen sein dürften.

Die Kaiserforen bildeten einige Jahrhunderte lang den Mittelpunkt des städtischen Lebens, hier fanden die öffentlichen und religiösen Zeremonien statt, mit denen sich der römische Staat in seiner ganzer Größe präsentierte. Gegen Ende des 5. Jh. wurden die Foren verlassen. Das Schicksal der einzelnen Bauwerke war ganz unterschiedlich: einige waren schnell vergessen, andere fanden noch im Mittelalter Erwähnung.

Weiterführende Stichwörter
Caesar

Lage
Zwischen dem Forum Romanum, dem Kapitol und dem Quirinal

Zeittafel
Mitte 1. Jh. v. Chr. bis Ende 5. Jh. n. Chr.

Funktion
Mittelpunkt des städtischen Lebens in der Kaiserzeit und Ort, an dem feierliche Zeremonien stattfanden und politischer Konsens gesucht wurde

◀ Nerva-Forum.

Kaiserforen

Wenig ist bekannt über das Augustus-Forum seit dem Frühmittelalter, da die groß angelegten Ausgrabungen zur Zeit des Faschismus jede nachantike Spur fast vollständig getilgt haben, ohne dass während dieser Abrissarbeiten irgendeine Art von Dokumentation erfolgt wäre.

Der Tempel des Mars Ultor (siehe S. 106).

Das Augustus-Forum wurde im Jahr 2 n. Chr. eingeweiht, als dem Imperator der Titel des pater patriae *(Vater des Vaterlands) verliehen wurde.*

In der Mitte der kurzen Seite des Nerva-Forums befand sich der Tempel der Minerva, der 1606 auf Anordnung von Papst Paul V. abgerissen wurde. Der Platz, der auf einer sehr schmalen, langgestreckten Fläche entstand, war zu eng für die üblichen Säulengänge, so dass die Kolonnaden an die Umfassungsmauern angelehnt wurden.

Das Forum des Nerva, das auch Transitorium genannt wurde, da es das Forum Romanum mit dem Stadtviertel der Subura und die Kaiserforen untereinander verband, wurde von Domitian erbaut und 97 n. Chr. von Nerva offiziell eingeweiht.

▲ Forum Transitorium und Augustus-Forum.

Aber als er zum Trajans-Forum kam, einem unter allen Himmeln einzigartigen und selbst für die Götter bewunderungswürdigen Denkmal, war er verwirrt.« (Ammianus Marcellinus)

Trajans-Forum und -Märkte

Das Forum, das wahrscheinlich schon von Domitian geplant wurde, konnte Trajan mit der enormen Beute aus den Feldzügen gegen die Daker realisieren, indem nach dem Entwurf des Apollodor von Damaskus der Sattel abgetragen wurde, der Quirinal und Kapitol damals noch verband. Jüngere Ausgrabungen haben das überkommene Bild der Anlage stark verändert: Die Fassade bildete eine monumentale Vorhalle mit großen korinthischen Säulen aus grauem Granit, durch die man in einen kleinen Innenhof mit der Trajans-Säule gelangte, links und rechts flankiert von den beiden Bibliotheken. Dahinter stand die große Basilica Ulpia, deren Schmalseiten zwei große Exedren bildeten; hier wurden zivile und gerichtliche Angelegenheiten verhandelt. Durch drei monumentale Durchgänge trat man von hier auf einen riesigen, marmorgepflasterten Platz mit umlaufenden Säulengängen hinaus, in dessen Mitte ein gewaltiges Reiterstandbild Trajans stand.

Die durch das Abtragen des Sattels notwendig gewordenen Terrassierungen wurden weiter befestigt durch die Ziegelbauten, die als Trajans-Märkte bekannt sind, aber vielerlei Bestimmungen dienten. Die wichtigste Funktion war wohl die eines Verteilzentrums der staatlichen Lebensmittelversorgung, bei der auch der der neue Hafen Trajans in Fiumicino wichtigste Funktionen übernahm.

Weiterführende Stichwörter
Trajan und Apollodor, Märkte und Lagerhauser, Hafen, Ostia

Lage
Am Fuße des Kapitols und des Quirinals, zum Marsfeld hin

Zeittafel
Erbaut zwischen 107 und 113 n. Chr.

Funktion
Regierungs- und Repräsentationszentrum des Staates

▶ *Aureus* des Trajan, ausgegeben zwischen 112 und 114 n. Chr., mit Darstellung des Trajans-Forums (Rückseite), Rom, Palazzo Massimo, Medaillensammlung.

Trajans-Forum und -Märkte

Ammianus Marcellinus schildert lebhaft das Staunen Constantius' II., eines Herrschers, der immerhin an die architektonische Pracht des Orients gewöhnt war, als dieser bei seinem Besuch in Rom im Jahre 357 n. Chr. vor dem Glanz des noch gänzlich erhaltenen Trajans-Forums stand.

Im Inneren der Basilica Ulpia standen enorm viele Säulen aus wertvollen Marmorarten: aus grauem Granit die der unteren, aus Cipollino die der oberen Ordnung; in den seitlichen Apsiden standen Säulen aus Giallo Antico vor den Wänden.

Die Trajans-Säule.

Die prunkvolle Fassade der Basilica Ulpia wurde durch eine Säulenreihe aus Giallo Antico mit korinthischen Kapitellen gegliedert; davor ruhten der mit Eroten geschmückte Architrav und schließlich die Attika, worauf sich wiederum Statuen gefangener Daker mit Waffenreliefs abwechselten.

▲ Trajans-Forum.

Auf dem Areal des Trajans-Forums, vielleicht in der östlichen Apsis der Basilica Ulpia, wurde die Zeremonie der Freilassung (manumissio) von Sklaven abgehalten; diese hatten zuvor im atrium libertatis *stattgefunden, das wahrscheinlich aber für den Bau des Forums abgerissen wurde.*

Die mächtige Exedra des Forums verdeckte die Fassade des Großen Halbkreises, von dem sie eine mit großen Steinen gepflasterte und vermutlich nicht befahrbare Straße trennte; auf diese Straße öffnen sich die elf mit Fresken und Mosaikböden ausgestatteten Räume, die sich im Erdgeschoss der Märkte befanden.

Die Fassade des mittleren Baukörpers, der im Mittelalter stark verändert wurde, ging auf die Steigung der Via Biberatica (siehe S. 301) hinaus; der Bau erstreckte sich auf drei durch Treppen verbundene Ebenen.

▲ Trajans-Märkte.

Trajans-Forum und -Märkte

Die Trajans-Säule besteht aus 18 großen Marmorblöcken aus Luni, die auf einer würfelförmigen Basis ruhen, und sollte auch die ursprüngliche Höhe des Hügels anzeigen (100 römische Fuß, 29,78 m), der für den Bau des neuen Forums abgetragen worden war.

Die Dekoration der Säule besteht aus einem einzigen, etwa 200 m langen Fries, das die Ereignisse der beiden Kriege darstellt, die Trajan in den Jahren 101/102 und 105/106 n.Chr. gegen die Daker führte. Die beiden Berichte über die Feldzüge sind durch eine Darstellung der Victoria getrennt, die auf ihren Schild schreibt.

Der Fries beschreibt in allen Einzelheiten die Ereignisse der beiden Kriege oft schematisiert in einer Reihe wiederkehrender Vorgänge und in Szenen die beispielhaft universale Werte darstellen sollen. Die Gestalt Trajans taucht 60 Mal auf sein einziger Widerpart ist der dakische König Decebalus.

Erzählt wird von Kampfszenen, Belagerungen, Ansprachen vor den Truppen und Hinrichtungen, aber auch von Opferszenen und Alltäglichem wie dem Lager- oder Brückenbau.

Die Säule war auch das Grabmal Trajans und seiner Frau Plotina; den Zugang zur Grabkammer, in der sich die goldene Urne mit der Asche des Kaisers befand, bildete eine kleine Tür im Sockel der Säule. Eine in den Marmor gehauene und durch winzige Fenster erhellte Wendeltreppe führt auf die Spitze des Bauwerks.

▲ Trajans-Säule.

»Titus, ... wurde Liebe und Freude des Menschengeschlechts genannt ... In Rom ließ er ein Amphitheater bauen und bei seiner Einweihung 5 000 wilde Tiere töten.« (Eutropius)

Kolosseum

Den Bau des Kolosseums, der zehn Jahre dauerte, hatte Vespasian geplant, um das Amphitheater des Statilius Taurus zu ersetzen, das im großen Brand 64 n. Chr. zerstört worden war; außerdem wollte er dem römischen Volk ein großes Stück seiner Stadt zurückgeben, das Nero dem Bau seines Palastes geopfert hatte. Mit der Umwandlung dieses Areals in ein Viertel der Spiele und Spektakel gelang Vespasian ein geschickter demagogischer Schachzug, der die städtische Plebs für die neue Herrscherdynastie einnehmen sollte.

Die Einweihung des Kolosseums wurde noch vor dessen Fertigstellung, mit einhunderttägigen Spielen gefeiert; erst Domitian vollendete es mit dem Bau der letzten Bogenreihen auf der Außenseite und der Diensträume im Untergeschoss.

Die ganze Kaiserzeit hindurch wurde das Amphitheater nach Erdbeben und Bränden immer wieder restauriert und neu aufgebaut; erst als es seine Funktion als Arena für Darbietungen verlor, begann sein langsamer Verfall.

Das Kolosseum wurde jedoch nie vollständig aufgegeben: zwischen dem 12. und 13. Jh. wurde es in die Festung der Familie Fragipane miteinbezogen, im 16. Jh. wurde die Arena geweiht, da sich eine Kapelle darin befand. Erst im 17. und 18. Jh. hörten die Römer dank einer neugewonnenen Sensibilität im Umgang mit antiken Denkmälern damit auf, das Kolosseum als Steinbruch für ihre Neubauten zu benutzen.

Weiterführende Stichwörter
Flavier, Amphitheater

Lage
Im gleichnamigen Tal, zwischen Palatin, Caelius und Oppius

Zeittafel
Beginn des Baus durch Vespasian nach dessen Thronbesteigung 69, Bauende 80 n. Chr.

Funktion
Gladiatorenkämpfe *(munera)* und Jagdinszenierungen *(venationes)*

▶ Kolosseum, Detail der Außenansicht.

Kolosseum

Am 23. August 217 n. Chr. brach nach einem Blitzschlag im Kolosseum ein heftiger Brand aus, der alle hölzernen Teile und den Plattenboden der Arena vollständig vernichtete. Die Gewalt des Feuers war so groß, dass es weder den sieben Kohorten der städtischen Feuerwehr, noch den Matrosen der Flotte von Misenum gelang, es unter Kontrolle zu bringen; das Bauwerk wurde so schwer beschädigt, dass es einige Jahre lang unbenutzbar blieb, bis Alexander Severus es komplett restaurieren ließ.

Im Kolosseum konnten bequem 50 000 Zuschauer den Darbietungen folgen, die sich viele Stunden oder auch Tage lang hinzogen. Ein riesiges Sonnensegel (velarium), das von Matrosen der in Misenum stationierten Kriegsflotte bedient wurde, schützte das Publikum vor Sonne und ungünstiger Witterung.

▲ Inneres der Arena.

Beda Venerabilis schrieb im 8. Jh. n. Chr.: »Solange das Kolosseum steht, wird auch Rom stehen; wenn das Kolosseum fällt, wird auch Rom fallen.«

An den beiden Längsseiten befanden sich die für den Kaiser, die Konsuln, die Vestalinnen und die Würdenträger des Hofes reservierten Tribünen. Die anderen Zuschauer verteilten sich nach einer festgelegten hierarchischen Ordnung auf die Treppenstufen; das einfache Volk nahm an den Darbietungen von der obersten Reihe aus teil, wo es stehen musste.

Die eliptische Arena war mit einem Boden aus Holztafeln ausgelegt, der das Gewirr von unterirdischen Gängen vor den Blicken der Zuschauer verbarg; darin wurden beispielsweise Requisiten aufbewahrt, Lastenaufzüge bedient oder die wilden Tiere verwahrt und zu ihrem Auftritt getrieben.

>»Dem Imperator Caesar Flavius Constantinus ... weihten der Senat und das Volk von Rom diesen Triumphbogen, zum Dank dafür, dass er ... den Staat an dem Tyrannen und all dessen Anhängern rächte.«
(Inschrift des Bogens)

Konstantins-Bogen

Weiterführende Stichwörter
Konstantin

Lage
An der alten Straße der Triumphzüge, zwischen Circus Maximus und Kolosseum

Zeittafel
Gewidmet im Jahr 315 n. Chr.

Funktion
Denkmal zur Feier der Schlacht am *Pons Milvius* und der seit zehn Jahren bestehenden Regierung Konstantins

▼ Rundbilder aus der Zeit Hadrians.

Lange Zeit war man der Meinung, der Konstantins-Bogen sei das Ergebnis einer Zusammenstellung neuer Werke mit Reliefs, die von früheren Bauwerken stammten – zu einem einheitlichen Werk zusammengefügt in weniger als drei Jahren, die zwischen der Schlacht am *Pons Milvius* und den Feierlichkeiten zur 10-jährigen Herrschaft Konstantins vergangen waren. Eine sorgfältige Restaurierung Ende der 1980er Jahre förderte jedoch neue Erkenntnisse zu Tage, die zu einer zweiten Theorie führten: Demnach handele es sich um die Umarbeitung eines Triumphbogens, der in der 1. Hälfte des 2. Jh. n. Chr. zu Ehren Hadrians errichtet worden sei. Zu Konstantins Zeit seien dann die Attika mit der Inschrift und der Reliefschmuck hinzugefügt worden, mit Ausnahme der Rundbilder aus der Zeit Hadrians.

Es ist heute nicht möglich festzustellen, welche der beiden Hypothesen zutrifft; in jedem Fall aber stellt das Bauwerk offensichtlich eine Zusammenfassung des ideellen Programms Konstantins dar, wie auch die Inschrift belegt. Der Herrscher als durch göttliche Eingebung inspirierter Retter des Staates schließt an die Kriege und Triumphe seiner berühmtesten Vorgänger an, um seiner Macht Legitimität zu verleihen und jenen politischen Konsens zu erlangen, der für die Stabilität seiner Herrschaft notwendig ist.

Konstantins-Bogen

Die Weiheinschrift des Senats, der dem Imperator den Bogen zur Erinnerung an die Schlacht an der Milvischen Brücke und zum 10-jährigen Regierungsjubiläum widmete.

Statue eines dakischen Kriegers.

Relieftafel aus der Zeit Mark Aurels.

Rundbilder aus der Zeit Hadrians, die sich ursprünglich vielleicht am Torbogen eines Tempels befanden, der Antinoos gewidmet war, denn dieser ist hier mehrmals in Jagd- und Opferszenen dargestellt; nach einer anderen Hypothese schmückten sie bereits den bloß umgearbeiteten älteren Bogen.

Der fortlaufende Fries stammt aus der Zeit Konstantins und schmückt den ganzen Bogen, jeweils oberhalb der kleineren Durchgänge; er erzählt die Ereignisse des siegreichen Feldzugs Konstantins gegen Maxentius.

▲ Arco di Costantino.

Konstantins-Bogen

Die Tafel rechts stellt die Abreise des Imperators dar, die linke seine triumphale Rückkehr. Die Züge Mark Aurels wurden überarbeitet, um ihnen Ähnlichkeit mit Konstantin zu verleihen.

Im Hintergrund beider Tafeln ist das Triumphtor erkennbar; im einen Fall als Ausgangspunkt, im anderen als Symbol für die Heimkehr des siegreichen Kaisers in die Stadt.

Mark Aurel schreitet voran, während über seinem Kopf Victoria mit einem ausgestreckten Lorbeerkranz schwebt.

Die Tafeln aus der Zeit Mark Aurels waren wohl ursprünglich an einem Triumphbogen angebracht, der am Fuß des Kapitols stand und die Erfolge des Kaisers in den Feldzügen gegen die germanischen Völker verherrlichte.

Links neben dem Kaiser steht Mars, während rechts Virtus, die Tapferkeit, steht; beide laden ihn ein, das Triumphtor zu durchschreiten.

Neben Mark Aurel, in Reisekleidung, stehen der genius senatus *und der* genius populi, *um ihn herum einige Soldaten mit Feldzeichen.*

Die Personifizierung einer Straße versinnbildlicht die bevorstehende Abreise des Kaisers.

▲ Relieftafeln.

Hände und Kopf dieser Figur entstammen einer Renovierung im 18. Jh., wie auch die der anderen, die die Reliefs Mark Aurels umgeben.

Der Konstantins-Bogen ist fast 25 m hoch, der mittlere Durchgang 6,50 m breit; der ganze architektonische Entwurf ist dem Bogen des Septimius Severus sehr ähnlich.

Die Statue, die einen Mann in den für die barbarischen Völker typischen Hosen zeigt, war ursprünglich Teil des Schmucks der Attika im Trajans-Forum.

▲ Statue eines Dakers.

Konstantins-Bogen

Das Relief stellt das Ende der Schlacht dar, als die Kavallerie Konstantins die Panzerreiter des Maxentius besiegt haben und diese in den Fluss stürzen und ertrinken.

Die Personifizierung des Tibers erleichtert die Identifikation der Milvischen Brücke, auf der Konstantin zusammen mit Virtus und Victoria, Tapferkeit und Sieg, voranreitet.

Möglicherweise diente diese scheinbar auf den Fluten geschlagene Schlacht all jenen Künstlern als Vorbild, die später christlich-biblische Darstellungen von der Durchschreitung des Roten Meers schufen.

▲ Detail des konstantinischen Frieses.

Sueton überliefert uns ein Spottvers gegen Nero, der im Volk kursierte: »Rom ist ein einziges Haus geworden: Emigriert nach Veji! Wenn dieses Haus nicht auch schon Veji eingenommen hat.«

Domus Aurea

Nero hatte den Kaiserpalast des Augustus auf dem Palatin und die prunkvollen Residenzen des Maecenas und der Familie Lamia auf dem Esquilin geerbt. Der Kaiser wollte aber seine Residenz in einen Palast verwandeln, der eines hellenistischen Herrschers würdig sei und dazu geeignet, ausländische Monarchen zu empfangen; dies führte zur Errichtung eines Baukörpers, der die einzelnen Gebäude verbinden sollte, der *Domus Transitoria*. Als dieser Palast im Brand des Jahres 64 n. Chr. in Flammen aufging, erdachte Nero einen neuen, gewaltigen Plan für einen architektonisch einheitlichen Gebäudekomplex, der etwa 80 Hektar eines vom Feuer zerstörten Viertels einnehmen sollte. Mit Entwurf und Bauleitung wurden die beiden Architekten und Ingenieure Severus und Celer betraut, die technisch und gestalterisch sehr gewagte Lösungen umsetzten. Nur zwei Jahre nach Baubeginn zog der Herrscher in seinen noch nicht fertiggestellten Palast und war, wie Sueton erzählt, »sehr zufrieden damit und sagte, dass er nun endlich beginne, menschenwürdig zu wohnen«. Der Bau der Residenz war noch nicht vollendet, als Nero sich selbst tötete. Einer seiner unmittelbaren Nachfolger, Otho, stellte 50 Millionen Sesterzen für die Vollendung bereit, aber die kurze Dauer seiner Herrschaft machte diese Absicht zunichte. Schon nach wenigen Jahren wurde die *Domus Aurea* verlassen, unterteilt und teilweise abgerissen.

Weiterführende Stichwörter
Vergil und Maecenas, Seneca und Nero, Flavier, Domus, Garten, Kolosseum

Lage
Die Gebäude nahmen den ganzen Oppius bis zum Esquilin und zum Caelius ein und waren mit denen auf dem Palatin verbunden

Zeittafel
Erbaut nach dem Brand von 64, schon 66 n. Chr. von Nero bezogen

Funktion
Palast Kaiser Neros

◀ *Domus Aurea*, Gang der Adler, Detail des Gewölbes.

Domus Aurea

Nach der griechischen Mythologie war Laokoon ein trojanischer Prinz und Priester Apolls. Er soll beim Anblick des griechischen Holzpferdes die List erahnt und die Trojaner aufgefordert haben es zu zerstören.

Da schickte Poseidon, der den Trojanern feindlich gestimmt war, zwei schreckliche Meeresschlangen, die Laokoons Söhne in ihre tödliche Zwinge nahmen; Laokoon versuchte vergeblich sie zu befreien, und starb mit ihnen.

Die Trojaner waren überzeugt, Laokoons Tragödie sei ein Zeichen des Himmels, ignorierten seine Warnung und führten das Pferd in die Stadt, womit sie ihren endgültigen Untergang besiegelten.

▲ Laokoon, aus den Titus-Thermen, Replik aus Marmor einer hellenistischen Bronzegruppe, Vatikanstadt, Musei Vaticani.

Die Skulpturengruppe, die lange fälschlicherweise für ein Original statt für eine ausgezeichnete Replik gehalten wurde, war 1506 in einem Raum in den Titus-Thermen entdeckt worden; es ist nicht möglich festzustellen, ob sie zum Schmuck der Domus Aurea gehörte oder nicht.

Papst Julius II. kaufte die Skulptur, nachdem er sich mit Michelangelo und Giuliano da Sangallo beraten hatte, und brachte sie in einem triumphalen Umzug in den Garten des Belvedere.

Das große Oberlicht in der Mitte der Kuppel erhellt den achteckigen Saal, durch dessen durchdachte Architektur auch die umliegenden Räume genug Licht erhalten.

Das Gewölbe sitzt auf Mauern, die einen achteckigen Raum formen und verwandelt sich mit zunehmender Höhe in eine halbkugelförmige Kuppel.

»Die Innenräume waren sämtlich vergoldet und mit Edelsteinen und Perlmutt ausgelegt. Die Speisesäle hatten mit Elfenbeinschnitzereien verzierte Decken, deren Täfelung verschiebbar war, damit man Blüten auf die Gäste herabregnen lassen konnte, ... Der wichtigste von ihnen hatte die Form einer Rotunde, deren Kuppel sich wie das Weltall Tag und Nacht ständig drehte.« (Sueton)

Die so genannte Sala della Volta Dorata (»Saal mit dem vergoldeten Gewölbe«), einer der wichtigsten Räume auf dem Collis Oppius, war ein Speisesaal mit marmorverkleideten Wänden; die Decke, die nur durch Gemälde aus dem 16. und 17. Jh. überliefert ist, trug Malereien mit mythologischen Szenen, welche von vergoldeten Stuckverzierungen eingerahmt waren.

▲ *Domus Aurea*, Achteckiger Saal.

345

Domus Aurea

Die Bemalung der Wand ist in drei Ebenen unterteilt; in den beiden oberen Bändern lassen sich leicht Architekturelemente erkennen, in die kleine Landschaftsbilder und Tierfigürchen eingefügt sind.

Die Wasserversorgung der Domus Aurea *erfolgte über eine eigene Abzweigung der* Aqua Claudia, *die von der heutigen Porta Maggiore ausgehend auf dem Rücken des Caelius verlief; lange Abschnitte ihrer beeindruckenden Arkaden sind heute noch von der Via Statilia bis in die Via di Santo Stefano Rotondo und Piazza della Navicella sichtbar.*

Das unterste Band ist sehr viel genauer ausgearbeitet, mit Theater-szenen und Bühnenmasken, darüber Fantasietieren; dazwischen abwechselnd ein komplexes Fries mit Sphingen, Vögeln und Greifen vor einer Pflanzengirlande, das als Rahmen der einzelnen Bilder dient.

▲ *Domus Aurea*, Ansicht einer der Kryptoportiken.

In der Eingangshalle des Palasts befand sich die mehr als 35 m hohe Kolossalstatue Neros, die auch nach dessen Tod dort verblieb. Nach ihr ist das Kolloseum benannt, das Vespasian errichtete, nachdem er die Spuren des Größenwahns seines Vorgängers beseitigt und das Tal den Römern zurückgegeben hatte.

»Geboren wurde Augustus im Konsulatsjahr von M. Tullius Cicero und C. Antonius am 23. September kurz vor Sonnenaufgang in der Gegend des Palatins.« (Sueton)

Palatin

Der Überlieferung nach soll Romulus am 21. April des Jahres 754 v. Chr. auf dem Palatin Rom gegründet haben, indem er mit dem Pflug eine Furche zog, um die Stadtgrenzen zu markieren. Jahrelange Ausgrabungen an der Nordseite des Hügels und ein erneutes Quellenstudium ermöglichten die Rekonstruktion der ältesten Phase der Stadt und die Datierung eines radikalen Umbruchs genau auf die Mitte des 8. Jh. v. Chr.: das Ende der vorstädtischen Siedlung und der Beginn einer neuen, urbanen Staatsstruktur, die sehr viel komplexer und differenzierter war als die vorhergegangene. Deutlich sind die Spuren erkennbar, die der Abriss eines Hüttenviertels um etwa 725 v. Chr. hinterließ, da Platz für die Errichtung des ersten Mauerrings geschaffen werden musste, einer hölzernen Palisade mit einem Wall aus ungebrannter Erde, die schon bald durch eine stärkere Befestigung ersetzt wurde. Die Entscheidung zum Bau dieser Grenzlinie, die als heilige und symbolische Grenze betrachtet wurde, muss ein bewusster politischer Akt gewesen sein, der heute allgemein als die Gründung der Stadt angesehen wird.

Im Laufe der Zeit wurde der Palatin zum Wohnort der herrschenden Schicht Roms, hier wurde auch Augustus geboren. Als er Kaiser wurde, beschloss er auf dem Palatin wohnen zu bleiben und begann mit derBautätigkeit am Kaiserpalast; im Laufe eines Jahrhunderts enstand so ein riesiger Gebäudekomplex, der immer weiter umgebaut und erweitert wurde, so dass er am Ende der Kaiserzeit den ganzen Hügel einnahm.

Weiterführende Stichwörter
Romolus und Remus, Augustus und Livia

Lage
In der Mitte der sieben Hügel, die das antike Rom bildeten

Funktion
Stelle der Stadtgründung, religiöses Zentrum und Sitz des Kaiserpalastes

▼ Westliches Nymphäum der *Domus Flavia*.

Palatin

Der Name des Collis Palatium *(Palatin) ging als Bezeichnung für den Kaiserpalast, in die Alltagssprache über und wurde schließlich als Palast in allen europäischen Sprachen zum Synonym für ein beeindruckendes, majestätisches Gebäude bzw. den Sitz der Macht.*

Das große, von Säulen umgebene Peristylium wurde durch einen Teich in der Mitte geschmückt; darin befand sich auf einem hohen Podium ein kleiner Tempel, der über eine Brücke auf Bögen betreten wurde.

Die Domus Augustana, *die Privatresidenz des Herrschers, bestand aus kleinen, persönlichen Räumen im Wechsel mit größeren Sälen, die auf zwei Ebenen angeordnet waren.*

▲ Oberes Peristylium der *Domus Augustana*.

In der Mitte der östlichen Längsseite befand sich eine große, halbkreisförmige Tribüne oberhalb von drei zur Arena hin offenen Räumen.

Die Privatresidenz Domitians war mit einem riesigen Garten verbunden, der die Form eines Stadions hatte, 160 m lang und 48 m breit, mit einer gerundeten Schmalseite; er war mit Brunnen geschmückt und von einem zweistöckigen Portikus umgeben, aber durch eine Mittellinie geteilt, deren Wendepunkte noch sichtbar sind.

Sehr wahrscheinlich diente das so genannte Stadion oder Hippodrom in Domitians Palast eher als Manege und Garten, wie in vielen Villen, die nach Plinius mit einer Art privater Galopprennbahn ausgestattet waren: Gärten in Form eines Circus, die auch zum Reiten benutzt wurden.

▲ Stadion auf dem Palatin.

Palatin

Auf der Seite des Palatins, die zur Via Appia hin blickt, ließ Septimius Severus eine gigantische Brunnenfassade errichten, das septizodium, *das zeitgenössischen Quellen zufolge die Bewohner des römischen Afrika – die Landsleute des aus Leptis magna stammenden Kaisers – beeindrucken sollte, wenn sie über die Via Appia nach Rom kamen.*

Das septizodium, *wurde auf Anordnung von Papst Sixtus V. zwischen 1588 und 1589 vollständig abgerissen und sein Marmor für neue Bauten verwendet, etwa eine der Kapellen der Kirche Santa Maria Maggiore. Nichts blieb von diesem spektakulären Bauwerk; nur sein Grundriss konnte aufgrund der Ausgrabungen der letzten Jahre rekonstruiert werden.*

Die severischen Bögen, die heute die Südseite des Hügels am stärksten prägen, wurden als gigantische Unterbauten für eine künstliche Plattform erbaut, die die Erweiterung des bestehenden Palasts ermöglichte, obwohl mittlerweile der gesamte Hügel verbaut war.

Der eigentliche Palast, den Septimius Severus erbaute, erhob sich auf dieser künstlichen Terrasse und ist heute fast vollständig verschwunden.

▲ Der Palatin, vom Circus Maximus aus gesehen.

»Ein Brand von nie dagewesener Gewalt traf die Stadt und verwüstete den Caelius ... Caesar half, indem er Geld verteilte, je nach dem erlittenen Schaden.« (Tacitus)

Caelius

Der Caelius lag außerhalb der Severischen Stadtmauer und wurde lange Zeit nur mit Heiligtümern und Gräbern bebaut, die immer wieder längs der Straße, die den Hügelrücken entlangführte, entdeckt werden. Gegen Ende der Republik entstand ein Wohngebiet aus bescheidenen Häusern mit Läden zur Straße hin, aber auch sehr luxuriösen Häusern wie jenes des Mamurra, des Kommandanten von Caesars Pionierkorps, der Zielscheibe heftiger Angriffe durch Catull war. Im Jahr 27 n. Chr. erlebte der Caelius einen ersten großen Brand, nach dem viele Häuser von Grund auf renoviert werden mussten; viel schlimmer aber müssen die Auswirkungen des Neronischen Brands gewesen sein: Die Zerstörung des Viertels war fast vollständig, viele Grundstücke blieben unbebaut und schufen so die Voraussetzung für eine radikale Umgestaltung der Stadt. Wie jüngere Untersuchungen belegen waren fortan, etwa ein Jahrhundert lang, große Teile des Hügels mit Mietshäusern bebaut, in deren Erdgeschossen sich Werkstätten und Läden befanden, und mit einigen großen Gebäuden, die wohl überwiegend kommerziellen und öffentlichen Zwecken dienten. In der 2. Hälfte des 2. Jh. veränderte sich das Wohnviertel auf dem Caelius erneut, als die Mietskasernen, genau wie wenig später auch in Ostia, in zum Teil sehr anspruchsvolle Einfamilienhäuser zurückgebaut wurden. Diese Gebäude standen mit Veränderungen und Erweiterungen bis zur Plünderung Roms durch Alarich im Jahr 410, manche auch noch länger.

Weiterführende Stichwörter
Victoria, Domus, Insula

Lage
Südlich des Palatins

Funktion
In der Zeit der Republik außerhalb der Stadtmauern gelegen, später Wohnviertel

▼ Nymphäum der *domus* auf dem Caelius, Detail des Freskos mit Dionysos und Proserpina, Ende des 3. Jh. n. Chr.

Caelius

In der oberen Reihe laufen weinlesende Amoretten zwischen Rebschösslingen, Vögeln und anderen Pflanzenelementen herum.

Auf dem Caelius gab es immer viele Kasernen: die der Feuerwehr bei Santa Maria in Domnica, die der berittenen Garde des Kaisers und die der Provinzheere, die für besondere Aufgaben nach Rom beordert waren; die Reste dieses Gebäudes, das als Castra Peregrina *überliefert ist, sind heute noch unter der Kirche Santo Stefano Rotondo zu sehen.*

▲ *Domus* auf dem Caelius, Zimmer der Genien, Detail des Freskos, 2. Hälfte des 3. Jh.

In der unteren Reihe wechseln sich Vögel und geflügelte Jünglinge (die Genien) ab, hinter ihnen hängt eine lange Girlande aus verschiedenen Blüten und Früchten, die den Wechsel der Jahreszeiten darstellt.

Im Jahr 362 n. Chr. wurden die Heiligen Johannes und Paulus getötet und, zusammen mit anderen Märtyrern in einem großen, mehrstöckigen Haus, in dem sie wohnten, begraben; dessen Besitzer, Bizantius, muss es einer kleinen christlichen Gemeinde zur Verfügung gestellt haben. Später wurde das Haus abgerissen und an seiner Stelle die Johannes und Paulus geweihte Basilika errichtet.

Das Haus des Bizantius war im 3. Jh. n. Chr. erbaut worden, indem man zwei bestehende Gebäude zusammenlegte: ein Haus aus dem 2. Jh., das mehrere Stockwerke mit Terrassen und eine kleine Therme im Erdgeschoss hatte, und ein Häuserblock aus der ersten Hälfte des 3. Jh. mit Läden und einem Pfeiler-Portikus im Erdgeschoss.

Auf dem Areal des Militärhospitals auf dem Caelius wurden in den letzten 20 Jahren zahlreiche öffentliche und private Gebäude ausgegraben; darunter auch eine große domus, *die gegen Ende der antoninischen Zeit auf bestehende Gebäude aufgesetzt wurde, wie der Fund einer Leitung aus dem Jahr 177 n. Chr. annehmen lässt.*

Ebenfalls wurde eine domus *ausgegraben, die auf zwei Stockwerken fast 8000 m² an Repräsentationsräumen, Innenhöfen, Zimmern, Thermen, Gängen und Diensträumen zählte und bei der es sich um die Residenz des Commodus handeln könnte, in der dieser auch getötet wurde. Sie wurde bei einer prunkvollen Restaurierung im 4. Jh. n. Chr. radikal umgebaut, nachdem sie vermutlich in den Besitz der Symmachi gelangt war.*

»Sechs Monate lang ... belagerten die Barbaren den Hügel ... als die Gallier nachts versuchten, sich einzuschleichen, wurde Manlius vom Geschrei einer Gans geweckt und stürmte von der Höhe des Felsens auf sie los.« (Florus)

Kapitol

Weiterführende Stichwörter
Triumph, Kapitolinische Trias

Lage
Unter den sieben römischen Hügeln jener, der dem Tiber am nächsten liegt

Funktion
Sitz des *Capitolium*, des Tempels des Iuppiter Optimus Maximus, der der Kapitolinischen Trias geweiht war

Jüngere archäologische Ausgrabungen belegen, dass der Hügel schon in der späten Bronzezeit von einer Gemeinschaft bevölkert wurde, die handwerkliche Arbeiten und Metallbearbeitung verrichtete. Seine Erhöhung zum wichtigsten religiösen Mittelpunkt der Stadt erfolgte in der letzten Phase des Königtums, als die Tarquinier einen der Kapitolinischen Trias (Iuppiter Optimus Maximus, Iuno Regina und Minerva) geweihten Tempel bauten, der im ersten Jahr der Republik eingeweiht wurde. Das Aussehen des großen Tempels ist heute nicht mehr zu rekonstruieren, da nur wenige, wenn auch eindrucksvolle Reste erhalten blieben, die in den Bau des Palazzo Caffarelli im 16. Jh. einbezogen wurden. Aber es ist anzunehmen, dass sein Skulpturenschmuck durch eine grandiose Quadriga aus bemalter Terrakotta gekrönt wurde, die ebenso wie die Kultstatuen in der Werkstatt des Vulca entstand, eines berühmten Künstlers aus Veji. Zu Beginn des 3. Jh. v. Chr. wurde die Quadriga auf Veranlassung der Brüder Ogulnii, die in jenem Jahr Ädilen waren, durch eine bronzene ersetzt.

Auf dem Kapitol wurden einige der wichtigsten Zeremonien des römischen Staates abgehalten; am ersten Januar jeden Jahres fand die Einsetzung der neuen Konsuln statt und vor dem Tempel des Iuppiter Capitolinus feierten die siegreichen Generäle das Opfer, das am Ende ihres Triumphzugs stand. Unter Augustus wurde der Hügel auch zum Sitz der Militärkasse, und von hier aus wurden die Statthalter in die Provinzen verabschiedet.

▼ Reste der Unterbauten des Jupiter-Tempels.

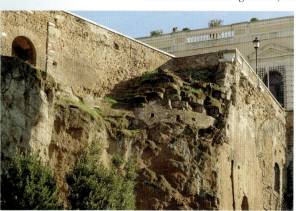

»Er weihte ... den Tempel des ... Janus, errichtet ... von Gaius Duilius, der als erster die römische Macht über das Meer führte und den Triumph über die Karthager auf See errang.« (Tacitus)

Forum Boarium und Forum Holitorium

Seit den Ursprüngen der Stadt kam der Ebene zwischen dem Tiber und den dahinter aufragenden Hügeln eine lebenswichtige Bedeutung als Anlegestelle und Warenumschlagplatz zu, da an dieser Stelle die wichtigsten Verbindungsstraßen Mittelitaliens zusammentrafen: der Tiber, der bis Orte schiffbar war, die Straße, die Kampanien mit Etrurien verband und den *Pons Sublicius* an der Tiberinsel als Übergang nutzte, und die Via Salaria, die die Bewohner des Hinterlands nutzten, um sich mit Salz zu versorgen. Eine erste Gestaltung des Areals erfolgte bereits zur Zeit der Könige, als Servius Tullius erstmals den Tiberhafen leistungsfähiger organisierte und dort die Heiligtümer der Fortuna und der *Mater Matuta* erbauen ließ (Heiligtümer von Sant'Omobono). Intensivste Bautätigkeit aber fiel ins 2. Jh. v. Chr., nach einer Reihe von Bränden und Überschwemmungen. Auf das Ende des 2. Jh. v. Chr. ist wahrscheinlich auch der Bau des ersten Warenlagers zu datieren, der *Horrea Aemiliana*, die in der Kaiserzeit durch Ziegelbauten ersetzt wurden.

Außer dem Tempel des Portunus, der heute noch ausgezeichnet erhalten ist, gibt es zahlreiche Reste der Heiligtümer, die in der Gegend des Forum Boarium und des Forum Holitorium standen, insbesondere neben der Kirche San Nicola in Carcere, in die das Podium und die Kolonnade des Tempels der Iuno Sospita eingebaut sind.

Weiterführende Stichwörter
Märkte und Lagerhäuser, Brücken, Häfen

Lage
Ebene am Tiber

Funktion
Erster Flusshafen Roms und Marktplatz

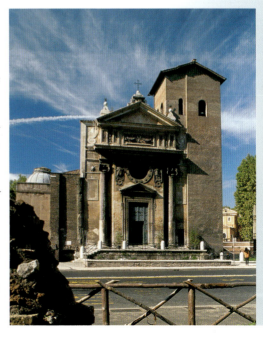

▶ Kirche San Nicola in Carcere.

> »Der Senat beschloss, ... dem augusteischen Frieden einen Altar zu weihen, zu dem die Magistrate, die Priester und die Vestalinnen sich einmal im Jahr begeben sollten, um Opfer darzubringen.«
>
> (Augustus)

Ara Pacis

Weiterführende Stichwörter
Augustus und Livia, Vergil und Maecenas, Tempel und Heiligtümer

Lage
Am Marsfeld, westlich der Via Flaminia

Zeittafel
Gelübde 13 v. Chr., eingeweiht am 30. Januar des Jahres 9 v. Chr.

Funktion
Festaltar

Die *Ara Pacis*, ein Werk griechischer Bildhauer, liefert einen Schlüssel zum Verständnis von Politik-, Weltanschuung und Kunst zur Zeit des Augustus; in diesem Monument findet sich konzentriert das ganze Programm des Kaisers wieder, das auf den Aufbau eines dynastischen Systems abzielte. Es handelt sich um einen eindrucksvollen Altar aus reich verziertem Marmor, der allegorische Szenen vom Ursprung Roms und aus dem Mythos des Aeneas, des Stammvaters der *gens Iulia*, mit einer langen Prozession verbindet, die an den Festumzug am Tag der Einweihung erinnern soll: Hinter den Liktoren und Priestern, unter denen sich auch Augustus in seiner Rolle als *pontifex maximus* befindet, gehen alle Mitglieder der Herrscherfamilie. Tatsächlich fand die Prozession so nie statt, da im Jahr 13 v. Chr., als das Gelübde für den Altar abgelegt wurde, Augustus noch nicht *pontifex maximus*, und vier Jahre später, als er eingeweiht wurde, Agrippa bereits gestorben war. Es ist offensichtlich, dass das Relief weniger ein reales Ereignis beschreibt, als vielmehr dazu diente, alle bedeutenden Mitglieder des Herrscherhauses darzustellen. Die ersten Blöcke der *Ara Pacis* kamen 1568 unter dem heutigen Palazzo Almagià zum Vorschein, aber erst 1879, als das Relief des Aeneas und andere Bruchstücke gefunden wurden, konnte das Denkmal identifiziert werden. Seit 1903 gab es dann mehrere systematische Grabungen, bis 1938 als der Altar anlässlich der 2000-Jahrfeiern für Augustus rekonstruiert und beim Augustus-Mausoleums aufgestellt wurde.

▼ *Ara Pacis*.

Ara Pacis

Die im 16. Jh. gefundenen Blöcke der Ara Pacis erfuhren ein ganz unterschiedliches Schicksal: ein guter Teil davon wurde an den Hof des toskanischen Großherzogs gebracht, ein großes Figurenfragment landete im Louvre, ein weiteres in den Vatikanischen Museen, während viele Stücke mit Girlandenverzierungen in der Fassade der Villa Medici verbaut wurden.

Die Erde, Tellus, ist als junge, schöne Frau dargestellt, die zwei kleine Kinder im Arm hält; unter ihrem Thron liegen ein Rind und ein Schaf.

In den 1930er Jahren kamen die Florentiner Teile zurück, von den anderen wurden Abgüsse gefertigt. Später schenkte Papst Pius XII. das vatikanische Fragment der Gemeinde Rom, die es an seiner ursprünglichen Stelle am Altar anbrachte.

Links sitzt die Personifizierung der Luft auf einem Schwan, der mit ausgebreiteten Flügeln zum Flug ansetzt. Die gesamte Szene sollte wahrscheinlich als Allegorie des Friedens gelesen werden.

Rechts sitzt die allegorische Figur des Wassers auf einem Meeresungeheuer.

▲ Relief mit Tellus, der Erde.

»Berühmt war zu der Zeit der Triumph über die Skordisker jenes Minucius, der den heute noch stark besuchten Portikus erbauen ließ.« (Velleius Paterculus)

Heiligtümer am Largo Argentina

Weiterführende Stichwörter
Annona, Märkte und Magazine

Lage
Mitten auf dem Marsfeld

Zeittafel
Seit Ende des 4. Jh. v. Chr., Restaurierungen bis 80 n. Chr.

Funktion
Gruppe von Kultgebäuden

Nach dem Triumph über die Skordisker im Jahr 107 v. Chr. beschloss M. Minucius Rufus, ein Areal auf dem Marsfeld, auf dem bereits drei Tempel standen, mit einer großen Säulenhalle zu umgeben, den *Porticus Minucia Vetus*, in der die Getreideverteilungen an das Volk stattfinden sollten. Das älteste Kultgebäude war 290 v. Chr., nach dem Krieg gegen die Sabiner, von Manius Curius Dentatus geweiht worden. 50 Jahre später erbaute Q. Lutatius Catulus nach seinem Triumph über die Karthager einen Tempel, den er Iuturna weihte; den dritten weihte M. Aemilius Lepidus 179 v. Chr. den *lares permarini*, den Beschützern der Seefahrt. 101 v. Chr. vollendete die Errichtung eines Rundtempels für die Fortuna Huiusce Diei, die »Glücksgöttin des heutigen Tages« (der Getreideverteilung), die Gestaltung des Platzes. Östlich des Tempelbezirks am Largo Argentina lag die *Villa Publica*, ein großer Park mit einem Tempel, der heute noch zum Teil in der Via delle Botteghe Oscure zu sehen ist und in dem sich das Archiv der Zensoren und die Listen der Getreideberechtigten befanden. In der Kaiserzeit wurde auf dem Grundstück der *Villa Publica* ein zweiter Platz mit Säulengängen erbaut, so dass ein riesiger Komplex entstand, der die Großzügigkeit des römischen Staates demonstrieren sollte, der vor der Kulisse grandioser Tempel, errichtet vom Geld besiegter Feinde, Getreide an sein Volk verteilte.

▼ Heiligtümer am Largo Argentina.

»Aber er forderte häufig auch die übrigen führenden Männer Roms auf, es solle ein jeder ... die Stadt schmücken ... Und zahlreiche Bauten wurden damals von vielen errichtet: ... und von M. Agrippa gar mehrere und vortreffliche Bauten.« (Sueton)

Pantheon

Das Pantheon ist das Werk von Augustus' Schwiegersohn Agrippa, der eine umfassende Neugestaltung und Aufwertung des Viertels in die Wege leitete. Das heutige Erscheinungsbild des Tempels ist jedoch das Ergebnis des Umbaus unter Hadrian, der dank zahlreicher Produktionsstempel auf den verwendeten Ziegeln genau datiert werden kann. Dabei wurde das ursprüngliche Gebäude vollkommen verändert, die Ausrichtung der Fassade gewechselt und die große Rotunde eingefügt; auf dem Architrav wurde die heute noch lesbare Inschrift angebracht, die den Bau Agrippa zuschreibt. 608 machte der byzantinische Kaiser Phokas den Tempel Papst Bonifaz IV. zum Geschenk, der ihn in die Kirche Santa Maria ad Martyres umwandelte; dieser Umstand bedeutete für das Gebäude die Rettung, so dass es sich praktisch unverändert bis in heutige Tage erhalten hat – wenn sich auch der Gesamteindruck gegenüber dem ursprünglichen sehr verändert hat: In der Antike erschien die Fassade durch einige Stufen erhöht, der davor liegende langgestreckte Platz war von Säulengängen eingerahmt. Einige auf dem Gussmauerwerk sichtbare Spuren lassen vermuten, dass der Planer anfangs einen höheren Giebel vorgesehen hatte, durch den sich die Verbindung zwischen dem Rundbau und der Säulenvorhalle harmonischer gestaltet hätte.

Weiterführende Stichwörter
Hadrian und Antinoos

Lage
Mitten auf dem Marsfeld

Zeittafel
Erbaut zwischen 27 und 25 v. Chr., vollständig umgebaut zwischen 118 und 125 n. Chr.

Funktion
Tempel der zwölf himmlischen Götter

▼ Pantheon.

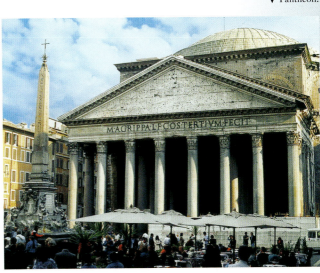

Pantheon

Das Pantheon wird von seiner riesigen Kuppel beherrscht, die einen Durchmesser von 43,30 m hat und damit die größte ist, die jemals aus Mauerwerk erbaut wurde. An ihrer Spitze befindet sich eine runde Lichtöffnung mit einem Durchmesser von 9 m.

Die Kuppel ist mit fünf konzentrischen Reihen von Kassetten verziert, die zur Mittelöffnung hin kleiner werden, während die Wände von Nischen belebt sind, die die Statuen der zwölf himmlischen Götter enthielten, denen das Pantheon geweiht war.

Die acht Säulen der Fassade waren aus grauem Granit vom Mons Claudianus in der östlichen ägyptischen Wüste, die im Innenraum aus rotem Granit aus Syene, dem heutigen Assuan.

▲ Inneres des Pantheons.

Der harmonische Eindruck des Bauwerks ist auf die gewählten Proportionen zurückzuführen; der Abstand zwischen dem Boden und dem Scheitel der Kuppel entspricht genau deren Durchmesser, so dass der Innenraum die Gestalt einer exakt runden Kugel hat, die in einem halb so hohen Zylinder steht.

Das große Bronzeportal ist trotz erheblicher Restaurierungen vielleicht noch das Originaltor aus römischer Zeit.

»Ich wohne über einem öffentlichen Bad. Stell dir die Stimmen vor ... Stell dir den Enthaarer vor ... der nur schweigt, wenn er Achselhaare ausreißt und ein anderer an seiner Stelle schreit.«
(Seneca)

Diokletians-Thermen

Die größte je in Rom gebaute Thermenanlage wurde in einer der am dichtesten besiedelten Gegenden der Stadt errichtet, so dass für diesen neuen Baukomplex der Widmungsinschrift zufolge viele ältere Gebäude abgerissen werden mussten. Die Anlage nahm eine Fläche von etwa 140 000 Quadratmetern ein, das Hauptgebäude allein maß mehr als 250 mal 180 Meter; nach antiken Quellen konnten die Bäder gleichzeitig bis zu 3 000 Personen aufnehmen, fast das Doppelte der Caracalla-Thermen. Vieles blieb, in die moderne Stadtstruktur integriert und verbaut, bis in die heutige Zeit erhalten: In die Haupthalle wurde die Kirche Santa Maria degli Angeli hineingebaut, deren Eingang in einer der Apsiden des *caldarium* liegt, während einige der benachbarten Räume Teil des Museo delle Terme wurden, von dessen Garten aus noch die Fassade des Hauptgebäudes zu sehen ist. Aber auch die äußere Einfassung ist heute noch gut zu erkennen, vor allem im Umriss der großen, mittleren Exedra, die die heutige Piazza della Repubblica formt und ursprünglich wohl als Theater benutzt wurde.

Nicht weit entfernt von den Diokletians-Thermen, zwischen den heutigen Straßen Via XX Settembre und Via Nazionale, entstand wenige Jahre später ein weiteres Bad, das Maxentius wohl Konstantin widmete. Nichts ist heute mehr übrig von diesem kleineren und raffinierteren Bad, das wahrscheinlich den Wohlhabenden vorbehalten war und gleichzeitig das letzte Gebäude dieser Art, das in Rom gebaut wurde.

Weiterführende Stichwörter
Diokletian, Thermen

Lage
Zwischen Esquilin, Viminal und Quirinal

Zeittafel
Erbaut zwischen 298 und 306 n. Chr.

Funktion
Öffentliche Thermenanlage

▼ Hallen zwischen Turnsaal und *frigidarium*, Diokletians-Thermen.

Diokletians-Thermen

Eine der größten Sorgen der Betreiber von Thermenanlagen war die Versorgung mit Brennholz, auch weil nicht alle Sorten für diesen Zweck geeignet waren: Olivenholz etwa erzeugte einen fetten Rauch, der die Wanddekoration der Räume ruinierte, das Holz des Lolchs führte zu Kopfschmerzen und Schwindel bei den Badegästen.

Alle öffentlichen Thermenanlagen verfügten über Latrinen, während sich nur die bessergestellten Schichten private Toiletten leisten konnten; wer hingegen in den Wohnungen der Mietshäuser wohnte, war auf Nachttöpfe angewiesen, die dann auf die Straße ausgeschüttet wurden.

▲ Diokletians-Thermen.

»Denk noch an ... jene, die mit großem Getöse in das Becken springen, ... Und dann ist da der Getränkeverkäufer ... da ist der Wurstverkäufer, da sind die Kneipenwirte.« (Seneca)

Caracalla-Thermen

Die Caracalla-Thermen sind die gewaltigste und vollständigste Anlage aus der Kaiserzeit, die erhalten blieb. Die Thermen wurden von Caracalla, der das Hauptgebäude im Jahr 216 n. Chr. eröffnete, erbaut und von seinen Nachfolgern Elagabal und Severus Alexander fertiggestellt. Die Errichtung dieses enormen Bads vor allem für die weniger wohlhabenden Schichten brachte wichtige städtebauliche Eingriffe mit sich, insbesondere die Einrichtung einer eigenen Abzweigung der *Aqua Marcia* für die Wasserversorgung des Badebetriebs, die *Aqua Antoniana*. Die Caracalla-Thermen, die gleichzeitig bis zu 1 600 Badegäste aufnehmen konnten, blieben über drei Jahrhunderte lang in Betrieb; während dieser Zeit wurden sie von den Kaisern Aurelian und Diokletian und von Theoderich, dem König der Ostgoten, mehrmals restauriert. Tatsächlich brachten jüngere Ausgrabungen in den Kellerräumen Reparaturen und Wiederherstellungsmaßnahmen ans Licht, die bis ins 5. Jh. datiert werden können. Die Anlage stellte ihren Betrieb erst ein, als Witigis 537 n. Chr. die Aquädukte unterbrach.

Wie viele andere Denkmäler wurden auch die Caracalla-Thermen im Mittelalter als Steinbruch verwendet, so dass im 12. Jh. drei Kapitelle aus dem östlichen Turnsaal entfernt und zum Schmuck des Doms von Pisa verwendet wurden.

Am folgenreichsten in dieser Hinsicht war aber die Zeit um die Mitte des 16. Jh., als Papst Paul III. Farnese die Anlage systematisch plünderte, um mit dem gewonnenen Material seinen neuen Stadtpalast auszustatten.

Weiterführende Stichwörter
Thermen

Lage
Zwischen den Hängen des kleinen Aventins und dem innerstädtischen Abschnitt der Via Appia

Zeittafel
Eingeweiht 216 n. Chr, Ende des Betriebs nach 537 n. Chr

Funktion
Öffentliche Thermenanlage

▼ Piazza Farnese, die beiden Brunnen mit Granitwannen aus den Caracalla-Thermen.

Caracalla-Thermen

An der Südseite der Umfassungsmauer der Thermen lagen die Wasserreservoirs, 18 miteinander verbundene Räume, die die Speicherung von ca. 10 000 m³ Wasser ermöglichten; die Reserve diente vermutlich dazu, den Spitzenverbrauch bei größtem Publikumsverkehr aufzufangen.

Der Turnsaal war mit Mosaiken ausgelegt, auf drei Seiten von Säulengängen umgeben und in der Mitte überwölbt; hier begann mit Gymnastik, die im Gebäude oder im Wandelgang betrieben werden konnte, die übliche Reihenfolge, in der die Thermen durchlaufen wurden.

▲ Caracalla-Thermen, östlicher Turnsaal.

Der tägliche Wasserbedarf der Anlage muss um die 15 000 m³ betragen haben; es ist also kaum denkbar, dass die Speicher als Reserve für den Fall eines beschädigten Aquädukts dienten, da sie nicht einmal für einen ganzen Tag gereicht hätten.

Die Figurengruppe ist die römische Kopie eines Originals aus dem 2. Jh. v. Chr., eines Werks der Bildhauer Apollionios und Tauriskos von Tralles, das heute verschollen ist; Plinius erwähnt es in Rom als Teil der Sammlung von Asinius Pollio, der es aus Rhodos mitgebracht haben musste.

Die Ausgrabungen, die vor allem im 16. Jh. in den Caracalla-Thermen stattfanden, führten zur Entdeckung eines Teils der reichen Dekoration der Bäder und ihrer Einrichtung, etwa der beiden Granitwannen, die sich heute auf der Piazza Farnese befinden.

Als sie die wahre Identität Antiopes entdecken, retten die Zwillinge ihre Mutter aus den Qualen, die ihr Dirke bereitet hatte, indem sie sie an einen wilden Stier band, und fügen dieselbe Strafe der Tante zu.

Im Vordergrund liegt Dirke zu Füßen des Stiers, neben ihr sind der Hirte, ein Hund und, auf der anderen Seite, Antiope zu sehen. Der Mythos von Dirkes Grausamkeit, der nicht sehr oft in den antiken Quellen auftaucht, erzählt eine verwickelte Geschichte von Liebe, Rache und Leidenschaften. Die heute bekannte Version ist die von Euripides' Tragödie Antiope.

Antiope, Tochter des Königs von Böotien, wurde von ihrem Vater, ihrem Onkel und ihrer Tante Dirke verfolgt wegen ihrer illegitimen Liebe zu Zeus; dieser Liebe waren Zwillinge entsprungen, Zethus und Amphion, die auf dem Berg Aracynthus ausgesetzt und von einem Hirten gefunden worden waren.

▲ Farnesischer Stier,
Beginn des 3. Jh. n. Chr., Neapel,
Museo Archeologico Nazionale.

>»Die Straße, die von Rom nach Capua führt, ist so breit, dass zwei Wagen aneinander vorbeifahren können... sie ist ein Wunder; sie ist ganz aus einem Stein ... den Appius schneiden ließ.«
>(Prokopios)

Via Appia

Weiterführende Stichwörter
Grab, Konsularstraßen und Landstraßen

Lage
Landstraße südlich der Stadt

Zeittafel
Eröffnet 312 v. Chr. bis Capua

Funktion
Verbindung Roms mit den Städten Kampaniens, später auch mit Brindisi und der Adria

Die Via Appia, die an der Porta Capena beim Circus Maximus ihren Ausgang nahm, ist die älteste der großen römischen Straßen. Sie wurde 312 v. Chr., während des zweiten Kriegs gegen die Samniten, auf Anordnung des Zensors Appius Claudius Caecus erbaut, verband vorerst Rom mit Capua und besiegelte die Eingliederung Latiums und Kampaniens in das römische Staatsgebiet. Sie garantierte die ständige Verbindung mit den Städten des Südens, die kriegslustig und unruhig, aber auch reich und dichtbevölkert waren und die vor allem der griechischen Welt nahestanden. Kaum 50 Jahre später war die Via Appia bereits bis in den Hafen von Brundisium (Brindisi) verlängert und damit zu einer der wichtigsten Voraussetzungen für die römische Expansion nach Süditalien, nach Griechenland und in den Orient geworden.

Die Pflasterung der Via Appia die 900 Jahre später die Bewunderung des griechischen Historikers Prokopios von Caesarea erregte und noch heute auf einer langen Strecke durch das römische Umland erhalten ist, wurde 295 v. Chr. begonnen und dauerte mehr als anderthalb Jahrhunderte. Der Verlauf der Straße, die bis Terracina ganze zehn Meter breit war, ist bis Benevento noch deutlich erkennbar, vor allem jene Abschnitte, an denen links und rechts die Überreste von Gräbern stehen, so auch die ersten Kilometer außerhalb Roms.

▼ Via Appia.

Via Appia

Das große Nymphäum mit Brunnen muss reich mit architektonischem Schmuck, mit Statuen und Wasserspielen geschmückt gewesen sein; einige Säulen aus Cipollino-Marmor sind noch erhalten.

Im Laufe des Mittelalters wurde das Nymphäum in einen Festungsbau umgewandelt, der wohl Verteidigungsfunktionen erfüllte, aber auch der Straßenwacht diente. Eine Innenansicht mit Portikus ist auf S. 266 zu sehen, wo auch die Geschichte der Eigentümer der Villa nachzulesen ist.

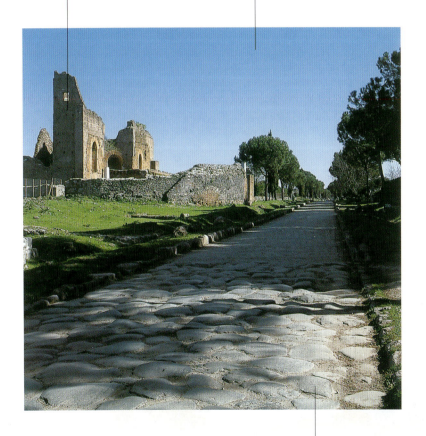

▲ Villa der Quintilier, Nymphäum und Eingang der Villa nach der kürzlich erfolgten Restaurierung.

Die noch perfekt erhaltene Pflasterdecke der Via Appia.

367

»Was nun seine Frau betraf, so sagte er, dass er, wenn er irgendein Bürger wäre, nicht zögern würde, eine so launenhafte und unzugängliche Frau zu verstoßen.« (Hadrian)

Villa Hadriana

Weiterführende Stichwörter
Hadrian und Antinoos, Villa, Garten

Lage
Am Fuße der Tiburtiner Berge, in der Nähe des heutigen Tivoli

Zeittafel
Erbaut zwischen 118 und 138 n. Chr.

Funktion
Rückzugs- und Vergnügungsort des Kaisers Hadrian

▼ Tivoli, Villa Hadriana, Teatro Marittimo.

An dem Ort, den sich Hadrian für den Bau seines luxuriösen und riesigen Palasts erwählte, stand bereits eine Villa aus republikanischer Zeit, deren Mauern in ein Gebäude des Neubaus miteinbezogen wurden. Trotz der Ausdehnung und Komplexität der Anlage, die sich über rund 186 Hektar erstreckt, handelt es sich zweifellos um einen einzigen Entwurf, wie auch eine Untersuchung des Wasserversorgungs- und Abwassersystems bestätigt, dessen Bau der Kaiser während seiner Aufenthalte in der Hauptstadt persönlich verfolgte. Der Glanz und Reichtum der Villa Hadriana erregte schon bei den Zeitgenossen große Bewunderung, vor allem, weil sie Bauten umfasste, die berühmten Gebäuden aus allen Provinzen des Reichs nachempfunden waren.

Als Kardinal Hippolyt II. d'Este Mitte des 16. Jh. Pirro Ligorio damit beauftragte, in Tivoli eine Villa für ihn zu bauen, ließ dieser sich von der Villa Hadriana inspirieren und führte dort Ausgrabungen und Untersuchungen durch; sie brachten den Prunk und die Vielfalt der Brunnen und Nymphäen, die Raffinesse der Dekorationen und die unglaubliche Auswahl von Marmorarten allerhöchster Qualität wieder ans Licht. So entstand der wunderbare Entwurf der Villa d'Este und es begann gleichzeitig die systematische Plünderung der Einrichtung und Ausgestaltung der Villa Hadriana, die drei Jahrhunderte lang anhielt, bis zur Einigung Italiens, als die ganze Anlage in Staatsbesitz überging.

Villa Hadriana

Der Portikus hatte ein Giebeldach und sollte den Verdauungsspaziergängen nach den Mahlzeiten dienen, wie eine Inschrift erklärt, die im 18. Jh. in dieser Gegend gefunden wurde.

Der riesige Quadriportikus umgab einen Garten, in dessen Mitte sich ein Wasserbecken befand; die Archäologen haben sie mit der poecile *identifiziert, mit der Hadrian antiken Quellen zufolge die berühmte Athener Stoá* poikile *imitieren wollte, in der die Werke der größten griechischen Künstler versammelt waren.*

Die hohen rückwärtigen Mauern des Portikus verdeckten den Blick auf die umgebende Landschaft und isolierten so den Garten rund um das Becken, ein rechteckiges, etwa 100 mal 25 m großes Bassin, das eine Atmosphäre der Ruhe und Stille verbreiten sollte.

Die Spuren der Kolonnaden sind heute noch sichtbar und wurden bei der Restaurierung noch deutlicher gemacht, indem an die Stelle der Säulenbasen zu Zylindern gestutzte Buchsbaumpflanzen gesetzt wurden.

▲ Tivoli, Villa Hadriana, Poecile-Quadriportikus.

Ostia

»*Die Regierungszeit des Ancus bedeutete Expansion nicht nur für die Stadt ... er dehnte die Herrschaft Roms bis ans Meer aus, an der Mündung des Tibers wurde Ostia gegründet und rundum wurden Salinen geschaffen.*« (Livius)

Weiterführende Stichwörter
Seneca und Nero, Flotte, Insula, Märkte und Magazine, Häfen

Lage
Am Meer, südwestlich von Rom

Zeittafel
Vom 4. Jh. v. Chr. bis zum Ende des römischen Reichs

Funktion
Seehafen Roms

Die erste befestigte Siedlung Ostias wurde zu Beginn des 4. Jh. v. Chr. errichtet, um am Unterlauf des Tibers ein System der militärischen Überwachung aufzubauen, das die Sicherheit der Flussschifffahrt und der Versorgung Roms garantieren sollte. Die neue Kolonie wuchs schnell und verlor nach und nach ihre militärische Bedeutung, um stattdessen die Rolle des römischen Handelshafen einzunehmen; im 1. Jh. v. Chr. entstanden an den säulengesäumten Straßen der Wohngebiete neue Atriumhäuser für die Wohlhabenden, manche auch mit Peristylen. In augusteischer Zeit wurde das Theater erbaut, während das Forum erst zu Beginn von Tiberius' Regierungszeit gegenüber dem neuen Tempel des Augustus und der Roma entstand. Mit dem Bau des Aquädukts enstanden die ersten Thermen, und in der Zeit der Julier-Claudier wurde das älteste der großen Handelshäuser erbaut, die Magazine des Hortensius.

Neue Impulse erhielt die Wirtschaft Ostias durch den Bau des Trajan-Hafens in Portus und durch die Restaurierung der Bausubstanz unter Hadrian, die nach Bauplänen der Zentralmacht durchgeführt wurde und zur Entstehung eines großen Dienstleistungs- und Wohnviertels führte. Seine größte Ausdehnung erreichte Ostia in der Zeit der Antoninen, als es zum Direktions- und Verwaltungszentrum des gesamten Hafenkomplexes aufstieg und gleichzeitig Flusshafen und wichtigstes Warenlager blieb für alles, was der Markt der Hauptstadt nicht unmittelbar aufnehmen konnte.

▼ Geschäftsschild eines *thermopolium*, in dem warme Getränke ausgeschenkt wurden, Ostia, Via di Diana.

Ostia

Zum Zeitpunkt seiner Gründung bestand die neue Kolonie Ostia aus etwa 300 Familien, dürfte aber schnell gewachsen sein, wenn schon am Ende des 3. Jh. v. Chr. Läden an die offensichtlich nicht mehr benötigten Stadtmauern angebaut wurden.

Zwischen Ende des 2. und Beginn des 1. Jh. v. Chr. wurde Ostia mit einem neuen Mauerring umgeben, der ein 30 Mal größeres Gebiet als das der ersten Ansiedlung umfasste, innerhalb dessen aber große Flächen immer unbebaut blieben.

Die Stadtmauern der Kolonie hatten quadratische Türme zu beiden Seiten der drei Tore und kleinere runde an den vier Ecken, während ein weiterer Turm die Flussseite sicherte, die nicht befestigt war, um den Geschäftsverkehr nicht zu behindern.

Während der Regierungszeit Domitians wurde die gesamte Fläche der Stadt erhöht, um den Bau starker Fundamente zu ermöglichen, die erforderlich waren für die dichte Bebauung mit den großen neuen, sehr hohen Häuserblöcken, die ab dieser Zeit üblich wurden.

▲ Via di Diana in Ostia.

In der Zeit der Antoninen zählte Ostia, das nur wenig größer als Pompeji war und nur halb so groß wie Lyon, aufgrund seiner außerordentlich großen Bevölkerungsdichte etwa 50 000 Einwohner.

Ostia

Die Art der Bestattung in den Nekropolen, die von der Zeit Trajans bis zum Ende der Severer üblich war, ist sehr vielfältig und reicht von den Kammergräbern der wohlhabenden Bürger mit tempelartigen Fassaden bis zu den einfachen, mit Amphorenhälsen gekennzeichneten Truhengräbern oder mit Dachziegeln abgedeckte Erdgräbern, in denen die ärmeren Leute begraben wurden.

Typisch für die Isola Sacra sind die Truhengräber, aus Ziegeln gemauerte Grabstättten in Halbzylinderform, die rot verputzt und manchmal mit einer aedicula-*artigen Fassade geschmückt wurden.*

Sehr bald entstanden Viertel mit Wohn- und Handelshäusern in der Nähe des Hafens und auf der Insula Sacra, *einer künstlichen Insel, die durch die Aushebung der neuen Hafenbecken des Claudius und Trajans entstanden war; hier befand sich auch die Nekropole, eine der eindrucksvollsten der römischen Welt.*

▲ Ansicht der Nekropole der Isola Sacra.

Für die prunkvolle Wandverkleidung wurden verschiedene Marmorarten – weißer geäderter Marmor, Giallo Antico, Serpentin, Porphyr, Palombino und Granit – und farbige Glaspasten verwendet.

Ein Fries mit Akanthusranken vor einem Hintergrund aus Serpentin trennt die untere Reihe mit geometrischen Mustern von der oberen, die Bildtafeln enthält, auf denen Löwen über Hirschkälber herfallen.

Die Wand ist in eine Abfolge von regelmäßigen, mit Rosettenbändern gerahmten Spiegelungen gegliedert, oberhalb derer ein Fries mit Rauten und Pelten verläuft.

»Ostia ist eine Stadt ohne Hafen durch die Ablagerungen, die der Tiber dort ablädt ... Die Schiffe müssen auf offener See ankern ... aber die Vorteile überwiegen das Risiko; eine große Zahl von Ruderbooten lädt die Waren ein und aus und erlaubt den Schiffen, gleich wieder abzulegen, ohne sich der Strömung des Flusses auszusetzen; einige Schiffe erleichtern sich um einen Teil ihrer Ladung, biegen dann in den Fluss ein und fahren ihn 190 Stadien [etwa 35 km] weit hinauf bis nach Rom.« (Strabon)

Die Porta Marina, die 1938–1942 ausgegraben wurde, war Teil der Stadtmauer aus dem 1. Jh. v. Chr. und verdankt ihren Namen der Nähe zum Strand.

Die Rekonstruktion der gesamten Dekoration wurde durch eine äußerst geduldige Restaurierung ermöglicht.

▲ Wand in *opus sectile* eines Gebäudes außerhalb der Porta Marina, Ende des 4. Jh., Ostia Antica, Museo Ostiense.

373

Anhang

Karte der Stadt Rom im 4. Jahrhundert
Museen
Zeittafel
Stichwortverzeichnis
Quellen
Bildnachweis

◄ Frauenstatue,
3. Jh. n. Chr.,
Rom, Galleria Borghese.

Karte der Stadt Rom im 4. Jh. n. Chr.

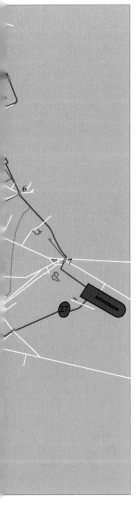

A. Servianische Stadtmauer
B. Aurelianische Stadtmauer
1. Porta Triumphalis (Triumphtor)
2. Porta Flaminia
3. Porta Pinciana
4. Porta Salaria
5. Porta Nomentana
6. Porta Tiburtina
7. Porta Praenestina
8. Porta Metronia
9. Porta Latina
10. Porta Appia
11. Porta Ardeatina
12. Porta Ostiensis
13. Porta Portuensis
14. Porta Aurelia
15. Kapitol
16. Forum Romanum
17. Maxentius-Basilika
18. Tempel der Venus und Roma
19. Caesar-Forum
20. Augustus-Forum
21. Trajans-Forum
22. Haus des Augustus und Tempel des Apoll
23. *Domus Tiberiana*
24. *Domus Flavia* und *Domus Augustana*
25. *Domus Severiana*
26. Kolosseum
27. Amphitheater Castrense
28. *Domus Aurea*
29. Trajans-Thermen
30. Konstantins-Thermen
31. Diokletians-Thermen
32. Theater des Marcellus
33. Tempel des Apoll und der Bellona
34. Portikus der Octavia
35. *Porticus Minucia Vetus* (Largo Argentina)
36. *Porticus Minucia Frumentaria*
37. Theater und Krypta des Balbus
38. Theater und Portikus des Pompejus
39. Pantheon
40. Isis- und Serapis-Tempel
41. Domitians-Stadion
42. Tempel der Matidia
43. Tempel des Hadrian
44. Mark-Aurels-Säule
45. Säule des Antoninus Pius
46. *Ara Pacis*
47. Mausoleum des Augustus
48. Heiligtümer von Sant'Omobono
49. Forum Boarium
50. Circus Maximus
51. Caracalla-Thermen
52. Emporium
53. Pyramide des Gaius Cestius
54. Villa della Farnesina
55. Hadrians-Mausoleum
56. *Castra Praetoria*
57. Circus des Caligula
58. Naumachia Vaticana

Museen

Centrale Montemartini
Im ersten öffentlichen Wärmekraftwerk Roms sind seit 1997 neben den alten Maschinen über 400 Skulpturen der Kapitolinischen Museen ausgestellt, die überwiegend bei Ausgrabungen am Ende des 19. Jh. und in den 1930er Jahren gefunden wurden.

Musei Capitolini
Der neue, umfangreiche Ausstellungsparcours auf dem Kapitol ist das Ergebnis einer Umstrukturierung bereits bestehender Abteilungen – so beherbergt nun etwa das Museo Nuovo eine Abteilung, die sich den antiken Überresten auf dem Kapitol widmet, wie den Mauern des Tempels des Iuppiter Capitolinus – und der Eröffnung neuer Ausstellungsräume, darunter das *Tabularium*, dessen Galerie heute besichtigt werden kann.

Galleria Borghese
In der wunderbaren Villa Borghese in ihrem großen Park ist eine große Sammlung antiker Werke und vor allem von Meisterwerken aus dem 15.–18. Jh. ausgestellt, deren Kern auf Kardinal Scipione zurückgeht (1579–1633).

Musei Vaticani
Unter den riesigen Sammlungen in päpstlichem Besitz befinden sich verschiedene Abteilungen antiker Kunst und darin zahlreiche Meisterwerke von außergewöhnlicher Bedeutung und Bekanntheit.

Museo della Civiltà Romana
Das 1955 eingeweihte Museum liegt im Viertel EUR, das für die Weltausstellung 1942 geplant wurde, und dokumentiert mit Modellen von Denkmälern, Reproduktionen und Abgüssen von Werken, die sich in den Museen der ganzen Welt befinden, die lange Geschichte der römischen Kultur.

Museo Nazionale Romano
Crypta Balbi
In einem Häuserblock, der etwa 20 Jahre lang Gegenstand von Ausgrabungen und Untersuchungen war, liegt nun dieses Museum, das die Veränderungen dieses Orts von der Römerzeit bis ins 20. Jh. dokumentiert; eine weitere Abteilung ist dem spätantiken und byzantinischen Rom gewidmet, der Zeit der Päpste und den Foren im Hochmittelalter (5.–10. Jh.).

Museo Nazionale Romano
Palazzo Altemps
Dieser wunderbare Renaissancepalast in der Nähe der Piazza Navona beherbergt Meisterwerke der antiken Bildhauerkunst, die im Laufe der Jahrhunderte von den großen römischen Adelsfamilien gesammelt wurden.

Museo Nazionale Romano
Palazzo Massimo
Das 1889 gegründete Römische Nationalmuseum wurde in den letzten Jahren neu geordnet und ist heute auf verschiedene Ausstellungsorte verteilt, deren Mittelpunkt der Palazzo Massimo bildet. Dort sind viele Werke aus der Zeit nach dem 2. Jh. v. Chr. ausgestellt, viele römische Kopien griechischer Statuen, kaiserliche und private Porträts von der Zeit der Flavier bis zu Konstantin und einige Ausstattungskomplexe aus Luxusvillen. Das Erdgeschoss ist den Münzsammlungen und einer Auswahl von Schmuckstücken gewidmet.

Museo Nazionale Romano
Terme di Diocleziano
In den Räumen des großen Thermengebäudes befinden sich die epigrafische Abteilung, die die Entstehung und Ausbreitung der lateinischen Sprache dokumentiert, und eine Abteilung, die die Entwicklung der latinischen Kultur in der späten Bronze- und der Eisenzeit (etwa 11.–7. Jh. v. Chr.) nachzeichnet, mit besonderer Berücksichtigung der Stadt Rom.

Museo Palatino
In einem Kloster ist dieses Museum untergebracht, das die künstlerische Kultur der kaiserlichen Residenzen auf dem Palatin von Augustus bis in die Spätantike darstellt.

An zahlreichen archäologischen Fundstellen in Rom und Umgebung gibt es weitere Museen und Antiquarien, die vor Ort gefundene Stücke ausstellen. Erwähnenswert sind vor allem das Museo Ostiense in Ostia Antica und die Antiquarien der Villa Hadriana in Tivoli und der Villa der Quintilier an der Appia Antica.

Zeittafel

21. April 754 v. Chr.: Traditionell überliefertes Datum der Gründung Roms.

509 v. Chr.: Vertreibung des letzten etruskischen Königs und Errichtung der Republik; nach dem Versuch Porsennas, die etruskische Vorherrschaft wiederherzustellen, befreit sich Rom endgültig von seinen mächtigen Nachbarn und unterzeichnet den ersten Vertrag mit Karthago.

499–493 v. Chr.: Krieg gegen die Städte Latiums und Unterzeichnung eines Pakts gegenseitiger Unterstützung mit den latinischen Städten.

486 v. Chr.: Die Aristokratie reißt alle Macht an sich und schließt die Plebejer von der Staatslenkung aus; das ganze Jahrhundert ist durch den Konflikt zwischen Patriziern und Plebejern geprägt.

451 v. Chr.: Eine Kommission aus zehn Mitgliedern *(decemviri)* legt die ersten schriftlichen Gesetze des römischen Staates fest, das Zwölftafelgesetz.

445 v. Chr.: Abschaffung des Heiratsverbots zwischen Patriziern und Plebejern; mehr und mehr entsteht eine neue Oligarchie, die auf Reichtum basiert.

396 v. Chr.: Mit der Eroberung von Veji machen die Römer den Weg nach Etrurien frei.

387 v. Chr.: Die Gallier erobern und plündern Rom; gleich danach wird der Mauerring errichtet, der heute als Servianische Stadtmauer bekannt ist.

367 v. Chr.: Die Plebejer werden zum Konsulat zugelassen, der *cursus honorum* wird festgelegt.

343–290 v. Chr.: Kriege gegen die Samniten und die Latiner, Rom unterwirft, zerstört oder anektiert die latinischen Städte und setzt seine Expansion Richtung Süden fort; der Zensor Appius Claudius eröffnet die Straße, die seinen Namen tragen wird, von Rom nach Capua.

280–241 v. Chr.: Siegreicher Krieg gegen Tarent und Pyrrhus und endgültige Unterwerfung Etruriens, Zerstörung einiger Städte und Gründung neuer Kolonien in den besetzten Gebieten.

264–241 v. Chr.: Erster Punischer Krieg. Rom entreißt Sizilien und Sardinien dem Einfluss Karthagos.

230–228 v. Chr.: Krieg gegen Teuta, Königin der Illyrer, und Vernichtung der Piraten in der Adria.

225–221 v. Chr.: Die Römer leisten den nach Etrurien vorgedrungenen Gallierstämmen Widerstand und gehen zur erzwungenen Befriedung Norditaliens über; Eroberung Istriens.

218–201 v. Chr.: Zweiter Punischer Krieg. Am Ende des Kriegs, der zwischen Spanien, Italien und Afrika ausgekämpft wird, ist Rom die Herrin des Mittelmeers.

200–168 v. Chr.: Kriege gegen Makedonien und gegen Antiochos III. von Syrien; nach dem Sieg von Magnesia ist Rom die einzige verbliebene Seemacht auf dem Mittelmeer.

149–146 v. Chr.: Versuchter Aufstand in Makedonien und Dritter Punischer Krieg, an dessen Ende Karthago dem Erdboden gleich gemacht und seine Ruinen mit Salz bestreut werden. In Griechenland erhebt sich der Achäische Bund zum Aufstand, der aber niedergeschlagen wird; Korinth wird erobert und ganz Griechenland verliert seine Freiheit.

145–133 v. Chr.: Unterwerfung der Iberischen Halbinsel und Erwerb des Reichs von Pergamon durch testamentarische Verfügung seines Herrschers Attalos III.

132–121 v. Chr.: Tiberius und Gaius Gracchus schlagen eine Reihe von Agrarreformen vor, um die Plebs vor den Großgrundbesitzern zu schützen; die Versuche der Brüder scheitern, beide werden ermordet, ein Bürgerkrieg ist die Folge.

111–100 v. Chr.: Krieg gegen Jugurtha und politischer Aufstieg von Gaius Marius, der die Zimbern und die Teutonen besiegt.

91–88 v. Chr.: Livius Drusus schlägt eine Reihe von Sozialreformen vor und wird ermordet; die Frage der Einbürgerung der Italiker spitzt sich zu. Rivalität zwischen Marius und Sulla um den Oberbefehl im Krieg gegen Mithridates; Sulla marschiert mit seinem Heer gegen Rom und löst den Bürgerkrieg aus.

87–79 v. Chr.: Sulla besiegt Mithridates, Marius stirbt, seine Anhänger werden durch den neuen Herren von Rom vernichtet, der die Diktatur ergreift und eine Reihe konstitutioneller Reformen einleitet. Schließlich zieht Sulla sich ins Privatleben zurück.

77–70 v. Chr.: Aufstieg von Pompejus und Crassus, die 70 v. Chr. beide Konsuln werden.

379

Zeittafel

67–62 v. Chr.: Pompejus bezwingt das Piratentum und dehnt die Herrschaft Roms auf den gesamten hellenisierten Osten aus. Versuchte Revolution Catilinas, die der amtierende Konsul Cicero vereitelt.

60 v. Chr.: Erstes Triumvirat, private Vereinbarung zwischen Pompejus, Crassus und Caesar.

58–52 v. Chr.: Caesar erobert Gallien. Crassus stirbt bei Carrhae.

52–50 v. Chr.: Pompejus ist mit Unterstützung des Senats alleiniger Konsul, Herr von Rom.

49–48 v. Chr.: Caesar marschiert mit seinem Heer gegen Rom; Pompejus flieht und wird in Pharsalus besiegt.

45–44 v. Chr.: Caesar wird Diktator auf Lebenszeit und an den Iden des März 44 v. Chr. ermordet.

44–42 v. Chr.: Zweites Triumvirat zwischen Antonius, Octavian und Lepidus, die die Caesarmörder in Philippi besiegen.

42–31 v. Chr.: Rivalitäten unter den Triumviren; Antonius heiratet Kleopatra, die Königin Ägyptens, und wird Herr des Orients. Octavian und der Senat erklären ihnen den Krieg und besiegen sie in Aktium. Damit endet eine lange Zeit der Bürgerkriege; die Heere werden entlassen, die Veteranen bekommen Land und Octavian erhält die Zustimmung der herrschenden Klasse.

27 v. Chr.: Octavian wird vom Senat als *princeps* zum Herrscher, ausgerufen und erhält den Titel Augustus, Erhabener, der ihm eine Macht verleiht, die größer als die aller anderen Ämter des Staates ist.

25–15 v. Chr.: Unterwerfung der Alpenvölker.

17 v. Chr.: Abhaltung der *ludi saeclares* (Jahrhundertfeier) für das Ende des Krieges und die Errichtung des Friedens.

2–4: Tod von Gaius und Lucius Caesar, Neffen des Augustus und dessen designierte Nachfolger.

14: Tod des Augustus und Nachfolge durch Tiberius, Sohn aus erster Ehe der Augusta Livia.

23–31: Errichtung der Prätorianerkaserne; 26 zieht Tiberius sich nach Capri zurück und lässt Rom in der Hand des Prätorianerpräfekten Seianus zurück, der autoritär herrscht, bis er 31 abgesetzt und verurteilt wird.

41: Die Prätorianer ermorden Caligula und rufen dessen Onkel Claudius zum Kaiser aus; dieser befürwortet während seiner Regierungszeit die Ausweitung des römischen Bürgerrechts und lässt die ersten Provinzbürger im Senat zu.

64: Großer Brand Roms.

68: Aufstände in Gallien und Spanien. Nero wird zum Volksfeind erklärt, flieht und tötet sich selbst, womit er der julisch-claudischen Dynastie ein Ende setzt; es folgt ein Jahr der Unruhen.

69–96: Flavische Dynastie, Vespasian und seine Söhne vertreten die Interessen des reichen und gebildeten italischen Bürgertums. Im Jahr 70 wird Jerusalem erobert.

79: Ausbruch des Vesuvs, Pompeji, Herkulaneum und Stabia werden vernichtet.

80: Weiterer großer Brand in Rom.

88–96: Domitian sichert sich durch Geschenke die Unterstützung der Heere, und Italien versinkt in einer wirtschaftlichen Krise, die der Kaiser mit Dekreten zugunsten der italischen Weinbaugebiete einzudämmen versucht. Domitian wird nach einigen Verschwörungen schließlich ermordet.

96: Der Senat proklamiert Nerva zum Imperator; es beginnt die glückliche Zeit der Adoptivkaiser.

101–106: Trajan erobert Dakien.

117: Trajan stirbt, ihm folgt Hadrian nach, der auf eine Expansionspolitik verzichtet und den *limes* verstärkt; der Kaiser hält sich weniger in Rom als in Griechenland auf.

138–161: Mit Antoninus Pius genießt das Reich eine lange Periode des Friedens, das intellektuelle Leben prosperiert und die Gesetzgebung wird humaner.

161–166: Kriege Mark Aurels gegen die Parther; bei ihrer Rückkehr verbreiten die Truppen eine verheerende Pestepidemie im Westen.

176: Nach langen Kriegen gegen die Quaden und die Markomannen kehrt Mark Aurel nach Rom zurück; er bezieht seinen Sohn Commodus in die Regierung mit ein und beendet damit das Adoptivkaisertum.

189: Aufstand der durch die Wirtschaftskrise verelendeten römischen Plebs; die Macht liegt in der Hand der Heere.

192: Commodus wird bei einer Palastrevolte getötet.

193: Der Nordafrikaner Septimius Severus erklärt sich zum Nachfahren der Antoninen und errichtet eine autoritäre Regierung; Italien wird militarisiert. In den folgenden Jahren verstärkt er den *limes*; bei seinem Tod hinterlässt er ein stabiles Reich und einen effizienten Militärapparat.

212: Caracalla erlässt nach dem Versuch einer Münzreform die *constitutio Antoniniana*, mit der das römische Bürgerrecht auf alle frei geborenen Untertanen des Reiches ausgedehnt wird.

217–235: Caracallas gewaltsamem Tod folgt eine Zeit der Unruhen, während derer Elagabal und Alexander Severus, zwei Enkel der Schwägerin von Septimius Severus, regieren.

235–283: Zeit der Anarchie und Machtleere; es herrschen nur von den Truppen gewählte Kaiser; große wirtschaftliche und soziale Krise. Das Sassanidenreich bedroht die östlichen Grenzen, 260 wird Kaiser Valerian gefangen genommen. Zwischen 270 und 275 lässt Aurelian eine neue Stadtmauer anlegen, um Rom besser zu schützen.

283–305: Unter Diokletian beginnen tiefgreifende politische und institutionelle Veränderungen und die Konzentration der Macht in Nikomedeia, der neuen Hauptstadt des Reichs; die Tetrarchie wird eingeführt und der Kaiser zum *dominus et deus*, Herr und Gott.

306–337: Regierungszeit Konstantins, der 313 im Edikt von Mailand die Religionsfreiheit im ganzen Reich verkündet. 330 gründet er die neue Hauptstadt Konstantinopel.

337–351: Jahre der Intrigen und Verbrechen in einem Reich, dessen Schwerpunkt mittlerweile ganz im Orient liegt.

364: Erste Ansiedlungen von Barbaren innerhalb der Grenzen des Reiches werden geduldet.

379: Mit dem Edikt von Thessalonike (380) ruft Theodosius das Christentum zur Staatsreligion des römischen Reichs aus, 391 verbietet er jede Art von heidnischem Kult. Er schließt Verträge und Kompromisse mit den Barbaren. Bei Theodosius' Tod wird das Reich faktisch geteilt.

395–476: Honorius regiert unter Anleitung des vandalischen Generals Stilicho, dem es gelingt, die Barbareneinfälle einzudämmen; in den Randprovinzen aber ersetzen sehr bald Barbarenreiche den römischen Staat. 455 wird Rom von den Vandalen geplündert, 476 setzt Odoaker den noch jugendlichen letzten weströmischen Kaiser ab und sendet dessen Insignien nach Konstantinopel. Damit beendet er eine Regierung, die de facto bereits seit Jahrzehnten in der Hand von Generälen germanischer Abstammung lag.

Stichwortverzeichnis

Aeskulap 109
Amphitheater 289
Annona 62
Antinoos *siehe Hadrian und Antinoos*
Antoninen 38
Apoll 98
Apollodor von Damaskus *siehe Trajan und Apollodor*
Aquädukte *siehe Wasser und Aquädukte*
Ara Pacis 356
Archiv und Staatskasse 69
Auguren und Haruspices 149
Augustus und Livia 16
Bacchus 115
Bank *siehe Münze und Bank*
Basilika 225
Bestattung 226
Bildung *siehe Schule und Bildung*
Brücken 308
Caelius 351
Caesar 14
Caracalla-Thermen 363
Ceres 125
Christentum 142
Circus 293
Columbarium 236
Cursus honorum 54
Diana 103
Diokletian 47
Diokletians-Thermen 361
Dioskuren 126
Domus 258
Domus Aurea 343
Ehe 206
Ernährung und Tischsitten 164
Flavier 26
Flotte 81
Folklore und Magie 160
Forum Boarium und Forum Holitorium 355
Forum Holitorium *siehe Forum Boarium und Forum Holitorium*
Forum Romanum 324
Frisur und Kosmetik 173
Garten 265
Grab 231
Hadrian und Antinoos 33

Häfen 315
Handwerk *siehe Kunst und Handwerk*
Haruspices *siehe Auguren und Haruspices*
Häusliche Kulte 158
Heer 73
Heiligtümer am Largo Argentina 358
Herkules 113
Insula 273
Janus und Quirinus 102
Kaiserforen 329
Kaiserliche Apotheose 146
Kalender *siehe Zeitmessung und Kalender*
Kapitol 354
Kapitolinische Trias 92
Katakomben 239
Kleidung 168
Kolosseum 335
Konstantin 49
Konstantins-Bogen 338
Konsularstraßen und Landstraßen 321
Kunst und Handwerk 211
Lagerhäuser *siehe Märkte und Lagerhäuser*
Landstraßen *siehe Konsularstraßen und Landstraßen*
Livia *siehe Augustus und Livia*
Maecenas *siehe Vergil und Maecenas*
Magie *siehe Folklore und Magie*
Magna Mater 122
Märkte und Lagerhäuser 297
Mars 106
Mauern und Tore 311
Medizin 183
Merkur 108
Münze und Bank 216
Musen 128
Musik und Tanz 190
Nero *siehe Seneca und Nero*
Opfer 154
Orientalische Kulte 136
Ostia 370
Palatin 347
Pantheon 359
Pompejus 12

Porträtkunst 199
Prätorianer 68
Priester und Priesterkollegien 150
Priesterkollegien *siehe Priester und Priesterkollegien*
Quirinus *siehe Janus und Quirinus*
Remus *siehe Romulus und Remus*
Ritter und Senatoren 59
Romulus und Remus 10
Sarkophag, Urne und Relief 242
Satyrn und Silene 134
Schule und Bildung 186
Senatoren *siehe Ritter und Senatoren*
Seneca und Nero 23
Severer 42
Silene *siehe Satyrn und Silene*
Spielzeug und Gesellschafts-spiel 196
Staatskasse *siehe Archiv und Staatskasse*
Stadt 254
Städtische Straßen 301
Stadttore *siehe Mauern und Tore*
Tanz siehe Musik und Tanz
Tempel und Heiligtümer 256
Theater 281
Thermen 275
Tischsitten *siehe Ernährung und Tischsitten*
Trajan und Apollodor 30
Trajans-Forum und –Märkte 331
Trajans–Märkte *siehe Trajans-Forum und –Märkte*
Transportmittel *siehe Verkehr und Transportmittel*
Triumph 86
Venus 100
Vergil und Maecenas 20
Verkehr und Transportmittel 218
Via Appia 366
Victoria 119
Villa 262
Villa Hadriana 368
Vorfahren 229
Votivgaben 156
Wasser und Aquädukte 305
Zeitmessung und Kalender 222

Quellen

Die Literatur über das alte Rom ist überaus umfangreich und nimmt, auch aufgrund der vielen Ausgrabungen der letzten Jahrzehnte, jedes Jahr weiter zu. Das folgende kurze Verzeichnis führt daher einige Klassiker, sodann die aktuellsten Publikationen aus der Altertumsgeschichte und der Archäologie an, denen Sie auch Angaben über ältere Literatur entnehmen können

Ranuccio Bianchi Bandinelli, *Roma. L'arte romana nel centro del potere*, Mailand 1969 (dt. *Rom. Das Zentrum der Macht*, München 1970).

Ranuccio Bianchi Bandinelli, *Roma. La fine dell'arte antica*, Mailand 1970 (dt. *Rom. Das Ende der Antike*, München 1971).

Filippo Coarelli, *Roma*, Mailand 1974–94 (dt. *Rom. Ein archäologischer Führer*, Mainz 2000).

Filippo Coarelli, *Roma*, Bari-Rom 1980–95.

Filippo Coarelli, *Dintorni di Roma*, Bari-Rom 1981.

Carlo Pavolini, *Ostia*, Bari-Rom 1983.

John Scheid, *La religione a Roma*, Bari 1983–2001.

Aldo Schiavone (Hrsg.), *Storia di Roma*, 7 Bde., Turin 1988–93.

The Cambridge Ancient History, Bd. 7–14, Cambridge 1989–2005
Pierre Grimal, *I giardini di Roma antica*, Mailand 1990.

Salvatore Settis, *Civiltà dei Romani*, 3 Bde., Mailand 1990/91.

Marcel Le Glay, Jean-Louis Voisin, Yann Le Bohec, *Histoire romaine*, Paris 1991.

Tonio Hölscher, *Römische Bildsprache als semantisches System*, Heidelberg 1987.

Enciclopedia dell'Arte Antica, Supplement, Bd. IV, Stichwörter »Ostia« und »Roma«, Rom 1996.

John Boardman (Hrsg.), *Oxford History of Classical Art*, Oxford 1997 (dt. *Reclams Geschichte der antiken Kunst*, Stuttgart 1997).

Anna Maria Reggiani (Hrsg.), *Tivoli. Il santuario di Ercole vincitore*, Mailand 1998.

Marina Bertoletti, Maddalena Cima, Emilia Talamo (Hrsg.), *Sculture di Roma antica*. Collezione dei Musei Capitolini alla Centrale Montemartini, Mailand 1999.

Ada Gabucci (Hrsg.), *Il Colosseo*, Mailand 1999.

Andrea Giardina, A. Schiavone (Hrsg.), *Storia di Roma*, Turin 1999.

Versch. Verf., *Musei Capitolini*, Mailand 2000.

Benedetta Adembri, *Villa Adriana*, Mailand 2000.

Andrea Carandini, Rosanna Cappelli, *Roma. Romulo, Remo e la fondazione della città*, Mailand 2000.

Ada Gabucci, *L'antica Roma*, Milano 2000 (dt. *Führer durch das alte Rom*, Stuttgart 2001).

Claudio Parisi Presicce, *La lupa capitolina*, Mailand 2000.

Adam Ziolkowski, *Storia di Roma*, Mailand 2000.

Maria Letizia Conforto et al., *Adriano e Costantino. Le due fasi dell'arco nella valle del Colosseo*, Mailand 2001.

Adriano La Regina (Hrsg.), *Sangue e arena*, Mailand 2001.

Giovanni Geraci, Arnaldo Marcone, *Storia romana*, Florenz 2002.

Salvatore Settis, *Le pareti ingannevoli. La villa di Livia e la pittura di giardino*, Mailand 2002.

Bildnachweis

AKG-Images, Berlin: 28, 334
Araldo de Luca, Rom: 22, 273
Archivio Mondadori Electa: 322,
336, 337 (Arnaldo Vescovo), 34,
332, 360 (Schiavinotto, Rom), 335
Arnaldo Vescovo, Rom: 32, 34, 39,
87, 192, 220, 221, 297, 302, 310,
326, 327, 352, 353, 356, 357, 366
Biblioteca Accademia di Francia,
Villa Medici, Rom: 154
Biblioteca Apostolica Vaticana,
Vatikanstadt: 67
British Museum, London: 62, 324
Comune di Roma, Soprintendenza
ai Beni Culturali: 13, 25a, 25b, 40,
50, 55, 88, 89, 101, 106, 107, 121,
122, 133, 141, 148, 158, 159, 167,
168, 176, 181, 193, 198, 204, 206,
219, 230, 231, 257, 265, 278, 290,
291
Giovanni Rinaldi, Rom: 15, 31a,
41, 43, 110, 111, 114, 234, 252,
254, 277, 312, 314, 347, 354, 355,
371, 372
Musei e gallerie pontificie, Vatikanstadt: 26, 38, 49, 85, 208, 209,
213, 228, 264, 304, 318, 344
© RMN, Paris: 229
© Scala Group, Florenz: 90, 123,
286, 294, 295, 306, 373, 374

Soprintendenza Archeologica di
Roma: 10, 11, 16, 17a, 17b, 20, 21,
23, 24, 27, 29, 31b, 36, 42, 44a,
44b, 45, 46, 48a, 5a, 51b, 52, 54,
57, 58, 60, 61, 64, 68, 69, 73, 74,
75, 76, 79, 81, 82, 83, 86, 92, 93,
94, 95, 96, 97, 98, 99, 100, 102,
103, 104, 105, 108, 109, 112, 113,
115, 116, 117, 118, 119, 120, 125,
126, 128, 129, 130, 131, 132, 134,
135, 136, 137, 138, 139, 140, 143,
144, 145, 147, 150, 151, 152, 153,
155, 156, 157, 160, 161, 162, 164,
166, 169, 170, 171, 173, 174, 175,
177, 178, 179, 180, 181, 186, 188,
190, 191, 199, 200, 201, 202, 203,
205, 207, 210, 211, 215, 216, 217,
222, 223, 227, 242, 242, 244, 245,
247, 248, 249, 250, 251, 258, 260,
261, 262, 263, 267, 269, 272, 275,
276, 280, 281, 284, 285, 287, 288,
289, 292, 293, 317, 320 a, 331,
348, 349
Soprintendenza per i beni archeo-
logici di Ostia: 30, 149, 165, 184,
185, 189, 197, 246, 274, 279, 298

Der Verlag steht für die Klärung
nicht identifizierter Bildrechte zur
Verfügung.